# 반야·유마경

이시다 미즈마로 지음 · 이원섭 옮김

☉현암사

般若 · 維摩經
by ISHIDA Mizumaro

Copyright ⓒ 1965 ISHIDA Takie
Korean language rights arranged with Chikuma Shobo Publishing Co., Ltd., Tokyo
through Japan UNI Agency, Inc., Tokyo and Korea Copyright Center, Seoul
This Korean edition published 2001 by Hyeonam Publishing Co, Seoul

반야 · 유마경

초판 발행일 | 1976년 4월 5일
개정 초판 발행일 | 1991년 5월 15일
개정 2판 발행일 | 2001년 4월 20일
개정 2판 6쇄 발행일 | 2021년 12월 10일

지은이 | 이시다 미즈마로
옮긴이 | 이원섭
펴낸이 | 조미현

펴낸곳 | (주)현암사
등록 | 1951년 12월 24일 · 제10-126호
주소 | 04029 서울시 마포구 동교로12안길 35
전화 | 365-5051 · 팩스 | 313-2729
전자우편 | editor@hyeonamsa.com
홈페이지 | www.hyeonamsa.com

* 잘못된 책은 바꾸어 드립니다.
* 이 책의 한국어판 저작권은 Korea Copyright Center/한국저작권센터를 통한
  저작권자와의 독점계약에 의하여 현암사에 있습니다. 신저작권법에 의해 한국 내에서
  보호를 받는 저작물이므로 무단전재와 무단복제를 금합니다.

ISBN 978-89-323-1100-5 03220

| 차례 | **반야·유마경**

## 만인을 위한 것 ········································································ 5
실천에의 이념 · 5 / 자기와 남 · 6 / 불과 장작 · 8
연기(緣起)와 공(空) · 11 / 구원의 가르침―대승(大乘) · 14

## 공(空)과 반야(般若) ······························································ 18
주는 것 · 18 / 보시의 완성 · 19 / 부정한 보시 · 24
반야경의 여러 종류 · 27 / 반야바라밀 · 29 / 집착을 버리는 것 · 32
두 가지 공(空) · 36 / 공의 유형(類型) · 40 / 공의 뜻 · 46
반야바라밀의 실천 · 49 / 반야바라밀의 본질 · 52
대승 경전 중의 반야 · 57 / 실천을 추구하는 유마경 · 62
유마경의 고향 · 63 / 유마라는 사람 · 66 / 유마경의 구성 · 69
유마경의 번역 · 72

## 부처와 보살 ··········································································· 74
부처의 음성을 듣는 사람들 · 74 / 보살이라는 이상적 인간상 · 77
초인적인 부처 · 79 / 이상 사회 · 83 / 정토(淨土)의 관념 · 86
부처님에 대한 찬가 · 91 / 마음이 청정하면 · 94
더러워진 마음 · 98 / 청정의 원리 · 100 / 밑으로부터의 보살 · 103
속인 유마 · 106 / 자유인 · 109

## 공(空)의 실천 ··············································· 113
공이라는 것 · 113 / 유마와 석가의 제자들 · 120
사리불의 경우 · 121 / 목련의 경우 · 124 / 가섭의 경우 · 129
수보리의 경우 · 132 / 우바리의 경우 · 136 / 라후라의 경우 · 140
미륵의 경우 · 145 / 광엄의 경우 · 148 / 지세의 경우 · 151

## 병 ························································· 155
빈 방 · 155 / 보지 않고 보는 것 · 157 / 유마의 병 · 159
공에 대한 집착 · 162 / 지혜와 방편 · 166 / 진리의 추구 · 169
불가사의 · 172 / 보살의 초월 · 176 / 천녀 · 178

## 구원 ······················································ 188
가는 것과 행하는 것 · 188 / 비도(非道)를 행한다는 것 · 193
보살의 자비 · 200 / 부처의 깨달음의 씨 · 203
보살의 어머니 · 208 / 구원의 모습 · 215

## 침묵 ······················································ 221
대립 · 221 / 불이(不二) · 224 / 침묵 · 230

## 정토(淨土)와 예토(穢土) ································· 235
향기의 나라 · 235 / 정토 · 238 / 악과 선 · 242
불사(佛事) · 248 / 부처 · 255 / 보살의 실천 · 260
부처님 나라의 건설 · 265 / 가르침의 공양 · 269

## 끝맺음 ··················································· 274
위촉 · 274 / 맺음말 · 277

■ 뒤에 붙이는 말 · 279

# 만인을 위한 것

## 실천에의 이념

우리는 사회에 속한 한 사람으로서 생활하고 있다. 이것은 우리가 태어나면서부터 부여받은 사실이다. 이것을 바라지 않는다면 사회에서 벗어나서 로빈슨 크루소(Robinson Crusoe)처럼 혼자서 살지 않으면 안 된다. 그러나 그것은 특수한 예외를 빼고는 거의 불가능에 가까운 일이다. 발달된 문화 생활을 누려 온 우리에게는, 문화 수준이 더욱 높아지고 사회 전체가 고도로 진보하고 발전하는 것이야말로 바람직한 일일 것이다. 이따금 사회로부터 자기를 소외시키는 데 성공하여 인가에서 멀리 떨어진 산간 벽지나 무인고도에 들어가 사는 사람이 있다손 쳐도, 그것조차 좀더 살기 좋은 사회의 이미지를 마음에 그린 나머지, 이상적 사회의 실현을 추구하는 전단계인지도 모를 일이다. 사람은 태어나면서부터, 사회의 한 성원으로서 발전에 이바지하는 것이 바람직한 일이라고 교육받고 육성되어 왔으며, 또 자각해 왔다.

따라서 사람은 사회의 발전과 평화를 염원하면서 저마다 자기 분야에 어울리는 사회적 실천을 행하는 동시에, 스스로도 그런 실천을 통해서 인간적·인격적 존재로서 바르게 자기를 창조하고, 인간성을 연마해야 하는 것임에 틀림없다. 이것이 우리에게 주어진 사명이며, 그것을 어떻게 실현해 가는가 하는 과제도 우리 모두가 걸머지고 있는 것이라 보인다.

그러나 이런 과제에 대해서는 이미 오랫동안 양의 동서를 가릴 것 없이, 많은 식자(識者)들이 생각을 오로지하여 대결해 왔다. 우리는 각 분야마다 몇 가지 각도·관점에서 이미 성취된 실천 이념(實踐理念)의 테제(These)가 있다는 것을 알고 있다. 우리는 그런 것을 선택하여 이것에 비판을 가하고, 수용할 수 있는 것은 수용하고, 수정할 필요가 있는 것은 수정해서, 그 실천 이념을 문화의 향상과 사회의 복지 향상에 이바지하도록 해야겠다.

이러한 뜻에서 여기서는 인류의 긴 역사 위에 주어진 최대의 유산일 수밖에 없는 깨달은 사람 석가의 가르침에서 이것을 구하여 밝혀 나가려고 한다.

### 자기와 남

우리는 언제나 자기에 대한 남을 의식하여, 남과 대립하는 관계에서 자기를 확인한다. 삶을 받은 이래, 사람은 먼저 어머니와 아버지를, 그리고 형제·자매…… 하는 식으로, 남들 속에 놓인 자기밖에는 스스로를 인식할 수 없다고 해도 된다. 갓난애는 타불라 라사(tabula rasa)라고 하지만, 그 백지(白紙)는 우선 남에 의해서 함부로 그림이 그려진다고 해야 하리라. 남이야말로 자기 속에 큰 위치를 차지하고, 그 지배로부터 달아나는 일이 인간 성장의 역사인 셈이다. 그러므로 사람은 삶을 받고 나온 이래, 남과 격리되어 완전히 자기만의 모습을 발견하지는 못한다. 이 사실은 이미 사람이라는 언어가 말해 주고 있다.

'사람 참견을 하지 말아라.' 할 때 이 '사람'은 자기를 가리키는 것이지만, '사람을 대할 때에는……' 할 때의 '사람'은 남을 말하는 것이다. 같은 사람이라는 언어가 자기를 뜻함과 아울러 남을 뜻한다는 것은 사람 자체가 자기와 남의 대립 위에서 파악되어야 한다는 것을 보여 준다. 인간이라는 말도 이와 같아, 인간이란 사람과 사람의 사이여서, 이미 사람의 집합체를 뜻하고, 사람과 사람의 대립·결합을 말하고 있다는 것을 알게 된다.

사람은 하나의 인격적 존재로서 그 주체성을 대상이 되는 객체로서의 남에게 대하여 주장한다. 말하자면 사람은 자기의 현존재(現存在)에 따라 자기의 구체적 측면이 남인 객체적 측면에 작용하여, 거기에서 남을 확인함으로써 그것을 확인하는 주체적인 자기의 존재를 다시 명확하게 파악한다. 나라고 하는 존재는 그런 남을 나와 대립시키는 것에 의해 더욱 똑똑히 확인되는 것이다. 그리고 나서 나에게 대립하는 것과 나의 교섭을 매개(媒

介)해서, 나의 마음속에 반발이나 융화가 생기고, 애정이나 증오가 싹터 성장하고 확대한다. 이러한 나와 남의 결합·대립·저항이 모이고 뒤엉켜서 복잡한 인간 생활이 나타나지만, 이것이야말로 주객 대립(主客對立)에서 오는 현실의 있는 그대로의 모습임에 틀림없다. 그리고 이런 대립이나 반발이 현실의 혼란을 유발하는 반면, 이것을 통해 얼마쯤 사회의 진보와 발전이 촉진될 가능성도 발견되어, 대립한 힘의 균형 속에 있는 듯 마는 듯한 평화가 인정되는 데에 지나지 않는다. 그러나 이것이 인간 사회의 진보며 평화인지는 참으로 의심스럽다. 그것은 어쩌면 물거품같이 하잘것없는 것은 아닌가. 왜냐하면 거기에는 이런 현실의 있는 그대로의 상태에 대한 올바른 통찰(洞察)이 결여되어 있기 때문이다. 우리는 바르게 자기의 모습을 인식하고 남을 인식하여, 거기에 있는 그대로의 진실한 모습을 파악하지 않으면 안 된다. 모든 것은 거기에서부터 새로이 펼쳐질 가능성이 있다.

## 불과 장작

지금, 사회라고 하는 인간 관계에 서서 나와 남이라는 주객(主客)의 대립 관계에 대해 관찰해 보았지만, 이 대립은 여러 가지 형태에서 파악할 수가 있다. 시험삼아 이 남을 물질적인 것으로 대치하고, 다시 나라는 주체와 관계를 가지고 있는 육체적인 객체로 옮겨서 생각해 보면 어떠할까?

이것은 말을 바꾸어 이야기하면 나라고 하는 한 존재에서의 주체적인 것과 객체적인 것이 되지만, 이 둘의 관계에 대해서는 흔히 그 어느 쪽이 다른 것보다 앞서 존재한다고 생각되기 쉽다. 이를테면 나라는 존재 속에 있는 주체적인 것을 마음이라든지 정신이라든지 영혼으로 생각하여, 그것이 나라는 존재 속의 육체적인 것보다 앞서 존재한다고 생각하는 따위이다. 이것은 이른바 관념적(觀念的)인 이해 방식이지만, 거꾸로 유물론(唯物論)적으로 객체를 선행(先行)시키는 사고 방식도 있다. 그러나 생각해 보면 주체적인 것과 객체적인 것은 구체적인 이 나라고 하는 존재에 서로 같이 관련을 맺고 있어서, 한쪽이 다른 쪽보다 앞서 존재하고, 그 다음에 다른 쪽과 관련이 맺어진 것은 아니다. 만약 어느 한쪽이 앞서 존재한다면, 나라고 하는 주체적인 것과 객체적인 것의 상호 연관(相互連關) 위에 존재하는 것에서 앞서 존재한 한쪽은 다른 쪽과 아무 관계도 없이 존재하는 것이 되어, 구체적인 나라고 하는 존재를 부정해 버리게 된다. 이것은 참으로 불합리하다고 할 수밖에 없다. 한쪽이 다른 쪽보다 앞서 존재한다는 것은, 그것이 그 자체로서 독자적으로 존재하고 작용한다는 것이니까, 다른 쪽을 필요로 하지 않을 것이다. 그러나 나라고 하는 구체적인 존재는 어느 한쪽만으로 만족하여, 다른 쪽을 필요로 하지 않는 존재는 아니다.

 이와 같이 나라고 하는 존재의 주체적인 것과 객체적인 것은 서로 대응(對應)하고 관련을 맺어 의지하는 관계에 놓여 있음이 확인되는 바이지만, 이것을 불붙은 장작을 보기로 하여 생각해 보자.

여기서는 주체적인 것을 불에 비유하고, 객체적인 것을 타고 있는 장작에 비유하는 것이다. 우선 불이 장작보다 앞서 존재한다고 생각하면, 이 불은 장작과는 관계없이 타고 있는 셈이 된다. 즉 이 불은 불이 되게 한 아무것도 없이 불이 된 셈이 되어, 불은 장작이 없어도 타니까 새삼스레 장작을 필요로 하지 않는다.

또 거꾸로 장작이 앞서 있다고 치면, 장작은 불과 관계없으면서도 장작일 수 있다는 이야기가 된다. 장작은 장작으로서 다른 것과 구별되는 성질, 바꾸어 말하면 그것만이 갖고 있는 특성 때문에 장작인 것이나, 불과 아무 관계도 없는 장작은 탄다는 특성을 안 가지고 있으니까 벌써 그것은 장작이 아닌 셈이다. 장작은 타야 비로소 장작이 되며, 타기 전부터 장작이 장작으로서의 특성을 지니는 것은 아니다.

하기는 이렇게 말한다면 언어가 갖는 관례를 무시하는 듯이 들릴지도 모른다. 장작은 타고 있지 않아도 장작이며, 그러기에
"장작을 열 단 가져다 주세요."
하는 식으로 장작 가게에 부탁할 수가 있다. 그렇다고 타고 있는 장작을 가져다 달라고 부탁하는 것은 아니다. 그러나 여기에서는 이러한 탈 가능성을 지닌 장작이라는 언어의 관례를 일단 사상(捨象)하고, 바르게 논리적인 측면에 한정하여서 말했다는 것은 이해될 줄 안다.

어쨌든 이 비유로도 알 수 있듯이 어느 쪽이 앞서 존재하는 것이 아니라는 사실은 명확해졌다. 나라고 하는 구체적인 존재의

주체적인 것과 객체적인 것은 서로 대응하고 관련을 맺고 있는 것으로서, 독립하여 따로 존재하고 있는 것은 아니다. 따라서 나라고 하는 구체적 존재는 이 두 가지의 상호 의존(相互依存)에 의해 성립하고 있다는 말이 될 것이다. 이것을 환원(還元)시키면, 나라고 하는 주체와 너라고 하는 남의 관계에서도 같은 말을 할 수 있을 것은 명백하다.

## 연기(緣起)와 공(空)

이렇게 서로 의지하여 성립하고 있으니까, 주체적인 것도 객체적인 것도 실체(實體)와 같이 언제나 불변하는 것으로서 포착할 수는 없다. 즉 나라든지 나의 것이라든지 고집할 바는 없는 셈이 된다.

사람은 나라고 고집하는 구체적인 것이 언제나 변치 않고 있다고 생각하기 쉽다. 육체는 죽어도 정신적인 실재(實在)로서의 영혼은 죽지 않는다고 생각한다든지, 윤회(輪廻)[1]의 주체로서 변하지 않는 것이 있다고 생각한다.

또 나의 것으로서, 옛날에는 지(地)·수(水)·화(火)·풍(風)의 네 가지 원소(元素)를 생각하여 이것을 불변의 것이라고 생각하든지, 이 현실의 나를 구성하고 있는 구성 요소(構成要素)는 실재(實在)라고 생각하든지 했다. 그러나 그것은 이미 명백하듯

---

[1] saṃsara. 죽은 다음에도 생전의 행위에 따라 다시 사람이나 짐승으로 태어나는 것.

이, 주체적인 것과 객체적인 것이 서로 의지해서 거기에 나라고 하는 구체적 존재가 나타나는 데 지나지 않는다.

그런데 이 '서로 의지해서 거기에 어떤 것이 나타나는 것'을 불교의 술어로는 '연기(緣起)'라고 부른다. 원어(산스크리트)인 푸라티탸 사무트파다(Pratītya-samutpada)라는 말을 번역한 것으로, '의지해서 일어나는 것'이라는 뜻이며, 일어나 있는 상태를 가리킨다. 따라서 이로부터 현재 존재하고 있는 모든 것은 '의지해서 일어나 있는 것'으로 파악된다.

이 연기를 하나의 틀(型)로서 제시한 것은

이것이 있을 때, 그것이 있다.
이것이 일어날 때, 그것이 일어난다.

라는 것으로, 여기서 이것이라 하는 것은 연(緣)을 말한 것이어서 즉 조건을 가리키며, 그것이란 존재를 말한다. 따라서 이 틀은 여기에 어떤 것이 존재하는 것은 거기에 응한 조건이 있어서 존재한다는 것, 또 그런 조건 자체도 처음부터 고정되어 있는 것이 아니라, 일어나는 것이라는 사실을 말하는 셈이 된다.

그러고 보면, 이것은 결국 나라고 하는 존재의 주체적인 것과 객체적인 것은 그 어느 것이나 조건이 없이는 존재하지 않고, 그 어느 것도 실체적(實體的)으로는 본래 존재하는 것이 아니라는 것을 나타내고 있는 셈이며, 나아가서는 여기에서 주체적이니 객체적이니 말해 온 것도 사실은 그런 주객의 고정된 모습이 있는 것은 아니라는 사실을 알 수 있다.

이리하여 모든 실체적 존재가 부정되는 셈이 되는데, 이것을 불교에서는 무아(無我) 혹은 공(空)이라고 불러 왔다. 이것은 바꾸어 말하면 생겨나고 없어지고 하여 항상 변화하는 현실의 모습을 알려 준 것으로서, 무엇 하나라도 이것이라고 고집할 것이 없다는 것, 따라서 사람은 이런 것에 대한 집착(執着)을 버림으로써 애증(愛憎)의 고뇌에서 벗어나야 한다는 것을 가르친 것이다.

사람은 변하지 않고 존재하는 것이 있다고 잘못 알아서 이것에 집착하는 까닭에, 그것이 스러져 갈 때에는 불안과 동요에 빠져 스러지지 않게 하려고 소용도 없는 노력을 되풀이하지만 도리어 고뇌를 더할 뿐이다. 항상 생멸(生滅)하고 변화하는 현실의 진상을 다만 표면의 모습만 보지 말고, 현상(現象)의 밑바닥에도 변화하지 않고 고정해 있는 실체적인 것은 없다는 것을 이해하여, 아무것에도 집착하지 않고 얽매이지 않는 것이 현실의 고뇌를 끊어 버리는 길이 될 것이다.

하지만 여기서 집착을 버리는 것을 허무(虛無)라고 해석해서는 안 된다. 니힐(Nihil)에는 이상도 없고 건설도 없지만, 무아라고 가르치는 곳에서는 이 니힐 같은 무아에 대한 집착조차 버릴 것이 요구되며, 깨달음이라는 이상과 그 실천이 제시되고 있기 때문이다. 그리고 그 이상에 대해서도 집착하지 않는 것이 공의 가르침이다. 말하자면 공은 일체의 상념(想念)과 집착을 끊어 버리는 일이다.

에도(江戶) 시대의 화가 와다나베 가상(渡邊華山)은 한 장의 큰 종이 가득히 줄을 당긴 활을 그리려고 심혼을 기울였다고 한다. 다만 직선을 긋는 것으로는 팽팽하게 당겨진 활줄의 긴장감은 나타나지 않는다. 보통 숙련이나 기술로는 진짜 활의 실감까지는 나오지 않는다. 숙련과 기술을 확고히 해 놓은 그 위에 한 걸음 나아가 진짜 활과 똑같은 것을 그리려는 집념(執念)을 떨어 버리고 난 무념 무상(無念無想)의 경지에서야 비로소 이것을 그릴 수가 있었을 것이다. 무아는 이런 무집착에 의해 거기에서 진실 그대로인 모습을 보라고 가르치고 있는 것이다.

### 구원의 가르침─대승(大乘)

이러한 공(空)의 이념에 도달한 불교는, 불교로서는 뒤에 발달한 대승 불교(大乘佛敎)이다. 그때까지 공은 다만 결핍을 뜻하는 말에 지나지 않았고 충실한 내용을 지닌 적극적인 실천과 연관되는 뜻으로는 사용되지 않았다.

따라서 영어에서 이 공을 empty나 voidness라고 번역하는 한, 대승 불교의 근본 이념이라고도 생각되는 공의 참뜻은 이해하기 힘들 것이다. 공은 다만 고정적인 실체성(實體性)을 부정하는 데 그치지 않고, 일체의 집착을 버리는 것과 함께 천마(天馬)가 허공을 날 듯이 아무것에도 방해받지 않는 완전한 자유에 도달하는 것을 목표로 삼는 실천적 이념이기 때문이다.

이런 대승 불교는 대략 기원 1세기 무렵부터 성장하기 시작했는데, 그때까지는 석가의 가르침을 받드는 출가 교단(出家敎團)

이 있어서 석가의 말씀을 편집한 성전(聖典)을 갖고 번거로운 계율(戒律)을 굳게 지키며 독자적인 교학(敎學)을 형성하고 있었다.

그러나 시대가 지남에 따라 교단의 권위주의(權威主義)도 싹트고, 성전 내용의 해석에도 이설(異說)이 제기되어, 교단도 학설을 달리하는 학파에 의해 분열되기에 이르렀다.

따라서 그런 학파 중에는 석가의 가르침의 근본 정신에서 벗어나는 학설을 주장하는 파도 나타나게 되었다.

앞에서 말한 바와 같이 무아(無我)의 사상은 석가에 의해 설(說)해진 불교의 가장 중심을 이루는 것이었으나, 어떤 학파에서는 사람에게는 푸드가라(Pudgara)라는 윤회(輪廻)나 기억의 주체가 되는 것이 있으므로 마음의 작용이나 물질적인 여러 가지 존재 요소(存在要素)는 원래부터 있는 것이라 하여, 항상 변하지 않는 실체적인 나를 인정하기에 이르렀다. 또 어떤 학파에서는 연기(緣起)의 이치를 설하면서, 눈·귀·코와 같은 주체적인 것이나 빛깔·소리·냄새같이 주체적인 것이 작용하는 대상이 되는 객체적인 존재는 과거·현재·미래에 걸쳐 존재하고 있는 이상, 항상 변하지 않는 실체로서 존재하는 것이라고 주장했다.

이렇게 되면 이미 석가의 바르게 가르침을 받드는 것이라고는 말할 수 없다. 집착을 버리기 위해 출가하여 속세를 떠났던 승려들이, 도리어 그 집착을 용허하는 의견을 지니게 된 셈이다.

또 이런 교단의 여러 파는 왕후·부호의 원조를 받아 정치적으로나 경제적으로나 안정된 생활의 기반을 갖고 광대한 절 깊숙한 곳에 들어 앉아 자기의 깨달음을 위해 수도할 뿐이어서, 일반 민중을 망각해 버린 것도 주목된다. 그러기에 이런 사태에 대한 반동은 언젠가 기회를 얻어 일어나는 것이 당연했다.

교단에 속하는 승려 중에도 뜻 있는 승려는 이런 권위주의나 권력에 대한 아첨 또는 일반 민중으로부터의 이탈에 대하여 비판적이었을 것이고, 일반 민중 사이에서도 이런 비판의 소리는 점차 번져 갈 가능성이 있었다. 이리하여 민중의 소리는 점차 부풀어 오르는 힘의 덩어리를 이루어 새로운 종교 운동이 펼쳐지게 된다. 이것이 이른바 대승 불교이다.

따라서 대승 불교는 일반 민중을 주체로 하였고, 정통성(正統性)을 자랑하는 기성 교단에 대한 비판의 소리로서 일어난 운동이었다. 그러므로 여러 가지 점에서 보수적인 출가 교단과는 다른 성격을 지니게 되었는데, 특히 주목되는 점은 스스로가 보살(菩薩)이라는 자각을 강조한 사실이었다.

보살이라 하는 말은 산스크리트의 보디사트바(bodhisattva)를 음사(音寫)한 보리살타(菩提薩埵)의 약칭으로서 본래 수행자 또는 구도자의 뜻이며, 세상의 삶을 받은 일체의 것을 구하려는 맹세의 실천자이다.

그들은 출가 교단에 속하는 승려들이 자기들만의 깨달음을 원하여 수도하는 태도를 소승(小乘)이라 하여 물리치고, 대승 불교를 받드는 사람은 출가·재가(在家)의 구별 없이 이 자각을 철저히 지녀 모든 중생에게 깨달음을 얻게 하기 위해서 힘써야 한다고 주장했다. 말하자면 자비 구제(慈悲救濟)의 이념이 대승을 추진한 핵심을 이루었다.

그러나 그 이상은 모든 사람이 손쉽게 행할 수 있는 성질의 것은 물론 아니므로, 저절로 이미 깨달음을 얻은 부처나 깨달음을 구하여 애쓰는 보살들의 힘을 빌려서 이것을 실천할 수밖에 없다고 생각하게 되었다. 이리하여 그들은 오늘 우리가 그 이름을 알고 있는 것과 같은 많은 부처나 보살의 존재를 생각하여 이를 인정하게 되었는데, 그것들은 한결같이 역사적 인물인 석가의 이미지를 확대한 것이라고 말할 수 있다. 이미 세상에 없는 석가에게서 시간·공간의 제약을 넘은 생명을 발견함으로써 그것을 부처라 파악하고 보살이라고 파악한 새 자비의 생명을 창조한 것이었다.

그들은 이런 부처와 보살의 존재를 믿고 그 힘을 빌려 보살로서의 행(行)에 힘쓸 것을 기원하게 되어, 그런 속에서 복돋아 왔던 하고많은 사색과 신앙을 풍성한 창작적 표현으로 기록해 간 결과, 대승 경전이 나타나기에 이르렀다. 그런 것 중에는 오늘 우리가 볼 수 있는 『법화경』이나 『무량수경(無量壽經)』도 들어 있었지만, 그 중에서도 가장 주목되는 것은 『반야경(般若經)』이라는 경전으로, 앞서 말한 공(空)의 이념은 이 경에 의해 비로소 대승 불교의 기본적인 교리로서 열매를 맺었다.

# 공(空)과 반야(般若)

## 주는 것

대승 불교가 일반 신도를 중심으로 성립되었다는 것을 생각할 때, 그 사상적 특징으로서 주는 것이 중요시되었을 것을 짐작할 수 있다.

불교에서는 이것을 보시(布施)라고 하지만, 이 말의 원어는 다나(dāna)로, 중국에서는 음사하여 단나(檀那)라 했다. 따라서 보시는 그 의역이 된다. 아무튼 준다는 것, 즉 보시는 재가 신자(在家信者)가 본래부터 지녀 오던 의무였으며, 이것이 없고서는 불교 교단의 존립(存立) 자체가 불가능했다. 따라서 교단 그 자체가 재가 신자의 보시에 의지하지 않을 수 없었으므로, 이것을 행하는 것이 공덕(功德) 있는 선행이라고 권유되기에 이르렀던 것은 당연한 일이었다.

그런데 새로이 눈뜬 재가 신자들은, 출가한 이들이 신자에게 준 법의 보시까지를 포함하여, 무릇 주는 것의 가치를 특히 강조했다.

재가 신자는 저마다 직업에 따라 생산 노동에 종사하고, 그렇게 하여 획득한 재물을 자기에게만 속하는 것이라 하여 독점하지 않고 사회적 인륜적인 것과 관련시키고 환원시킴으로써 재물에 대한 이기적인 집착을 부정하는 태도를 취했다. 이것은 재물을 가진 재가 신자이기에 비로소 할 수 있었던 새로운 자기 희생이며, 구도자로서의 일반 신자가 노동과 생산을 매개로 하여 발견할 수 있었던 구제의 실천이었다고 말할 수 있다. 즉 재가의 구도자는 기성 출가 교단의 이기적이고 독선적인 생활 태도를 비판하는 데서 출발했기에 구원의 실천으로서 먼저 물심 양면에 걸친 보시를 강조한 것이지만, 그런 보시가 항상 자기 만족과의 싸움에서 진실한 것이 되어야 한다는 점을 스스로 경계하지 않을 수 없었다. 거기에서 보시에 의해 사회에 사는 사람끼리의 협동적 상관 관계(相關關係)가 깊이 자각되는 동시에, 더욱 높은 보시를 향해 비약할 것이 요구되었다.

보시의 완성

그러면 보시란 어떤 것이 되어야 더욱 높다고 할 수 있을까?
이를테면 이런 보기가 가끔 화제에 오른다. 그것은 시비왕(尸

毘王)이 비둘기를 구한 이야기이다.

 일찍이 시비왕이라는 사람이 있었다. 보살로서의 수도를 완성하여 깨달음을 얻어 부처가 될 것이라고 기대되는 이였다. 그때 천상의 신인 제석천(帝釋天)[2]이 수명도 거의 끝났으므로, 어떻게 하든지 부처님과 만나려고 간절히 소망하고 있었으나, 과연 시비왕이 성불할 정도로 수도가 완성되었느냐 하는 점에 대해서는 의문을 지니고 있었다. 그래서 그는 몸을 변화시키는 데 능란한 비수갈마(毘首羯磨)와 상의하여 이것을 시험해 보기로 했다. 그리하여 비수갈마는 비둘기가 되어서, 매가 된 제석천에게 쫓겨 시비왕의 겨드랑이 밑으로 도망치는 계략을 세웠다.
 그리하여 비둘기는 왕의 겨드랑이 밑으로 도망치고, 매는 왕에게 그 비둘기를 내어 달라고 요구했다. 왕은 모든 것을 구하겠다고 맹세한 터이므로 비둘기를 내주지 못하겠다고 거절하자, 매는 그렇다면 나도 그 모든 것 중에 들어가겠다며 나에게는 생물의 고기가 필요하다고 대들었다. 그래서 왕은 고요히 생각하기를, 이 몸은 언젠가는 죽어서 썩을 것이 아닌가, 매에게 고기가 필요하다면 이 몸을 내주자, 이렇게 생각하고는 스스로 자기 다리의 살을 잘라 냈다. 그러나 매는 듣지 않았다. 비둘기와 똑같은 무게의 고기여야 한다고 했다. 왕은 그래서 다

---
[2] Śakrodevendra. 도리천에 살면서 네 천왕(天王)과 32천(天)을 통솔한다는 임금. 불교를 보호하는 임무를 맡고 있다 한다.

시 두 다리의 살을 베어 주었으나, 그것으로도 부족했다. 두 발꿈치를 베고, 양쪽 볼기짝을 자르고, 양쪽 가슴과 목과 등을 도려 내어, 마침내 온 몸의 살을 모두 베어 냈지만, 저울에 달아 보니 아직도 비둘기보다 가벼웠다.

그때 왕은 피 묻은 손을 들어 스스로 저울에 올라가 온 몸을 내주려고 결심했다. 너무나 큰 고통에 흔들리려는 자기를 향해서, 이 세상에 태어난 모든 것의 괴로움은 바다와도 같으리라, 지옥의 괴로움에 비긴다면 이 괴로움 같은 것은 그 몇 분의 일도 되지 않으리라, 이렇게 스스로 타이르면서 드디어 저울 위에 올라섰다. 그랬더니 이 일찍이 없었던 자기 희생에 대지는 진동하고, 천·용·귀신도 경탄하였으며, 매도 비둘기를 향해,

"이 불석 신명(不惜身命)[3]의 태도야말로 진정한 보살의 행(行)이다."

하고 찬탄할 수밖에 없었다. 이에 비둘기가 된 비수갈마는 제석천인 매에게 천주(天主)의 신력을 발휘해서 이 왕을 이전 모양으로 만들어 줄 것을 청하자, 제석천은 그럴 필요가 없다고 대답하고 왕에게,

"그대는 살을 베어 내면서 고통 때문에 마음이 어지러워지지는 않았는가?"

하고 물었다.

"나는 마음에 즐거움을 느끼기는 했으나, 어지러워진 일은

---

3) 구도나 보시를 위해 목숨을 돌보지 않는 것.

없었다."

하고 왕이 말하자,

"누가 그것을 믿겠는가?"

하고 반문했다.

그때 왕은 참으로 이렇게 맹세했다.

"나는 살을 베고 피를 흘렸다. 그러나 나에게는 노여움도 괴로움도 없었고, 마음에 번민하는 일도 없이, 오직 깨달음만을 염원했다고 믿는다. 만약 내 말대로라면 내 몸은 반드시 원상대로 될 것이다."

그리고 이 말이 끝나자 그 순간에 왕의 몸은 원래 모습으로 돌아왔다.


전하는 바에 의하면 이 왕이야말로 석가의 전신(前身)[4]이었다고 한다. 이런 설화를 본생담(本生譚)[5]이라 하지만, 대승 불교의 사상가들은 이 설화야말로 완전한 보시를 나타낸 것이라 생각하고 있다.

그러나 돌이켜 보건대 과연 이와 같이 처절한 불석 신명만이 보시의 완성이라고 할 수 있을까? 이런 종류의 이야기는 이 밖에도 있어서 법륭사(法隆寺)[6]의 보물전(寶物殿)에 있는 다마무시즈시(玉蟲廚子)[7]에 그려진 밀타승(密陀僧, murdhaseng)[8] 그

---
4) 전생의 몸.
5) 부처님이 전생에서 무수히 수도했던 이야기.
6) 일본 나라(奈良)에 있는 절. 서기 607년에 창건된 법상종(法相宗)의 대본산. 특히 고대 미술적인 가치로 이름이 있다.

림에는 『금광명경(金光明經)』에 나오는 살타 태자(薩陀太子)의 살신 사호(殺身飼虎)[9]의 그림과 『열반경(涅槃經)』에 나오는 설산 동자(雪山童子)의 사신 나찰(捨身羅刹)[10]의 그림 같은 것이 보이는데, 이런 것들도 이것을 말하는 것이라 할 수 있다.

이런 것은 다 같이 철저히 생명을 내건 보시로서, 만약 이와 같지 않으면 보시의 완성이라 할 수 없다고 하면, 재가 불교(在家佛敎)를 표방하고 보살로서의 자각을 강조한 대승 불교도 사신(捨身)을 가지고 극치라고 생각하는 보시의 형식에 얽매여 버린 것이 될 수밖에 없으며, 아무리 그들이라 해도 항상 이런 일을 실행한다는 것은 불가능함을 알아야 했을 터이다.

이런 사신이 이제 보시의 완성이라 일컬어지기 위해서는, 그 보시를 완전무결한 보시가 되게 하는 무엇, 바꾸어 말하면 다른 요소가 있기 때문이라고 생각해야 된다. 그것을 지양시키는 것은 무엇인가? 그것이야말로 앞서 든 『반야경』의 편찬자들이 반야바라밀(般若波羅密)[11]을 생각하게 된 비밀의 일단이다. 경전의 사고 방식에 따라 말한다면 보시가 보시바라밀이 되는 일의

---

7) 두 문짝이 있어서 안에 불상을 모시게 되어 있는 궤. 다마무시는 빛깔을 나타낸 것.
8) 노란 빛의 일종인 분말. 납(鉛)을 공기 중에서 서서히 익혀서 만든 것. 여기에 기름과 색소를 가해 그림을 그린다.
9) 굶주린 호랑이를 위해 제 몸을 내주는 것.
10) 과거세에서 석가는 설산 동자라 불리었는데, 사구게(四句偈)를 듣기 위해 나찰(악귀)에게 몸을 던졌다는 이야기. 이때 들은 게가 제행 무상(諸行無常)·시생 멸법(是生滅法)·생멸 멸이(生滅滅已)·적멸 위락(寂滅爲樂).
11) prajñā pāramitā. 반야는 지혜. 지혜는 이상의 경지에 이르는 중요한 방편이므로 이렇게 부른다. 바라밀다는 도피안(到彼岸)이라 번역. 이상에 도달하려는 보살 수행의 총칭이다.

비밀이다.

### 부정한 보시

그러나 이를 이야기하기에 앞서 보시에도 두 종류가 있다는 것을 생각해 두자. 그것은 청정한 보시와 부정한 보시다. 그 뜻은 이렇다.

이를테면 이 보시가 교만한 마음에서 나왔다면 어떻겠는가. 나는 훌륭한 사람이니까 이 못난 불쌍한 사람에게 주는 것이다, 하는 식으로.

또는 저 사람은 보시에 의해 세상 사람에게서 존경을 받고 이름을 얻었다, 나도 널리 보시해서 그보다도 더한 명예를 얻겠다, 하는 따위의 질투에서 나오는 경우도 있을 것이다.

또 얼마 안 되는 보시에 의해 좀더 많은 보수를 기대하는 따위의 탐욕에서 나온 것도 있을 것이요, 보시에 의해 타인의 신용을 기대하여 남의 마음이 자기에게로 돌아오기를 바라는 경우와 같이 갖가지 번뇌나 욕망으로부터 보시가 행해지는 것을 상상할 수 있거니와, 이런 것들은 모두 부정한 보시라고 단정해도 좋을 것이다.

이에 대해 청정한 보시란 우선 이런 번뇌나 욕망에 물들지 않은 깨끗한 마음에서 나온 보시를 말한다고 할 수 있다. 그것은 맑고 곧은 자비심과 인과(因果)[12]를 믿는 마음과 세상 사람을 위해 스스로 부처의 깨달음의 경지에 이르기를 바라는 마음을 가지고 행해지는 것을 말할 터이다.

이렇게 생각할 때 만일에 불석 신명의 자기 희생이 앞서 든 것과 같은 부정한 동기에서 나왔다면 어떻게 될까? 이것을 보시바라밀이라고 부를 수 있겠는가. 우리는 당연히 아니라고 대답할 수밖에 없다. 그것은 보시일지는 모르나 완전한 보시라고 할 수는 없다. 그렇다면 신명을 아끼느냐 아끼지 않느냐에 따라서 보시 자체의 가치가 좌우되지는 않으며, 도리어 그것을 지탱하고 있는 마음에 달렸음을 지적할 수 있겠다.

이야기는 약간 궤도를 벗어나지만, 일본에는 나라 시대(奈良時代)[13]부터 몸에 기름을 바르고 불을 붙여서 부처님에게 공양하는 풍습이 있었다. 또 극락 정토(極樂淨土)[14]에 태어날 것을 바라, 스스로 불 속에 뛰어들어 타 죽는 습관도 뒤에 일어났다. 따라서 신등(身燈)[15]이나 소신(燒身)[16]을, 많은 사람들이 수희찬앙(隨喜讚仰)[17]하는 마음으로 지켜보게 되었다.

죽음을 눈앞에 두고 태연히 염불하는 사람의 모습은 부처님을 친히 뵙는 듯한 느낌을 주었을지도 모른다. 그러나 이런 짓을 통렬히 비판한 사람 중에 나카야마 다다치카(中山忠親)가 있었다.

그는 『귀령문답(貴嶺問答)』에서 신등을 구경하는 것 같은 일

---

12) 일정한 원인에는 반드시 그 결과가 따른다는 이치.
13) 나라에 도읍하고 있던 일본의 고대.
15) Suhamati, 아미타불이 서쪽에 세운 세계. 일체의 고통이 없다 함.
15) 몸에 불을 붙이는 것.
16) 몸을 태우는 것.
17) 진리를 듣거나 선행을 보고 기뻐하며 찬탄하는 것.

은 말도 안 되는 짓이며, 이는

"진실한 법(法)이 아니라, 외도(外道)[18]의 가르침이다."

하고,

"약왕 보살(藥王菩薩)의 소신은 이미 깨달은 사람의 행동이지만, 미친 범부들이 고금에 걸쳐 이런 짓을 해 온 것은 숙보(宿報)[19] 이외의 아무것도 아닐 것이다. 법률에는 승려의 소신·사신은 금지되어 있으니까, 이를 위반하는 이는 이런 것을 바라는 이까지 포함해서 벌해야 된다."

하고 논했다. 그 당시의 상황에서 살핀다면, 명성을 떨칠 것을 기대하여 그런 짓을 하는 이가 많았던 모양으로, 다다지카의 말을 정당한 이론이라 아니 할 수 없다.

그것은 어쨌든 어느 시대에나 '청정'을 바르게 실천하는 일이 얼마나 어려운지 이해가 간다. 행위 자체가 아무리 육체적·정신적인 고통을 수반한다 하더라도 그 극복이 그것만으로서 칭찬될 것은 아니며, 그 행위가 무엇을 목표로 하고 있는가 하는 점에 사실은 문제가 있다는 것을 알게 된다.

---

18) Tirthaka. 불교 이외의 모든 종교.
19) 전생에 지은 죄 때문에 이생에서 받는 과보(果報).

## 반야경의 여러 종류

주는 것을 통해서 거기에 보시와 보시의 완성인 보시바라밀의 차이가 있다는 것을 보아 왔지만, 이 바리밀이야말로 사실은 『반야경』의 주제이다. 수많은 초기의 대승 경전 중에서 이 문제를 추구한 것은 이 경전이 처음이니까, 여기서는 간단히 『반야경』에 대해 말하고, 그 다음에 주제를 향해 나아가기로 하겠다.

여기서 『반야경』이라 함은 반야바라밀다를 주제로 한 여러 경전의 총칭이다. 일본에서 정토종(淨土宗)[20] 이외의 모든 종파에 의해 존중되고 있는 『반야심경(般若心經)』같이 매우 짧은 것으로부터, 600권에 이르는 『대반야바라밀다경』까지를 포함하는 것이다.

그러나 대승 경전으로서 가장 일찍 나타난 『반야경』도 모두 한 때에 이루어진 것은 아니며, 연대는 경에 따라 차이가 있다. 대략 기원 1세기 중엽에는 원시적 형태의 경이 나타났고, 그 후 점차로 늘어서 여러 가지 형태의 『반야경』이 만들어졌다고 보는 것이 학계의 대체적인 경향이다.

이 중에서 가장 초기에 성립된 것은 소품 반야(小品般若) 계통의 『도행반야경(道行般若經)』이며, 이를 받아 대품 반야(大品般若) 계통의 『방광반야경(放光般若經)』이 생겼다. 그리고 그 다음에 『대반야경』 600권에 들어 있는 '초회(初會)'라고 하는 전반의

---

20) 아미타불을 믿음으로써 극락에 태어나기를 바라는 종파.

400권이 이루어졌다고 추측되나, 『금강반야경(金剛般若經)』도 일찍 성립된 경전이어서 기원 2세기 후반일 것이라고 믿어진다. 이 밖에도 『반야이취경(般若理趣經)』 등의 경전이라든지, 무슨 무슨 반야경이라는 이름의 많은 경전이 있지만, 대부분은 후대에 와서 성립된 것이라 보인다. 어쨌든 초기의 것만으로도 몇 개의 경전군을 형성하므로 그 내용도 복잡 다기하기 마련이나, 이 자리에서는 필요한 범위 안에서 반야바라밀을 중심으로 설해진 몇 가지의 사상적인 특징을 파악해 보기로 하겠다.

다만 그에 앞서 이제부터 내가 사용할 경전에 대해 한마디 해 둔다면, 『소품반야경』 10권, 『대품반야경』 27권, 『금강반야경』 1권은 모두가 쿠마라지바(Kumārajīva, 343~413)가 번역한 책이다. 이런 것들과 동본 이역(同本異譯)인 지루가참(支婁迦讖)이 번역한 『도행반야경』, 무라차(無羅叉) 역인 『방광반야경』 20권, 보리유지(菩提流支)나 진제(眞諦)가 번역한 『금강반야경』 같은 것이 있으나, 여기에서는 문장이 가장 아름다워서 명역의 칭송이 높은 쿠마라지바의 번역을 쓰기로 한다.

그는 본래 아시아의 쿡차(Kuccha) 사람으로, 기원 401년에 장안에 초청되어 불교 경전의 번역에 종사하는 동시에 그 보급에 노력했다. 이름은 중국어로 음사해서 구마라습(鳩摩羅什)이라 하고, 줄여서 나습이라고도 한다.

그의 뒤를 이어 여러 『반야경』을 집대성하여 『대반야바라밀다경』 600권을 번역한 이가 현장(玄奘)으로, 그의 번역은 정확을 기한 데에 특징이 있다. 이 600권은 16회(會)로 이루어져 있는

데, 그 중의 제4회가 『소품반야경』, 제2회가 『대품반야경』, 제9회가 『금강반야경』에 합치한다. 또 『반야심경』은 현장의 번역이다.

## 반야바라밀

반야바라밀다라는 말은 반야와 바라밀다의 합성어이다. 반야는 산스크리트의 푸라쥬냐(prajñā)의 음사라고 되어 있지만, 아마도 푸라주냐 그 자체가 반야라고 중국인에 의해 음사되기 이전에 속어화(俗語化)해서 변음되었을 것이라고 추측된다. 이 푸라주냐는 흔히 지혜라고 번역되는데, 시비 선악을 판단 분별하여 번뇌를 끊는 정신 작용을 뜻하는 주냐나(jñāna)의 번역인 지(智)와 같은 뜻으로 사용되기도 한다. 그러나 지혜는 적어도 일체의 사물이나 도리를 궁극까지 추구해서 영원한 진실의 생명, 말하자면 깨달음에 눈뜰 때에 작용하는 예지인 점에서 구별할 필요가 있겠다.

바다밀다란 파라미타(pāramitā)의 음사이다. 중국에서는 뜻을 취해 도피안(到彼岸)이라고 번역하기도 했다. 또 간단히 도(度)라고도 하지만 해석으로는 '피안(彼岸)에 도달했다'는 뜻과 '피안에 도달한 상태'로 보는 두 가지가 있다. 이것은 파람(pāram)과 이타(itā)로 나누어 보는 태도와 파라미(pārami)와 타(tā)로 분석하는 태도에서 나온 견해의 차이이다. pāram은 '피안에', itā는 ita의 과거수동분사(過去受動分詞)의 여성형(女性形)으로 '도달했다'의 뜻이지만, pārami로 '피안에 도달했다'로 보고, tā는 '상태'로도 해석할 수 있기 때문이다.

어쨌든 '완성'의 뜻인데, 그러나 그것은 이러한 궁극의 피안에 도달하기 위한 지혜를 전제로 하고 있으므로, 표현하자면 '반야바라밀' 이외의 것이 될 수는 없을 터이다.

『대품반야경』의 '서품(序品)'에

"훌륭한 보살이 보시바라밀을 행하려 하면, 지혜바라밀을 배워야 한다."

라는 말이 있다. 이것을 주석한 대승 불교의 사상가 나가르주나 (Nāgārjuna)[21]가 『대지도론』 29권에서

"다섯 가지 바리밀은 지혜바라밀 없이는 바라밀이라고 불리지 못한다. 마치 전륜성왕(轉輪聖王)[22]이 전보(轉寶)[23]가 없을 때에는 성왕이라는 이름을 가지지 못하는 것과 같다."

라고 한 말을 여기에 들어 그 설명을 대신하고자 한다.

---

21) 중국에서는 용수(龍樹)라 번역. B.C. 2~3세기 사람으로 남인도에서 태어나, 대승 불교의 철학적 총정리를 해냈다. 그러므로 그를 여덟 종파의 조상이라 일컫고 보살이라 부른다. 저서에 『대지도론』 100권, 『십주비바사론』 17권, 『중론』 4권, 『십이문론』 1권 등.
22) Cakra-varti-rāja. 수미(須彌) 네 주(洲)를 통치한다는 왕. 위엄이 비길 데 없다고 한다.
23) 윤보(輪寶)라고도 함. 전륜왕은 즉위할 때, 하늘로부터 전보를 받아 이것을 굴리면서 사방을 굴복케 했다고 전한다.

그런데 여기에서 '다섯 가지 바라밀'이라고 나왔듯이, 바라밀은 반야밀을 포함해서 육바라밀이란 이름으로 알려져 있다.

그 내용은 지계바라밀(持戒波羅密 ; 계율을 지키는 것)·인욕바라밀(忍辱波羅密 ; 욕을 참는 것)·정진바라밀(精進波羅密 ; 끊임없이 노력하는 것)·선정바라밀(禪定波羅密 ; 마음을 가라앉혀서 통일하는 것)의 네 가지를 앞에 나온 보시바라밀과 지혜바라밀에 더하는 것인데, 흔히 순서로서는 보시바라밀을 첫머리로 하여 다음에 지금 든 넷을 나열하고 지혜바라밀은 맨 끝으로 돌린다.

이 여섯 가지를 '육도(六度)'라고도 하는데, '도(度)'라 함은 '건너는'의 뜻으로, 괴로움의 바다에서 이상의 저쪽 기슭으로 건네 주는 것이 이 여섯 바라밀이기 때문이다.

그러나 앞에서 말했듯이 육바라밀의 중심이 되는 것은 반야이다. 이것 없이는 보시도 보시바라밀의 실천이 되지 못한다. 앞서 청정·부정의 문제를 생각했지만, 보시가 청정한 보시가 될 수 있는 것은 이 반야의 지혜가 보시라는 행동을 그 속에 포용하고 있기 때문이다.

같은 말은 다른 네 가지에 대해서도 할 수 있는 것으로, 반야의 뒷받침이 없는 행위는 바라밀의 이름을 얻을 수 없다. 말하자면 육바라밀이라 하지만, 그것은 오직 하나의 반야바라밀에 포섭되는 것으로서, 사실은 모든 것이 반야의 작용으로 되는 것이다. 그러나 이것은 동시에, 보시면 보시바라밀을 행할 때 그것이 반야바라밀을 얻고 있어야 된다는 뜻이기도 하다. 『대품반야경』

68장 섭오품(攝五品)은 이것을 말해 주고 있다.

그러면 반야바라밀을 행한다는 것은 어떤 사실을 말할까? 혹은 또 보시를 행하여 반야바라밀을 얻었다고 한다면 그것은 어찌하여 그렇게 될 수 있을까?

## 집착을 버리는 것

『금강반야바라밀경』에

"집착을 떠나, 그 마음을 일으켜야 한다.(應無所住而生其心)"

라는 말이 나온다. 간단히 말하면 집착하는 마음을 버리라는 뜻인데, 그러면 어떻게 하는 것이 집착을 버리는 길인가? 이에 대해 같은 경에서 언급한 대목을 찾아보면 보시를 두고 다음과 같이 말한 것이 눈에 띈다.

"사물의 겉모양(相)에 집착해서는 안 된다."

바꾸어 말하면 내가 남에게 이것을 준다는 의식을 버려야 한다는 뜻이다.

사람은 보시 앞에서 어느 정도는 평등할 수가 있지만 거기에 재물에 따른 다소의 차이가 생기고, 상대에 대해 좋아하고 싫어하는 감정을 완전히 씻어 버리기는 곤란한 일이다. 또 보시를 하고 나서 내가 주었다는 생각을 버린다는 것도 어렵다.

또는 주는 것에 의해 직접 자기에게 돌아오는 것은 없다 해도 돌고 돌아서 무엇인가 공덕(功德)이 있을지도 모른다고 생각한다든지, 후세까지 자기의 이름이 남게 되기를 기대하든지 한다. 그러나 부처의 깨달음을 추구하는 사람(보살)은 이런 집착의 그림자라도 있어서는 안 된다. 아니 적극적으로 이런 의식을 버려야 한다.

이렇게 주는 이와 받는 이와 주어지는 재물의 세 가지에 집착하지 않는 것은 삼륜 청정(三輪淸淨) 또는 삼륜 체공(三輪體空)이라 해서, 이것이야말로 주는 이로서나 받는 이로서나 꼭 갖추지 않으면 안 될 것으로 되어 있다.

이것은 말을 바꾸면 자기와 남의 대립을 부정한다는 뜻이 된다. 『금강반야경』에는 이 일과 관련하여 보살이라고 일컬어지는 것에 대해

"만약 보살에게 자아(自我)라든지 태어나고 죽는 것을 되풀이하는 주체라든지 생존해 있는 것이라는 생각이라든지 생물적인 개체라든지 하는 생각이 있다면, 보살이라고 할 수 없다."[24]

라고 설해져 있다. 자아라든지 생사를 반복하는 주체라든지 하는 것을 인정하는 한, 자기도 남도 영속적인 주체로서 파악되어

---

24) 만약 보살에게 아상(我相)·인상(人相)·중생상(衆生相)·수자상(壽者相)이 있으면, 곧 보살이 아니다.

그 대립이 해소되지 않기 때문에 그렇게 말하는 것이다. 따라서 이런 자아의 부정이야말로 주는 나와 받는 너라는 생각을 버리게 하는 것이겠다.

그러나 주어지는 것(정신적·물질적)은 어떤가? 경은 이에 대해서

> "이 여러 사람들에게는 또 자아라든지······ 생물적 개체라든지 하는 생각은 없으며, 실체로서의 물건이라는 생각도 없고 실체로서의 물건이 아닌 것이라는 생각도 없기 때문이다."[25]

라고 말하여, 이런 실체적인 것의 존재를 부정하고 있다.

여기에는 이른바 존재의 실체성까지를 부정한 대승의 무아 사상이 충분히 엿보여, 앞에 나온 소승 학파의 사고 방식에 대한 비판이 행해지고 있다고도 이해된다. 이것은 불교 술어로서는 '인무아(人無我)' '법무아(法無我)'라고 일컬어지고 있어서 대승에 이르러 '무아'의 바른 이해가 부활했다고도 말할 수 있겠으나, 여기에서 다시 하나 주목되는 것은 '실체로서의 물건이 아닌 것이라는 생각도 없다.'고 된 점이다.

이것은 명백히 다시 대립을 부정한 것이다. '물건이라는 생각'에 대해 '물건이 아닌 것이라는 생각'이 대립하는 한, 이것까지도 부정해서 집착의 대상이 되는 모든 것을 버려야 한다는 태도

---

[25] 이 여러 중생에게는 다시 아상·인상·중생상·수자상이 없으며, 법상(法相)도 없고, 또한 법상 아닌 것도 없기 때문이다.

를 여기에 보이려 한 것이다. 그러므로 경은 다시 이것을 밝히기 위해 이렇게 단언한다.

"이렇기 때문에 진실한 이법(理法)도 집착해서는 안 되며, 이 법이 아닌 것을 집착해서도 안 된다. 그러므로 이 취지에 의해 부처님은 항상
'그대들 비구야, 내 가르침을 떼(筏)의 비유와 같은 것이라고 이해하는 사람은 이법조차도 버릴 것이다. 하물며 이법 아닌 것이야 말해 무엇 하랴.'
하고 말씀하셨다."

강을 건너기 위해 필요했던 떼도 건너고 난 다음에는 버려야 된다. 이와 같이 집착과 대립을 초월하기 위해 설해진 가르침 자체도 집착의 대상이 되어서는 안 되는 것이다.
『금강반야경』이 설하는 대립의 부정은 물론 여기에 그치지 않는다. 갖가지 각도로부터 집착의 대상이 됨직한 대립 관념이 도마에 올라 부정되고 있다.

"최고의 완전한 깨달음[26]이란 있을 수 없다."

"제일바라밀은 제일바라밀이 아니라고 설해졌거니와 이것을

---

26) 이 말의 원어는 아뇩다라삼먁삼보리(阿耨多羅三藐三菩提). Anuttra-Samyak-Saṃbodhi.

제일바라밀이라 부르는 것이다."

"집착하지 않는 마음을 일으켜야 한다. 만약 마음에 집착이 있다면, 집착되어 있지 않다는 생각이야말로 집착인 것이다."

이런 말들은 모두 이런 뜻을 전하고 있는 것이라 생각된다.
그러나 여기에서 한 가지 주의하고 싶은 것은 이 경전에서는 '공(空)'이라는 글자가 보이지 않는다는 점이다.『반야경』은 '일체 개공(一切皆空)'을 설한 것이라고 상투적으로 이야기하지만, 그것이 여기서는 나타나 있지 않은 것이다. 또 이 경에서는 육바라밀의 형식도 아직 정비되어 있지 않은데, 이런 것에 비추어 볼 때 어쩌면 다른 반야경보다 앞선 시기에 성립한 것이 아닐까 생각되기도 한다.
이 사실을 확인하기 위해서는 다른 반야 경전을 볼 필요가 있는데, 여기에서는 반야 경전으로서 충분히 정리된 것이라고 보여지는『대품반야경』을 들어서 좀더 자세한 설명을 해보기로 한다.

## 두 가지 공(空)

『대품반야경』의 서품(序品)에서는 이렇게 말하고 있다.

"훌륭한 보살은 집착을 떠나 반야바라밀 속에 머물며, 준다는 의식을 가지지 않은 채 보시바라밀을 완전히 자기 것으로 할 것이다. 주는 이도 받는 이도 또 재물도 끄집어 낼 수 없으니까."

이 말은 앞서 나온 삼륜 청정(三輪淸淨)의 이치를 명확히 지적한 것인데, 여기서 주목되는 점은 반야바라밀에 머무는 것은 '집착을 떠나는' 일에서 얻어진다는 사실이다. 따라서 이로부터 '집착을 떠나는' 일이 어떤 것인지가 문제가 되지만, 이 문제와 관련하여 다음과 같은 말이 나타나는 것에 주의하자. 2장의 봉발품(奉鉢品)에는

"훌륭한 보살은 반야바라밀을 행할 때, 보살을 보지 않으며, 보살의 명칭도 보지 않으며, 반야바라밀도 보지 않는다. 또 나는 반야바라밀을 행하고 있다고도 보지 않으며, 또 나는 반야바라밀을 행하고 있지 않다고도 보지 않는다.

왜냐하면 보살도 보살의 명칭도 그 본성은 공이기 때문이다. 공 속에는 물질적 현상은 없으며, 감각도 표상(表象)도 의지도 마음도 없다. 그러나 물질적 현상을 떠나서 공이 있지 못하며, 감각이나 표상이나 의지나 마음을 떠나서도 공은 있을 수 없다. 공은 그 자체가 물질적 현상인 것이며, 물질적 현상은 그 자체가 공인 것이다. 그대로 감각이며 표상이며 의지이며 마음인 것으로서, 감각도 표상도 의지도 마음도 그대로가 공인 것이다.

왜냐하면 다만 명칭이 있으니까 보리(菩提)[27]라 하는 것이

며, 다만 명칭이 있으니까 보살이라 하는 것이며, 다만 명칭이 있으니까 공이라 하는 것이기 때문이다.

  그 이유는 모든 존재하는 것(法)의 본성(本性)은 생긴 적도 없고, 없어진 적도 없고, 더러워진 것도 청정한 것도 아니기 때문이다. 그러므로 훌륭한 보살은 이렇게 행하여 생겼다고도 보지 않으며, 없어졌다고도 보지 않으며, 또 더러워졌다고도 청정한 것이라고도 보지 않는다. 왜냐하면 명칭은 직접 간접의 조건의 결합이 만들어 낸 것으로서, 다만 그릇된 생각과 억측이 되는 대로 이름을 붙여서 그렇게 말하고 있는 데 불과하기 때문이다."

라고 기록되어 있다.

여기에서는 우선 보살이 스스로 반야바라밀을 행한다고도 행하지 않는다고도 보지 않는다는 것, 즉 그렇게 집착하지 않는다는 점을 강조하여, 사실은 보살 자체가 단순한 이름에 지나지 않으며 공한 것이어서 실체를 가지고 있지 않다고 설한 것이다.

보살 자체가 공한 것이라면, 반야를 행하고 행하지 않는 것은 논할 필요도 없어지는 바이므로, 어떠한 집착도 발 붙이지 못할 것은 당연한 귀결이다. 그러나 보살 자체가 공한 것이라는 단안에는 아직 문제가 남기에, 우리의 심신(心身)을 구성하는 요소인 물질적 현상으로부터 마음에 이르는 이른바 오온(五蘊)[28]의

---

27) Bodhi. 불타가 깨달은 지혜. 또는 깨닫기 위해 닦는 도(道).

하나하나에 대해 그것들이 공한 것임을 논하게 되었다. 이 부분에 대해서는 『반야심경』의

"색(현상)은 공과 다르지 않고, 공은 색과 다르지 않다. 색은 곧 공이요, 공은 색인 것이다.[29] 수상행식(受想行識)도 또한 이와 같다.

사리자(舍利子)[30]야. 이 여러 법(法)[31]은 공한 모양이어서, 멸하지도 않으며, 더러워지지도 않으며, 청정해지지도 않는다."

라는 유명한 문구를 생각하는 분도 있으리라.

이리하여 보살이 단순한 명칭에 불과하며, 공한 것이라 규정되었으나 공하다는 이유는 아직 확실하지 않다. 이에 '존재하는 것'은 실체가 없으니까 공하다는 것을 말하기 위해 '생긴 적도 없고 없어지는 일도 없다.'라고 지적된 것이겠다.

그리고 그런 실체가 없다는 것을 보이기 위해 다시 존재하는 것은 '직접 간접의 조건의 결합'에서 성립된 것이며, 말하자면 연기(緣起)에 의해 생겨나서 이름만 잠시 부여된 것에 지나지

---

28) Panca-skandha. 생멸하고 변화하는 것을 다섯으로 나눈 것. 물질적 현상을 말하는 색온(色蘊)과 감각을 말하는 수온(受蘊)과 표상(表象)인 상온(想蘊)과 의지와 마음을 말하는 행온(行蘊)과 심온(心蘊).
29) 원문 : 色不異空 空不異色 色卽是空 空卽是色. 색은 현상.
30) Śariputra. 부처님의 십대 제자 중의 한 사람. 특히 지혜에 뛰어났다 함. 사리불(舍利弗)이라고도 한다.
31) 물질적 정신적인 모든 현상. 또는 부처님의 교리. 여기서는 앞의 뜻으로 쓰인다.

않는다고 가르친다.

따라서 이 이치가 확실히 체득된다면, 반야바라밀을 행한다 행하지 않는다는 집착조차도 버리게 되므로, 그로부터 올바른 뜻에서의 반야바라밀이 행해지게 된다.

이상은 오온에 대해 그것이 공한 것임을 논한 이른바 법공(法空)[32]이 중심이 되어 있다. 경에서는 다음의 습응품(習應品)에서, 앞서 언급한 자아라든지 생존해 있는 것 따위에 대해 그것들이

"실체로서 인정될 것이 없다(不可得), 다만 명칭이 있을 뿐이다."

라고 설하여 이른바 '중생공(衆生空)'[33]의 이치를 밝혔다.

이렇게 볼 때 반야바라밀을 행한다는 것은 공의 이치를 잘 체득해서 그것을 실천에 옮기는 일임을 알 수 있다. 말하자면 사람도 물건도 본래 실체가 없으며, 실체가 없는 까닭에 사람으로서 존재하고 물건으로서 존재할 수 있다고 깨달은 것을 우리의 행동으로 옮기는 일이라고 이해된다.

### 공의 유형(類型)

그러나 『대품반야경』은 공에 대해 이 법공(法空)과 중생공(衆

---
32) 모든 존재가 다 실체가 없다고 보는 견해.
33) 모든 생존체가 기실 실체가 없다고 보는 견해.

生空)만으로는 충분하지 못하다고 보고 있다. 거기에는 성공(性空)·자상공(自相空)·제법공(諸法空)·불가득공(不可得空)·무법공(無法空)·유법공(有法空)·무법유법공(無法有法空)의 '일곱 가지 공'이 나오며, 다시 내공(內空)·내외공(內外空)·공공(空空)·대공(大空)·제일의공(第一義空)·유위공(有爲空)·무위공(無爲空)·필경공(畢竟空)·무시공(無始空)·산공(散空)의 열하나를 추가해서 '열 여덟 가지 공'에 대해 말하고 있다. 또 다른 반야경에서는 '20공'이라든지, '19공', '16공', '4공' 같은 것이 나와서 혼잡한 면이 있다. 따라서 지금은 '18공'에 대해 이해를 도울 정도의 간단한 설명을 시도하려 한다.

'18공'의 첫째 것은 내공(內空)이다. 여기에서 내(內)라 함은 육근(六根)을 말한 것으로, 눈·귀·코·혀·피부의 다섯 감각 기관과 마음을 가리키며, 말하자면 자타의 심신을 총괄한 것이어서, 다음의 외공(外空)과 대조시켜 논한다면 주관이라고 하여도 된다.

이에 대해 외공의 외(外)는 객관으로서의 대상을 말하는데, 눈에 대한 현상(色)처럼 다섯 감각 기관이 포착하는 것과 마음이 포착하는 것으로서 법(法)을 내세워, 감각 기관으로 잡을 수 없는 나머지 것을 이에 포함시킨다. 이것이 이른바 육경(六境)으로서, 이에 대해 그 실체성을 부정하여 외공이라 일컫는다.

내공·외공을 통해서 일단 우리의 상식적인 과오가 부정된 셈이 될 것이다. 이렇게 내공과 외공은 그것이 우리의 주관적인 것과 객관적인 것을 부정한 것이기 때문에, 서로 다른 하나를 의지하고야 성립할 수 있는 밀접한 관계에 놓여 있다고 할 것이므로 이를 총괄해서 내외공(內外空)이라고도 한다.

다음에 공공(空空)이라는 것이 있다. 공이라는 것이 있다는 생각을 부정하는 것이지만, 생각해 보면 공이라는 부정은 대립을 부정한 것이므로 안에 대해서는 밖, 유(有)에 대해서는 무(無)라는 식으로, 생각할 수 있는 모든 대립이 의당 모두 부정될 것이다. 그런 뜻에서는 유무(有無)를 부정하는 것만으로 일체가 부정되었다고 보이나, 그래도 아직 공이라는 것의 실체를 예상하는 일이 일어난다. 공공은 그 공까지도 공한 것이라고 부정하는 것이니까, 공한 것이라고 부정된 다음에도 아직 남는 공의 찌꺼기가 있다면, 이것까지 부정해 버리려고 하는 것이다. 바꾸어 말한다면 상대와 대립하는 절대까지도 부정하는, 상대를 넘어선 절대이어서, 필경공(畢竟空)이라는 사고 방식과 같은 태도다.

다음에 대공(大空)이 있다. 이는 방위(方位)를 부정한 것으로서, 얼마간 이질적인 느낌이 있으나, 다음에 나오는 제일의공(第一義空)과 짝을 이룬다. 나가르주나의 주석에 의하면 이것은 제일의공의 성제(聖諦)[34]에 대해 속제(俗諦)[35]에서 생각되는 문제라고 하는데, 세속적인 눈으로는 좀처럼 포착되지 않으며 연기(緣起)에 의해 생긴 것도 아니어서 매우 부정하기 힘든 방위를 공이라고 부정하는 것이 대공이고, 이에 대해 종교적 진리인 부처의 깨달음(涅槃)이나 사물의 진실 그대로의 모습(實相)까지도

---

34) 깨달음으로써 얻어지는 진리.
35) 깨닫지 못한 범부이기 때문에 나타나는 사실들. 고뇌·애착 같은 것.

공이라고 부정하는 것이 제일의공(第一義空)이다.

이상의 여섯 가지는 소승 학파의 저술에도 나타나 있는 것으로 보아 기본적인 형식이었던 것으로 생각된다. 그렇다면 반야 경전의 성립 이전에는 이 '육공'으로 일단락되었다고 생각했던 것이 틀림없다. 그러나 후일의 소승 논서(論書)도 생각했듯이, 반야 경전은 다시 다른 각도로부터 대립을 부정할 필요를 느꼈다. 그리하여 비롯된 것 중에 다음의 유위공(有爲空)·무위공(無爲空)·필경공(畢竟空)이 있다.

이 중에서 유위공은 육근·육경과 그 대립에서 생기는 의식적인 것 일체를 포함하여 여러 조건(인연)에 의해 성립한 모든 것을 공한 것이라 부정하는 것이요, 무위공(無爲空)은 여러 조건에 의해 생기는 것이 아닌 생멸을 초월한 것, 앞에 나온 깨달음 같은 것을 무위라 하여 이를 부정하는 것이다.

그러나 이렇게 해도 또 집착하는 것이 거기에 남아서는 안 되므로, 최후로 다시 한 번 공 아닌 것은 없다고 강조하는 뜻에서 필경공이라는 것을 내세워 부정하기에 이르는데, 만일 이것조차도 공이 아니라 한다면 '필경공도 공이다.'라고 말할 수밖에 없을 것이다. 나가르주나의 주석은 그런 뜻에서도 공공(空空)을 생각한 것이겠다.

다음은 무시공(無始空)·산공(散空)이다. 무시공은 처음이 있다, 처음이 없다 하는 생각을 부정하는 것으로 생사의 근원을 찾아 시간적으로 그 근원을 캐어도 포착할 것이 없다는 견해이다. 산공은 여러 조건의 결합에 의해 이루어진 것은 그 조건이 없어지면 그것도 없어지기 마련이지만, 그러나 수레는 속바퀴나 바퀴로 분해해도 그 속바퀴나 바퀴는 그대로 남는다는 생각을 부정하기 위해, 그런 속바퀴니 바퀴니 하는 것의 실체도 포착할 수 없다고 주장한 것이다. 따라서 산공은 이미 설명된 여러 공에서 볼 때 사족(蛇足)인 느낌이 없지 않다.

그런데 '18공' 중에서 나머지 일곱은 '7공'이라 하여 따로 다루고 있다. 나가르주나는 18공을 간략히 설명하면 7공이 된다고 했는데, 특히 성공(性空)과 자상공(自相空)에는 특이한 점이 있는 듯이 보인다.

이 중에서 성공은 자성(自性)을 부정하는 것이다. 유위(有爲)나 무위(無爲)에 대해 생각하면, 사물에는 그것으로서의 존재성을 나타내는 본성 또는 실재성(實在性)이란 것이 예상되지만, 성공은 그런 성질도 공이라고 부정하는 것이다.

이를테면 불의 성질은 뜨거움에 있으나, 불이 타는 것과 불에 태움을 당하는 것은, 앞에 나온 불과 장작의 비유에서도 알 수 있듯이, 그 두 가지 것을 떠나서는 있을 수 없으므로 불의 작용이 따로 존재하는 것은 아니다. 따라서 불은 조건(인연)에 의해 있는 것이어서 단순한 명칭일 뿐이며 실성(實性)은 없는 것이니까, 그 본성(本性)은 공하다고 할 수밖에 없는 것이다.

이는 유위에 대해 말한 것이지만 무위(無爲)에 대해 논할 때, 이를테면 무아(無我)라든지 공에 무아의 본성이나 공의 본성이 있다고 한다면 어떻게 될까? 이제 공을 보기로 들어 말한다면, 공은 유무의 상대성을 부정한 것이지만 공에 대립하는 것은 공

아닌 것, 즉 실유(實有)가 된다. 그런데 공이 있으면 실유(실체)도 있겠으나, 실유가 없는 이상 공도 있을 수 없게 된다. 따라서 공의 본성도 있을 수가 없다.

다음의 자상공(自相空)은 자상(自相)의 부정이다. 앞서 자성(自性)을 부정했으나 여기서는 자상을 버리는 것이다. 이제 그 차이를 말해서 설명을 대신한다면, 성질이 작용인 데 대해 상(相)은 겉으로 드러난 상태이다. 불에서 열이 성질이라면 연기는 상에 해당하고, 아주 착해 보이는 것이 상이라면 그 사람이 불끈 화를 낼 때, 그것은 성질이라 할 것이다. 이 상을 모두 부정하는 것이 자상공이다. 그리고 이 성질과 상에서 모든 존재를 부정하는 것이 제법공(諸法空)이다.

이제 마지막으로 네 가지 공이 남았다. 이것들은 공으로서는 비교적 소박한 것이라 생각된다. 순서를 고치면 유법공(有法空)·무법공(無法空)·무법유법공(無法有法空)·불가득공(不可得空)이 될 것이다. 이렇게 늘어놓으면 지금까지의 설명으로 아마 쉽게 추측이 될 테니까 말을 더 붙일 필요는 없겠다.

다만 불가득이라는 말은 자주 공이라는 말 대신에 사용된다는 것을 말해 두자. 따라서 불가득공은 여기 나온 다른 세 가지와는 특별한 연결이 없으며, 그런 뜻에서는 필경공이나 공공과 표리를 이루는 것이라고 생각함이 좋겠다.

## 공의 뜻

지금까지 보아 온 바에 의하면 모든 형태로 생각되고 예상되는 일체의 실체적(實體的)인 것을 모두 부정하는 것이 공의 이념이었다. 그러나 그것은 앞에서도 언급했듯이 허무와는 다르며, 절망을 부르짖는 것도 결코 아니다. 그것은 집착이란 집착은 모조리 벗어 던짐으로써 진정한 자유와 해방을 가져오는 것으로서, 이로부터 참된 실천이 비롯되는 그런 성질의 것이다. 그러기 때문에 경에서는 '필경 청정(畢竟淸淨)'이라 말한 것이겠다.

부정이 부정으로서 끝나는 한 그것은 아무것도 낳을 수 없다. 거기에는 오직 정지(靜止)가 있을 뿐이며, 판단의 단절과 침묵이 있을 따름이다. 진실을 향해 접근할 뿐이어서, 그것을 이것이라고 파악하지 못한다.

그러나 공은 단순한 부정은 아니다. 공이 부정만으로 그치지 않고 절대적인 긍정으로 전화하는 것이라는 점에 공을 발견한 여러 대승 반야경 편찬자의 탁월한 사색과 실천의 자취가 있다고 할 것이다.

후일 인도에서 수학사상 획기적인 제로(zero)의 발견이 이루어져서 이후의 수학은 이에 의해 비약적으로 발전하게 되었는데, 이 제로야말로 공의 사상을 밑바탕으로 하여 싹텄던 것이다. 아마도 공의 사상이 없었다면 인도에서 제로는 발견되지 않았을 것이다. 그리고 사실 공과 제로는 그 작용에서 사뭇 닮은 점이 있다. 제로가 모든 수학적 작용의 근원이 되는 것처럼 공도 모든 실천의 근원이며, 항상 이를 지탱해 가고 있기 때문이다. 그것은 단순한 부정의 논리가 아니라 바로 자비의 실천이 되는 셈이다.

여기에는 나는 니체(Nietzsche)가 그의 저서 『짜라투스트라는 이렇게 말했다』(Alos sprach Zarathustra)에서 말한 문구를 떠올리게 된다. 거기에는 맹목적인 긍정과 반항적인 부정과 진정한 긍정, 예속과 자유의 반박과 진정한 이데아로서의 자유, 전통과 파괴와 진정한 새로운 창조, 이런 세 가지 발전 단계가 설명되어 있다. 그리고 그는 이 세 가지를 참으로 인상적인 낙타와 사자와 어린애라는 비유를 통해 말하고 난 다음에, 마지막으로 이렇게 이야기한다.

"어린애는 순진이며 망각 그것이다. 새로운 시작이며 유희며 스스로 굴러가는 수레바퀴며 최초의 운동이며, 성스러운 긍정(ein heiliges ja-sagen)이다.

그렇다. 우리 동포야. 창조의 유희에는 성스런 긍정이 필요하다. 지금이야말로 정신은 스스로의 의지를 갖고자 원한다. 세계를 잃었던 사람은 자기의 세계를 획득하는 것이다."

이 말 속에 나는 공의 자유와 긍정과 실천을 정확하게 말하고 있는 듯한 사상을 느낀다. 공이야말로 무한한 가능성을 지니고 있어서 진실을 낳게 해주는 것이 아니랴! 그것이야말로 ein heiliges ja-sagen인 것이다.

그러나 여기서 우리는 몸을 돌이켜, 그러면 이와 같이 부정의 연속인 공이 실천으로 바뀌고 승화하는 것은 어째서인지 다시 묻지 않을 수 없다. 그리고 이 말에 대답하는 것은 『대품반야경』이 3장의 습응품(習應品)에서 지적한 말이다.

"훌륭한 보살이 색공(色空)을 습응(習應)할 때, 이것을 반야바라밀과 상응(相應)한다고 부른다. ……훌륭한 보살이 성공(性空)을 습응할 때, 이것을 반야바라밀과 상응한다고 부르는 것도 이와 같은 것이다."

여기서 '습응'이라 함은, 나가르주나의 설명에 의하면, 반야바라밀을 따라 익히고 닦아서 쉬는 일 없이 힘쓰는 것과 동시에, 제자가 스승의 가르침에 따라 그 뜻에 어긋나지 않도록 응하는 일이다. 그리고 이와 같이 해서 공이라든지 아니라든지 하는 생각에 떨어지지 않는 것이 반야에 상응하는 것이 된다고 하였다.

즉 공은 반야바라밀에 지탱되어, 항해하는 사람이 나침반이나 해도(海圖)를 따라 배를 몰아 가듯, 이를 의지하여 가지 않으면 안 된다는 말이다. 그렇지 않으면 공은 혼자서 독주하게 되어, 공견(空見)[36]이라는 함정에 빠지게 된다. 공은 항상 반야바라밀을 따를 필요가 있으며, 그렇게 함으로써 실천으로 전화할 수 있다.

그러나 공은 원래부터 반야바라밀과 전혀 별개였던 것은 아니

---

36) 모든 것은 공하다 하여 인과 응보를 믿지 않는 것.

다. 공이 있어서 그것이 반야바라밀에 응하게 된다고 생각해서는 안 된다. 컵이 있고 나서 그것에 맞는 뚜껑을 구하는 것과는 다르다.

공은 반야바라밀의 행동과 한 몸인 것이다. 바꾸어 말하면 바로 반야바라밀의 모습이요, 표현인 것이다. 그러기에 앞에서 '반야바라밀을 행할 때 보살을 보지 않는다.'라고 말했던 것이니, 보지 않는다 함은 결국 공의 실천이었음이 명백하다. 따라서 반야바라밀을 행할 때 공도 자동적으로 작용한다. 여기에 공이 반야와 동일시되는 일면이 있는 것이다. 그러나 여기에서 주의해야 할 점은 반야바라밀을 행한다는 것은 무엇을 말하는가 하는 점이다. 이것도 또한 행하기 위해서는 배워야 하겠지만, 어떻게 배워야 할까?

## 반야바라밀의 실천

『대품반야경』 8장 권학품(勸學品)에서는 반야바라밀을 어떻게 배우느냐 하는 문제에 대해 다음과 같이 말하고 있다. 다만 이것은 소승의 성자로서 석가의 십대 제자에 끼는 사리불(Śāriputra)과 수보리(Subhūti)의 대화로 나타나 있다.

"또 사리불이여. 훌륭한 보살이 반야바라밀을 배우려고 할 때에는, 물질적 현상(色)이나 마음(識)을 생각하는 일(念)은 없으며, 눈이나 또는 마음의 작용(意)을 생각하지 않으며, ……

보시바라밀이나 반야바라밀을 생각하는 일도, 그리고 부처님만이 갖추고 있는 특질(十八不共法)을 생각하는 일도 없습니다. 이와 같이 사리불이여, 훌륭한 보살이 반야바라밀을 행할 때에는 그 마음을 고집해서 생각해도 안 되며, 자랑해서도 안 되는 것입니다……"

이 수보리의 말에 의해 반야바라밀을 배운다는 것이 어떤 일인지 이해될 것이다. 여기에 나온 것은 그 설명의 아주 적은 부분에 지나지 않지만, 어쨌든 집착하여 마음에 생각하지 않는 일이 반야바라밀을 배우는 것이라는 사실을 알 수 있다.

더욱이 그와 함께, 배운다 함은 행하는 일이라는 것도 이것으로 알 수 있다. 그리고 또 한 가지 주의할 점은 반야바라밀을 행할 때에는 이미 반야바라밀을 행한다는 생각도 없다는 사실이다. 이것은 앞서 '훌륭한 보살은 반야바라밀을 행할 때, ……반야바라밀도 보지 않으며, 또 나는 반야바라밀을 행하고 있다고도 보지 않고, 또 나는 반야바라밀을 행하고 있지 않다고도 보지 않는다.'라고 했던 것과 같다.

그리고 여기에서 경의 7장 삼가품(三假品)이, 반야를 행하면서 반야를 보지 않을 때 '오직 일체의 존재가 갖고 있는 진실 그대로의 모습을 알 수 있다.'라고 하고, 그 모습은 '더럽지도 깨끗하지도 않다.'라고 말하고 있는 것을 연상하게 된다.

반야를 실천하면서 반야를 의식하지 않는 반야의 실천은 아무것에도 얽매이지 않은 천의 무봉(天衣無縫)한 그것일 터이다. 말하자면 모든 것이 있는 그대로의 모습으로 약동하고 있는 모습일 터이다. 그것은 바로 자연 법이(自然法爾)[37]의 모습 그것이라 해도 좋으리라. 경의 18장 문승품(聞乘品)에서 18공의 하나하나에 대해 설명한 다음, '본성(本性)으로서 스스로 그런 것이다.'라고 했지만, 모든 것의 진실이 바르게 그 있는 대로의 모습에서 파악되는 것을 말하는 것과 함께, 그것이 그대로 적극적인 실천으로 나타나는 것을 뜻하리라.

반야바라밀에 대해 말해야 할 내용은 참으로 많다. 그러나 그 핵심은 그렇게 복잡한 것이 아니다. 이를 주장하는 경전이 대승 경전으로서는 초기의 것이었기 때문에 그것들이 비판의 대상으로 삼은 소승 사상이 이 안에 많이 들어오게 되고, 이를 발판으로 해서 자기의 사상을 주장하는 결과가 되었으므로 반야 사상 자체는 경전에서 충분한 정리와 조직을 거칠 수 없었던 것이라고 보아도 된다. 그 대성은 나가르주나를 기다려야 했다. 따라서 반야바라밀에 대해서는 이것으로 끝내려 하나, 마지막으로 반야바라밀의 작용이 갖는 내용이라 할까, 그 본질이라고 할까, 그런 문제에 대해 언급한 것이 경에 기록되어 있으므로 여기서 말해 두고자 한다.

---

37) 남의 힘을 빌리지 않고 스스로 그렇게 되는 것.

## 반야바라밀의 본질

경의 5장 탄도품(歎度品)에 반야바라밀의 뛰어난 작용을 칭찬하여

"마하(摩訶)바라밀은 훌륭한 보살의 반야바라밀이다. 존(尊)바라밀 · 제일바라밀 · 승(勝)바라밀 · 묘(妙)바라밀 · 무상(無上)바라밀 · 무등(無等)바라밀 · 무등등(無等等)바라밀 · 여허공(如虛空)바라밀은 훌륭한 보살의 반야바라밀이다. 자상공(自相空)바라밀은 훌륭한 보살의 반야바라밀이다."

라고 했으며, 그 다음에도 같은 어조로 자성공(自性空) · 제법공(諸法空) · 무법유법공(無法有法空) · 개일체공덕(開一切功德) · 성일체공덕(成一切功德) · 불가괴(不可壞) 등의 표현을 바라밀 위에 씌우고 있다. 그러나 이런 것에서 무슨 특별한 것을 찾아낼 수는 없다. '마하'는 크다는 뜻이며, 육바라밀 중에서 최고이기에 제일이라 했으며, 부처를 무등등(비슷한 것이 전혀 없음)이라 하니까 그것을 따기도 했으며, 방해하는 것이 없으므로 여허공이라 하는 따위여서 그렇게 특이한 것은 느껴지지 않는다.

그런데 이 경의 44장 백바라밀편탄품(百波羅密偏歎品)에는 하나하나의 별명에 대해 왜 그렇게 부르는지 하는 이유가 간단하기는 하지만 나와 있다. 그러나 이것을 지금 여기서 늘어놓는 것은 나 자신 번거로운 일이며 독자도 지칠 것이 틀림없으니까,

이제 몇 가지만을 잡아서 들어 보겠다.

먼저 육바라밀 모두가 반야바라밀이라고 되어 있다.

"보시바리밀은 반야바라밀이다.
거기에는 아까워하는 마음이 없으니까."

하는 투이다. 계율바라밀에 대해서는

"계율을 깨뜨리는 일이 없으니까."

라고 말하고, 반야바라밀에 대해서는

"어리석음과 지혜가 없으니까."

라고 나와 있다. 마지막의

"반야바라밀이 반야바라밀이다."

라는 대목에 대해서, 나가르주나는 반야에는 '불변의 반야' 즉 반야 그 자체와 '다른 다섯 바라밀과 함께 움직이는 반야'가 있는바, 여기서 말하는 것은 불변의 반야라고 설명했다. 앞서 이미 언급한 여섯 바라밀의 상호 관계를 잘 말하고 있는 것이라 볼 수 있다.

그 다음에는 십팔공(十八空)의 하나하나를 바라밀 중의 반야바라밀이라고 하고 있는 점이 주목된다. 이것은 앞에서도 일부가 나온 바 있거니와

"내공(內空)바라밀은 반야바라밀이다.
육근(六根)[38]이 없으니까."

를 시작으로 하여,

"무법유법(無法有法)바라밀은 반야바라밀이다.
무법유법이란 것은 없으니까."

에서 끝나고 있다. 그러나 생각해 보면 이런 반야의 파악 방식은 소승의 수행법인 이른바 37도품(道品)[39] 하나하나에 대해서나, 또 부처의 특징인 불공법(不共法)에 대해서도 바라밀을 붙여서 설명한 바 있으며, 다름 아니라

"자연바라밀은 반야바라밀이다.
모든 것에서 자유 자재하니까.
불(佛)바라밀은 반야바라밀이다.
일체의 것을 알고, 일체의 평등을 아는 지혜니까."

---
38) 눈·귀·코·혀·피부의 다섯 감각 기관과 인식의 주체가 되는 의(意).
39) 깨달음에 나아가기 위해 닦는 도행(道行)의 종류.

라는 식으로 나타나 있다.

이상은 교리적인 명목을 정리하는 방식을 따른 것이지만, 그렇지 않은 것에 다음과 같은 것이 있다. 이를테면 모든 것의 평등을 인정하는 등(等)바라밀이라든지, 모든 것이 공하여서 인식할 수 없다는 것을 아는 불가설(不可說)바라밀이라든지, 모든 것이 불생·불멸하는 것임을 아는 불생바라밀·불멸바라밀이라든지, 일체의 존재의 진실한 본성은 불변하는 것이라고 아는 부동(不動)바라밀같이 그 성격은 갖가지이다.

이 몇 가지의 보기가 말하는 것처럼 반야바라밀에는 실체가 없다든지 본성(本性)이 없다든지 불가득(不可得)이라든지 필경공(畢竟空)이라든지 하는 부정적인 면과, 그 자신 적연(寂然)하여 움직이지 않는 깨달음의 경지를 그대로 나타내고 있는 것이나, 또는 밖을 향해 작용하여 일체를 있는 그대로의 양상에서 긍정하려는 태도나, 다시 적극적·능동적으로 자비스러운 구제 활동에 나서는 것같이, 갖가지의 성격 내지 본질이 있다는 것을 알 수 있다.

다만 간과해서는 안 될 일은 반야바라밀의 능력이 아무리 많이 또는 다채롭게 설명된다 해도, 그 궁극적 본질은 이타 구제(利他救濟)에 있다는 사실이다. 반야라는 지혜가 바라밀이 될 수 있는 비밀은 여기에 있는 것이다.

바라밀은 그 말이 가리키듯 본래 부처의 것이다. 피안(彼岸)의 깨달음에 도달한 사람의 능력이며 작용이다. 그것을 배워 실천할 수 있다는 것은, 보살임을 자각하는 사람이 부처의 속성인 구제 활동을 자기 행동의 사표(師表)로 우러러 기치(旗幟)로 세우기 때문이다. 그것은 곧잘 과(果)에서 인(因)을 설하는 것이라고 말하지만, 그 마음은 이 이타 구제의 비원에 의해 비로소 그렇게 말할 수 있는 것이다.

경의 79장 사섭품(四攝品)은 보살이 세상 사람을 깨달음으로 이끌기 위해 실천하는 네 가지 방법으로서 보시 · 애어(愛語) · 이익 · 동사(同事)의 사섭(四攝)을 들고 있다. 이 넷은 보살의 이타를 말하는 대표적인 것이다.

지금 이것을 경에 따라 설명하자. 앞서 보시에는 재시(財施)와 법시(法施)의 두 가지가 있다고 했다. 자기의 몸을 포함한 일체의 재물을 있는 대로 제공한 다음에, 상대에게 부처와 부처의 가르침과 그 가르침을 받드는 이들의 모임인 교단에 귀의(歸依)할 것을 가르치며, 또는 다섯 가지 계율을 지킬 것을 가르치며, 또는 고요히 명상할 것을 가르치며, 또는 남에게 즐거움을 주고 그 괴로움을 제거하며 남이 즐기는 것을 보고 기뻐하고 남에게 대해 애증(愛憎)이 없는 평등한 마음을 가질 것을 가르치며, 또는 갖가지 대승 · 소승의 수도하는 방법과 최고의 완전한 깨달음(아뇩다라삼먁삼보리)에 대해 가르치는 것이 반야를 실천하여 이루어질 때 재시(財施)가 된다.

이를 보면 재시라고 명칭이 붙었으면서도 다만 재물을 보시하는 것만이 아니라, 상대를 깨달음으로 인도하는 것에 그대로 연결되어 있음을 알 수 있다. 이것이 반야바라밀을 통한 재시임을 주의하여야 한다.

법시(法施)에 대해서는 새삼 말할 필요가 없을 것이다. 경에서는 이것을 세간(世間)과 출세간(出世間)으로 나누어, 세속의 법을 버리고 출세간의 대승 진실의 법으로 인도할 것을 누누이 타이르고 있다.

　그리고 경전은 애어(愛語) 이하의 것에 대해서는 그 내용을 설명하고 있지 않다. 그러나 애어란 인자하고 부드러운 말을 쓰는 일이고, 이익이란 갖가지 이익을 주는 일이며, 동사(同事)란 세상 사람들과 고락을 같이하고 행동을 함께 하는 일이라고 할 때, 이것들이 반야바라밀에 포섭되는 모습은 앞에서 말한 보시의 보기에 따라 추측할 수 있으리라 생각된다.

## 대승 경전 중의 반야

　지금까지 반야바라밀을 중심으로 『반야경』에 대해 언급했다. 충분히 말하지 못한 점이 이 밖에도 있으나, 여기에서는 생략하기로 한다. 그것은 이 뒤에 계속될 『유마경(維摩經)』을 주제로 하고 싶은 생각이 있기 때문이기도 하거니와, 또 『반야경』의 중심 사상은 『유마경』에서 열매를 맺었다고 보이는 까닭이기도 하다. 언급하지 못한 점은 『유마경』 대목에서 기회 있는 대로 다루고 싶다.

　어쨌든 『반야경』은 반야에 의한 공의 실천을 설한 대승 불교의 최초이면서 가장 기본적인 경전으로서 성립했다.

　따라서 대승 불교에 속하는 경전에는 표현은 다르고 중요시하는 핵심은 다르다 해도 어떤 형식에서건 이 영향이 나타나 있음은 당연한 일이다. 거기에는 반드시라고 해도 좋을 만큼, 반야바라밀의 공의 실천이 설명되어 있는 것을 발견할 수 있다. 이 사상을 버리는 일은 없다고 단정해도 좋다.

이를테면 『반야경』과 함께 초기의 대승 경전에 속하는 『법화경(法華經)』을 살펴보자. 이 경의 17장 분별공덕품에는 다음과 같은 대목이 나온다.

"만약 누가 부처의 수명이 이렇게 영원함을 듣고 겨우 한 번이라도 믿는 마음을 일으킨다면, 그 사람이 얻는 공덕은 헤아릴 수 없을 것이다. 만일 양가의 자녀가 최고 지상의 깨달음을 얻기 위해 팔십만 억의 억 배도 넘는 긴 겁(劫)[40]에 걸쳐 반야바라밀을 제외한 다섯 가지 바라밀―보시 · 지계 · 인욕 · 정진 · 선정바라밀―을 수행하여 얻는 공덕도, 앞의 공덕에 견줄 때 그 백분 · 천만 아니 백천만 억 분의 하나도 되지 않을 것이다."

여기에서는 영원에 걸친 다섯 바라밀의 수행이 부처의 영원한 수명을 믿는 오직 그 한 가지 일에도 멀리 미치지 못한다는 것을 설하고 있지만, 이 믿는 공덕보다도 이 『법화경』을 수지(受持)[41]

---

40) kalpa. 헤아릴 수 없는 시간의 단위. 둘레가 40리 되는 바위에 3년마다 한 번씩 나타나는 선녀의 옷자락이 스쳐서 그 돌이 닳아 없어지는 기간.
41) 경전을 받들어 지니는 것.

하는 공덕이 더 크다는 것을 말하고 나서,

"또 누가 능히 이 경을 수지하면서 겸하여 보시 · 지계 · 인욕 · 정진 · 선정 · 지혜를 수행하는 경우에는 더욱 말할 것이 없다. 그 공덕은 최고 지상이어서 끝이 없고 헤아릴 수 없다."

라고 지적하였다.

여기에서 말하는 보시 이하의 여섯 가지는 여섯 바라밀의 뜻으로 이해할 필요가 있으나, 어쨌든 『법화경』을 믿고 이를 수지함에 의해 부처가 얻은 지혜가 생긴다고 설하는 이 경의 아주 특이한 점이 여섯 바라밀의 실천을 가지고 다시 보완되어 있음을 알 수 있다. 이것은 주의해도 좋으리라.

그런데 이 경을 전후해서 성립된 것으로 보이며, 정토교 사상을 대표하는 『무량수경(無量壽經)』에서도 같은 점이 발견된다. 지금 이 경전으로서는 초기에 성립되었다고 인정되는 『평등각경(平等覺經)』을 놓고 보면, 아미타불은 아직 성불하기 전인 수도 시대에 부처가 되기 위한 조건에 대해 스물 네 가지 서원을 세우고 그 조건이 충족될 때 부처가 되겠다고 수도에 힘썼는데, 그것에 대해 다음과 같이 말했다.

"구도자였을 때, 항상 이 스물 네 가지 서원에 어긋나지 않도록 마음을 써서 보시를 하고, 계율을 지키고, 견디어 참고, 노력을 거듭하고, 마음을 통일하여 진실한 지혜를 연마했다."

여기에 나타난 것은 스물 네 가지 서원의 완성을 위해 실천한 일이 보시 이하의 여섯 가지 바라밀이었다는 점으로서, 그 여섯 바라밀의 수도를 성취했기에 아미타불이라는 부처가 될 수 있었다는 것이 된다. 말하자면 아미타불이라는 부처의 영원한 지혜의 빛깔과 영원한 자비의 생명이 이 여섯 바라밀이라는 공의 실천을 통해 획득된 셈이다. 여기에서도 반야바라밀이 차지하는 의의가 얼마나 큰지를 이해할 수 있다.

이런 사실은 이것 외에도 이런 경전과 때를 같이하여 이루어진 『화엄경』에서도 인정된다. 거기서는 보현행원품(普賢行願品)에 특히 선명하게 나타나 있는 바이나, 이런 초기의 대승 경전만이 아니라 제2기·제3기의 경전에서도 이런 점은 변함이 없다.

이를테면 제2기의 대표 경전인 『대반열반경(大般涅槃經)』을 본다면, 고귀덕왕보살품(高貴德王菩薩品)이라는 1장에서, 보시와 보시바라밀의 차이에 대해 이렇게 설명하고 있다.

"어째서 이것이 보시에 그치고 바라밀은 못 되는가?

보시를 바라는 사람이 있음을 보고 나서 주는 것은 보시라고는 하지만 바라밀이라고는 하지 않는다. 만약 보시를 바라는 사람이 안 보여도 자진해서 베풀 때에 이를 보시바라밀이라 부른다.

만약 이따금 하는 보시라면 이를 보시라고는 해도 바라밀이라고는 하지 않는다. 언제나 보시하는 경우 이를 보시바라밀이라 부른다.

만일 남에게 주고 나서 뒤에 뉘우침이 생긴다면 이를 보시라고는 해도 바라밀이라고는 하지 않는다. 주고도 뉘우치는 마음이 없는 경우 이를 보시바라밀이라 부른다.

……만약, 공포나 명예, 이익이나 집안 상속, 죽은 후 천상에서 쾌락을 누리기 위해서, 또는 의기 양양하여 마음대로 행동하기 위해서, 남보다 두각을 나타내기 위해서, 지혜나 체면을 위해서, 내세에 받을 보수를 위해서 하는 것이라면 장사의 거래와 같은 것이다. ……사람들이 그늘에서 시원하게 쉬기 위해서, 꽃이나 과일이나 목재를 얻기 위해서 나무를 심는 것과 다를 바 없다.

……궁극의 깨달음(열반)을 위해서 수도하는 사람은 주는 사람과 받는 사람과 주고 받는 물건이 여기에 있다고는 보지 않는다.

……오직 대승의 궁극적 깨달음인 영원의 법(法)을 위해서 보시하고, 세상에 삶을 받은 모든 이에게 혜택을 주기 위해서 보시하고, 모든 사람의 번뇌를 끊어 주기 위해서 보시한다."

여기에서는 보시가 바라밀이라 일컬어지기 위한 조건에 대해, 주는 이·받는 이·재물의 세 가지를 '보지 않는 것'이라고 파악하고 있다. 보지 않는다 함은 이 셋을 고정된 독립적인 존재로 인정하지 않는다는 뜻이다.

원래 주는 이가 있기 때문에 받는 이가 생기는 것이며, 받는 이가 있기에 주는 이가 있는 것처럼, 이 세 가지는 서로 의존해서 잠시 존재할 뿐이니까, 이런 것에는 일정한 실체가 없다는 이해 위에 서서, 내가 너에게 이것을 준다는 식의 의식을 버린 보시가 역설되고 있다. 말하자면 세 가지의 실체가 공하다는 것을 보시를 통해 체득할 때, 그 보시는 단순한 보시에 그치지 않고 바라밀이라고 하는 보시로 지양되는 것이다. 그리고 이 세 가지가 공하다는 것을 체득하는 일이 바로 반야바라밀의 실천이 되는 것이다.

## 실천을 추구하는 유마경

반야바라밀의 공의 실천을 주제로 하여, 이것을 온갖 각도로부터 밝히고자 시도한 경전이 있으니, 그것이 곧 『유마경』이라고 하는 경전이다.

반야 사상은 대승을 표방한 재가 신자를 중심으로 성립했다. 『유마경』은 이 사상을 재가 신자라는 자각에 서서 생활의 실제적인 면과 조화시키면서 어떻게 살리고 실천하느냐 하는 문제를 밝히기 위해 유마(Vimalakirti)라는 재가 신자를 중심으로 생활 속에 공의 실천의 본뜻이 있다는 것을 나타내려 함으로써, 조작한 흔적 없이 대승 불교 운동이 지향하는 목표가 어디에 있는지를 말한 것이었다.

그런 뜻에서 실천의 문제를 끌어 내어 고찰하기 위해서는 이 경전처럼 안성맞춤인 것은 없다고 할 수 있다. 여기서는 지금까지 더듬어 온 공의 실천으로서의 반야바라밀 사상이 우리의 현실 생활 속에 옮겨져서는 어떻게 살려져야 할지를 알아보고자 한다.

그런 점에서 나는 문제를 추구하기 위한 소재로서 무엇보다 『유마경』을 채택하고, 거기에 펼쳐진 갖가지 문제를 도마에 올려 생각을 진행시키려고 한다. 다만 그에 앞서서 이 경전에 대해 몇 가지 예비적인 설명을 해 두는 것이 좋으리라.

## 유마경의 고향

우선 이 경전의 성립에 대해 말한다면, 대략 서기 150년경까지는 이루어졌다고 생각된다. 그러나 인도의 어느 지방에서 성립한 것인지는 아직 확실하지 않다. 따라서 경전의 작자가 재가 신자로서 어떤 계급에 속해 있던 사람인지 그 성립의 기반은 명료하지 않다. 다만 이 경전에 등장하는 유마라는 재가의 불교 신자가 상업에 종사하던 부자이며, 비사리(Vaisālī) 성에 사는 것으로 되어 있는 점은 유의해야 한다.

이 비사리는 갠지스(Gangā) 강의 북쪽에 있어서 네팔에 가깝고, 마치 이탈리아의 베니스처럼 부유한 상인과 기품 있는 귀족으로 구성된 공화국이었는데, 집정관이 있어서 해마다 교대하고 몇 사람으로 이루어지는 원로원(元老院)에 의해 관리되고 있었다고 추측된다. 이런 종류의 공화 체제를 편 자유 도시는 그 밖에도 비데하(Videha) 사람이 만든 나라 같은 것이 있었는데, 이런 국가들은 저희 나라의 토지나 재산을 지키기 위해 동맹을 맺고 갠지스 강 남쪽에 도사리고 있는 마가다(Magadha) 국에 대항했다. 후일 마가다의 아자세왕(阿闍世王)에게 굴복하기에 이르렀지만, 이런 자유 도시적 정신은 길이 후세까지 이 도시의 성격을 형성해 갔다고 생각된다. 이 도시는 릭차부이(Licchavi)라는 종족에 의해 만들어졌다고 하는데, 그들은 티벳 계통의 종족으로 보이며, 이 도시가 이루어진 유래에 대해 말하는 것을 보아 왕족 출신이라는 자랑을 지녔음을 짐작하게 한다. 그 유래는 다음과 같은 설화로 전해지고 있다.

옛날 바라나시(Vārāṇasi) 국의 왕비가 임신하여 도저히 사람이라고는 할 수 없는 살덩이를 낳았다. 왕비는 다른 부인이 낳은 자녀가 매우 단정한 것을 생각하고, 또 왕이 이 일을 안다면 경멸하고 싫어할 것이라고 두려워하여, 그 살덩이를 그릇에 넣고 옥새를 찍어 봉인한 다음, 금박에 주사로 '이는 바라나시 국왕의 부인이 낳은 것'이라고 써서 강물에 띄우게 했다.

그릇은 갠지스 강을 떠내려 가다가 한 도사의 손에 건져졌다. 도사는 금박으로 된 글과 옥새를 보고 이를 열었다. 물론 안에서 나온 것은 살덩이였다. 그러나 이는 예사 살덩이가 아닐 것이라 생각한 도사는 가지고 돌아와서 잘 간수하였다. 그랬더니 반 달 후 그 살덩이는 쪼개져서 둘이 되었다. 이를 보고 기뻐한 도사는 다시 이것을 정성껏 보관했다. 그로부터 반 달이 다시 지나자 두 개의 살덩이에는 차차 머리와 손발이 생겼고, 다시 반 달 뒤에는 한쪽은 남자 다른 쪽은 여자가 되었다. 게다가 남자의 살결은 금빛으로 빛났고 여자는 은빛을 발산했다.

이 모양을 본 도사는 더욱 애정이 생겨 자기 자식처럼 귀여워했다. 그리고 신통력을 발휘하여 자기 엄지 손가락에서 젖을 내어 먹였는데, 그 젖은 마치 물에 맑은 마니주(摩尼珠)가 가라앉듯 몸 속으로 들어가는 모양이 밖에서 보였다. 그래서 도사는 이 아이들을 릭차부이(Licchavi)라고 부르기로 했다. 릭차부이란 '얇은 피부'란 뜻이다.

그 후 도사는 자기의 수도를 위해 두 아이의 양육을 소 치는 사람들에게 맡기고 소중히 기를 것을 부탁한 다음, 만일 이 아이들이 크면 둘을 위해 넓고 평탄한 땅으로 가서 남자를 왕으로 하고 여자를 왕비로 삼으라고 당부했다.

이리하여 자라난 두 아이는 열 여섯 살이 되었을 때 결혼하여 왕과 왕비가 되었는데, 출산할 때마다 남녀 한 쌍씩을 낳아서 얼마 안 되는 사이에 그 자손이 부쩍 늘어나니, 여기에 비사리라는 도시가 생기기에 이르렀다.

이 설화에서 엿보이듯, 이 비사리는 부유하고 우아한 도시로서 주민도 긍지가 대단하고 자유를 존중하며 진취적 기상에 넘쳐 있었던 것 같다. 그러기에 석가도 이 도시를 사랑하여 자주 찾아가셨고, 돌아가시기 전에도 이 도시에 머무르신 적이 있었던 것은 널리 알려진 사실이다.

이런 형세는 스스로 이 도시를 불교 신앙이 왕성한 고장으로 만들었는데, 석가가 돌아간 지 백 년 뒤에 이 도시에서 부릿지

출신의 승려들이 종래의 교단의 규율에 대해 비판을 가하고 반대 의견을 주장한 사실은, 이 도시의 불교도가 형식적인 권위주의에 대항하는 자유로운 사고 방식을 지녔음을 말해 주는 것 같다.

그러고 보면 이 도시를 무대로 여기에 유마라는 부유한 재가 신자를 등장시켜서, 낡은 과거의 권위를 상징하는 사리불이니 목련(Maudgalyāyana)이니 하는 석가의 직제자가 꼼짝도 못하고 재가 신자인 유마에게 혼이 나는 동시에 가르침을 받는다는 설정은, 역시 이 도시가 이런 경전을 만들어 낼 만한 지반을 형성하고 있었다는 생각을 허용하는 듯하다. 이 경전이 이 땅에서 씌어졌다고 단정하기 위해서는 이곳에 대승 불교가 왕성했다는 사실이 밝혀져야 되므로, 이것은 어디까지나 추측의 경지를 벗어나지 못하나, 이 경전이 씌어지기 위해 필요했던 지리적·역사적인 조건은 갖추어져 있었던 것으로 생각된다.

### 유마라는 사람

『유마경』이 비사리라는 도시의 역사적·지리적인 조건 밑에서 씌어졌다고 보는 것은 어디까지나 추측을 벗어나지 못하지만, 여기에서 또 하나 주목해 두고 싶은 것은 재가 신자인 유마라고 하는 이 경의 주인공이다.

앞에서도 말했듯이 유마는 비사리에서 세속적인 생활을 영위하며 불교에 귀의한 이른바 거사(居士)[42]이다. 따라서 처자도 있고 장사도 하고 좋지 않은 장소에 출입하든지 하는 점은 일반 서민과 조금도 다름이 없다. 다만 예사 사람과 다른 점은 어떤 경계에 있을 때라도 그것에 얽매임이 없이 잘 처신한다는 점이다. 그렇다고 하는 것은 그의 모든 행동이 세상 사람들을 구제하겠다는 이상에 따라 이루어졌기 때문이다. 비록 투전판에서 놀고 있을 때나, 화류계에서 창녀와 접하고 있을 때나, 그렇게 하는 것이 제 욕망이나 번뇌를 채우기 위한 것이 아니라, 진실한 도(道)를 가르쳐서 사람들을 그릇된 길로부터 구해 내기 위한 것이었다. 그 자신 욕망이나 번뇌에 잠겨 있는 듯하면서도, 사실은 조금도 그것에 물들어 있지 않았다.

하기는 유마라고 불린 것도 이렇게 더러움에 젖지 않은 생활이 소문났기 때문인 듯하다. 유마는 더 자세히 유마힐(維摩詰)이라고 쓰는 경우도 있으나, 원어인 산스크리트에서는 비마라킬티(Vimalakīrti)라 한다. 비마라는 '더러움이 없다'는 뜻이며 킬티는 '소문'이나 '명성'의 뜻이기에, 중국에서는 '무구칭(無垢稱)'·'정명(淨名)'이라 번역된 일도 있었다. 다만 중국어로 번역된 이름 중에서는 중국의 유명한 번역가인 구마라습이 음역한 유마힐 또는 유마라는 호칭이 알려져 있으므로, 여기서는 이 이름으로 부르고자 한다.

어쨌든 그는 하는 일 모두가 번뇌의 더러움에서 해방되어 있었다. 그러기에 경에서는 그를 칭찬하여, 능히 반야바라밀의 지

---

42) Kulapati. 상업·공업에 종사하는 부자. 또는 출가하지 않은 불교 신자.

혜를 얻어서 어떠한 방편도 뜻대로 쓸 수 있으며, 이미 일으킨 서원을 완성한 까닭에 세상 사람들이 마음속에서 바라고 있는 것이 무엇인지 명확히 알고 있으며, 또 이 사람들의 능력의 정도에 대해서도 알고 있다고 했고, 세상 사람들을 구하기 위해 비사리에 살고 있는 것이라 말했다. 그리고 이렇게 뛰어난 능력을 지니게 된 것은 과거 무수히 생사를 되풀이하던 긴 시간 동안 헤아릴 수 없을 정도로 많은 부처를 공양하여 공덕의 씨를 심어 왔기 때문이라고 한다.

결국 유마라는 사람은 반야의 공(空)의 정신을 체득하여 이것을 몸소 실천할 수 있거니와, 그것이 오랜 과거에 걸친 여러 부처에 대한 공양에 의해 얻어진 것임을 알게 된다. 이 사실은 유마가 어디까지나 부처의 가르침을 믿고 이를 따르는 재가 신자의 입장에 머물러 있음을 보여 준다. 왜냐하면 공양이 음식이나 의복을 희사하는 행동을 뜻하는 한, 그것은 생산에 종사하여 재물의 축적이 가능한 재가 신자가 아니고는 이룰 수 없는 까닭이다.

그리고 이것은 대승 불교의 한 성격을 말해 주는 것이기도 하다. 일반 민중을 중심으로 하여 일어난 이 종교 운동은 전통적인 권위주의에 서서 번잡한 생활 규율이나 수행 방법을 묵수한 출가 교단에 대한 비판을 통해 자라난 것으로, 재가 신자로서 가능한 부처에 대한 순수한 신앙이라든지 깨끗한 마음에서 나온 공양이라든지 하는 것을 더욱 가치 있는 일이라고 파악했기 때문이다.

재물의 축적은 다만 자기 생활을 풍족하게 하기 위해서 추구된 것이 아니라, 부처에 대한 깨끗한 신앙을 뒷받침으로 해서 남에게 공양하고 가난한 사람에게 희사한다는 이런 사고 방식에 의해 비로소 정화되는 것이다. 따라서 유마가 백만 장자로 설정되어 있는 것도 가난한 사람에게 나누어 주는 그 희사가 더욱 완전하게 실천되고 있음을 말하는 것이고, 재물이 풍족한 그런 상황이야말로 재가 신자에게는 바람직한 일이라고도 생각된 까닭이다. 여섯 바라밀의 처음에 보시바라밀을 내세운 『반야경』의 정신은 여기에서 충분히 그 의의를 인정받았다고 할 수 있으리라. 그리고 이것이야말로 재물 축적의 윤리임에 틀림없다.

## 유마경의 구성

『유마경』은 이러한 재가 신자인 유마를 주인공으로 하여 씌어졌다. 석가도 등장하기는 하나 경전의 처음과 끝에 나타날 뿐이어서 경전의 중심 부분은 유마의 등장으로부터 시작하여 그를 중심으로 펼쳐진다. 말하자면 이 경전의 주역은 어디까지나 유마이며, 석가의 제자들도 여기서는 단역(端役)을 맡고 있을 뿐이다. '지혜 제일'이라는 말을 듣고 석가의 제자 중에서 최고로 손꼽히는 사리불(Śāriputra) 같은 이는 약간 비참한 꼴을 당하고 있다. 꼼짝도 못하는 궁지에 몰려 생각의 부족을 절실히 느끼고 목을 움츠리는 피에로적인 존재가 되고 말아, 여기에서도 재가 신자를 중심으로 한 대승 불교의 성격이 유감없이 발휘되어 있음을 인정할 수 있다.

그런데 여기에서 인기 배우라든지 피에로 같은 이를 등장시킨 것은 이상할 것이 없다. 이 경은 대승 경전 중에서도 드물게 보는 희곡적 구성을 지닌 경전이기 때문이다. 3막 14장으로 구성된 연극이라고나 부르고 싶은 정도의 작품이다.

즉 제1막은 비사리 교외의 암라수(Āmra)[43] 우거진 정원(불국품에서 보살품에 이르는 4장)이요, 제2막은 유마의 방(문수사리문질품(文殊師利問疾品)에서 향적불품(香積佛品)에 이르는 6장), 제3막은 다시 이전의 암라수 정원(보살행품(菩薩行品)에서 촉루품(囑累品)에 이르는 4장)으로 나눌 수 있을 것이다.

더구나 각 장면에 전개되는 의표를 찌르는 듯한 무대 위의 변화는 매우 훌륭해서 극히 상징적인 동시에 희화적이다. 대사의 교환이 쉽게 그대로 받아들여진다면, 이렇게 연출이 보람 있는 경전은 그리 흔한 것이 아니겠다. 다만 때로는 대사에서 어려운 논리를 전개시키는 까닭에, 그 점이 여간 교묘히 구성되지 않으면 따라가지 못하는 결과가 될지도 모른다는 점에 어려움이 있을 것이다.

그러나 어쨌든 이 경전은 드라마틱한 부분으로 차 있다. 이를테면 이런 장면이 나온다.

유마가 좁은 병실에 누워 있는데 문수 보살을 선두로 많은 수도자와 석가의 제자들 그리고 그 밖의 사람들이 문병을 와서 모두 방 안에 들어온다. 좁은 병실이 어느 사이엔가 몇천 명에 달

---

43) 庵羅樹. 사과 비슷하다고 하며 천과(天果), 무구(無垢)라고도 번역.

하는 사람들을 한꺼번에 수용할 수 있는 큰 방으로 변해 버리는 광경은 연출상에서는 참으로 침이 흐르는 장면이어서 연출 효과가 발휘될 만한 것이겠다.

그 다음 이 문병객 속에 있던 사리불은 이 방에 의자 하나, 방석 하나도 없다는 것을 깨닫는다. 그러자 유마는 그 마음을 눈치채고 방 안에 상상도 할 수 없게 큰 사자좌(獅子座 ; 부처님이 앉는 의자)를 가져다 놓고 사람들을 앉게 했다. 사리불 같은 사람에게는 그 의자에 기어 오를 재주도 없었다……. 이런 장면은 어떻게 연출할 수 있을지 연출가의 기술이 해결해야 될 문제일 것이다.

이렇게 변화가 많은 장면의 전환은 이 경전 곳곳에 나타나 있어서 앞으로 이 글을 써 가는 사이에 틈틈이 엿볼 수 있을 것이다. 지금은 이 경전이 연출의 보람이 큰 드라마틱한 구성을 가진, 대승 경전 중에서도 특이한 것이라는 점을 지적하는 데 그치려 한다.

아무튼 이런 식으로 특이한 경전인데다가 유마로 상징된 재가 신자의 입장이 특히 선명하게 묘사되어 있으므로, 이 경전이 널리 읽히게 되었다 해도 이상할 것은 아무것도 없다. 앞서 말한 『반야경』 중 대품 반야의 주석서 『대지도론(大智度論)』을 쓴 나가르주나는 그 논서에서 자주 이 경전을 인용했고, 얼마 뒤에 바수반두(Vasubandhu)[44]도 이 경전의 주석을 썼다고 전하는 것을

---

44) 한역에서는 세친(世親)·천친(天親)이라고도 함. 대승의 이론가. 500부의 논(論)을 썼기에 천부 논사(千部論師)라는 이름을 들었다. 현존 저서로는 『구사론(俱舍論)』·

보아도, 이 경전이 주목되어 온 것을 충분히 짐작할 수 있다.

당(唐)의 현장(玄奘)[45]은 인도에 가서 비사리를 방문했을 때 그 도시에 유마의 옛 집이 남아 있더라고 전하고 있으나, 이 경전에 등장한 가공의 인물인 유마가 어느 사이엔가 전설화되어 실제의 인물처럼 다루어지고 있었던 사실도 이 경전의 영향이 컸던 것을 웅변으로 말해 주는 것이라 하겠다. 따라서 이 경전은 대승 불교 전파의 물결을 타고 중앙 아시아의 여러 나라 말로도 번역되었으며, 중국에 전해져서는 일곱 번이나 번역되었지만 산스크리트로 씌어진 원전은 현존하지 않는다. 겨우 『대승집보살학론(大乘集菩薩學論)』[46]이라는 책에 인용된 단편이 남아 있을 따름이다.

## 유마경의 번역

『유마경』은 중앙 아시아의 여러 나라에서 우전 어(이란 어 계통, 지금의 Khotan 지방에서 쓰이던 말) 또는 소그드 어(페르샤 어 계통, Sogdh)로 번역되었다. 하지만 지금 우리들이 『유마경』이라고 부르는 것은 물론 중국어로 번역된 명칭을 따른 것이다.

---

『십지경론(十地經論)』・『유식론송(唯識論頌)』・『섭대승론석(攝大乘論析)』 등이 있다.
45) 당나라의 고승(622~664). 인도에 가서 불교를 연구하고 많은 경전을 가지고 돌아와 『대반야경』 등 75부 1,335권을 번역했다. 그의 인도 기행문인 『대당서역기(大唐西域記)』는 역사적 가치로 하여 유명하다.
46) 대승의 교리를 해명한 논서. 7세기의 인도 학자 샨티데바(Śāntideva)의 저서. 샨티데바를 한역에서는 적천(寂天)이라 함.

중국에서 가장 일찍 나타난 것으로는 엄불조(嚴佛調)가 후한 영제(靈帝)의 중평(中平) 5년(서기 188)에 번역했다고 전하는 『고유마힐경(古維摩詰經)』2권이 있으며, 그 후에도 자주 번역되었으나 현존하는 것은 두세 가지뿐이다. 그 중에서 가장 널리 애독된 것은 앞에 나온『금강반야경』이나『대품반야경』의 역자인 구마라습이 요진(姚秦)의 홍시(弘始) 8년(406)에 번역한『유마힐소설경(維摩詰所說經)』3권으로서 일명 '불가사의 해탈'이라고 불리는 책이다. 새로운 번역으로서는 앞에 든 현장이 당나라 영휘(永徽) 원년(650)에 번역한『설무구칭경(說無垢稱經)』이 있어서 번역에는 정확을 기한 듯하나, 구마라습의 유창한 역문(譯文)에는 멀리 미치지 못하므로 별로 읽히지 않고 있다.

이 밖에도『유마경』에는 티벳 어로 번역된 것이 있어서, 산스크리트의 원전에서 직역한 것으로 보이기 때문에, 원전이 없어진 오늘『유마경』의 원형을 밝히는 데는 중요한 가치가 있다고 인정받고 있다.

# 부처와 보살

## 부처의 음성을 듣는 사람들

이미 말한 바와 같이 『유마경』의 무대는 비사리이며, 이 도시의 암라수 우거진 정원에서 석가가 설법하시고 있는 부분이 제1부이다. 여기에 석가의 제자 8천 명을 비롯하여 보살이 3만 2천인, 그 밖에 천상의 신들이 다른 세계로부터 엄청나게 많은 군중을 거느리고 이 집회에 참가해서 가르침을 받고 있다는 설정이다.

그런데 대승 경전이 이와 같이 석가의 설법이라는 형식을 취하고 있는 것은 거의 공통된 점이다. 그러기에 이 경전도

"이와 같이 나는 듣자왔다. 어느 때 부처님께서……"

라는 상투어를 씀으로써, 이제부터 이야기되는 것이 석가가 설하신 가르침의 내용임을 서두에서 밝혔다. 이 형식은 전통적·인습적인 권위주의에 사로잡혀서 민중의 구원을 망각해 버린 출가 교단이 가지고 있는 것과 같은 경전을 못 가졌던 재가 신자들이 이것이야말로 진정한 석가의 정신이라 믿고, 당연히 그랬을 것이 틀림없다고 파악한 진리를 내세워 이것을 정리하고 기록하기 위한 필요에서 채택한 것이다. 그들은 훌륭한 사상가의 출현을 기다려 거기에 재가 신자들이 마음에 그리고 찾던 것을 점차 강조해 가게 된 것이다.

그러나 그러기 위해서는 그들로서는 석가를 어떻게 이해해야 되느냐 하는 문제가 먼저 해결되어야 했다. 석가는 이미 수백 년 전에 이 세상을 떠나셨다. 석가가 살아 계시던 당시에는 직접 가르침을 받아서 그 혜택을 받을 수도 있었겠으나, 그 가르침을 받드는 승려들은 교단이라는 상아탑 속에 파묻혀서 세상 사람들을 구하고 인도하려고는 들지 않는다.

"내가 죽은 다음에는 내가 말한 가르침을 등불로 삼아라."

하고 유언하고 가신 석가의 가르침이 단순한 껍질뿐인 말씀이 되어 버리고, 구원을 위한 가르침이 구원을 망각하는 결과가 된 것이다.

그래 가지고는 우리는 구원받지 못한다. 구원을 외면당한 우리는 어떻게 해야 좋겠는가? 대체 부처님은 그 80년의 생애와 함께 영영 사라져 버리신 것인가. 여기에서 신자들은 구원의 담당자로서의 부처님을 지금의 현실 속에 살고 있는 모습으로 마음에 그리게 되었다.

그리고 그와 동시에 그런 구원의 담당자가 되고자 원해서 그를 위해 한결같이 도(道)를 구하여 수행에 힘쓴, 부처로서 깨닫기 이전의 석가, 즉 수도자로서의 보살에 대해서도 우러러보게 되었다. 이렇게 하여 석가에 대한 추모와 동경을 통해 거기에 이상화된, 영원의 생명과 능력을 구비한 보살이 부처와 함께 창조되기에 이르렀다. 따라서 대부분의 대승 경전은 앞서 이런 부처에 대한 이해를 깊이 간직하는 것에 의해 석가를 바로 파악하고, 진정으로 부처의 음성을 듣는 이로서의 보살을 거기에서 발견해 내려 했던 것이다.

따라서 『유마경』도 그 틀에서 벗어나지 않는다. 이 경은 그 서두에서 많은 보살을 칭송하고 석가를 찬탄하고 있는데, 그것도 이런 대승 경전에 공통하는 부처와 보살의 이상적 이미지를 드러내고 부처와 보살에 대한 귀의 신순(歸依信順)[47]을 말하고자 한 것에 지나지 않는다. 거기서는 먼저 보살에 대해 다음과 같이 말하고 있다.

---

47) 귀의는 Saraṇa의 번역. 돌아가 의지하여 구원을 청함. 신순은 믿고 따르는 것.

## 보살이라는 이상적 인간상

이런 보살에 대해 경전은 먼저 이렇게 말하고 있다.

"보살들은 세상 사람들에게 존경받고 부처님이 갖추신 지혜를 얻기 위한 수행을 완성하고 있는데, 그것은 많은 부처님의 불가사의한 힘에 의해 정성껏 보호되고 있기 때문이다."

따라서 부처가 갖춘 지혜의 원인이 되는 수행이라는 수행을 모두 성취하고 있는 보살의 능력은 예사 사람이 미칠 바가 아니다. 대승의 가르침을 지켜 가기 위해 바른 가르침을 널리 펴고, 그 위엄은 마치 사자가 울부짖는 것같이 사방을 누르지만, 괴로워하고 불쌍한 사람들을 위해서는 좋은 벗이 되어 주기도 하며, 그릇된 생각을 가진 사람에 대해서는 이를 설복시켜 바른 길로 이끈다.

이미 번뇌를 끊고 심신이 아울러 청정한 까닭에 미혹(迷惑)에서 해방된 진정한 자유를 얻었으며, 항상 마음을 통일할 수 있을 뿐 아니라 기억력이나 표현력이 뛰어나며, 더욱이 보살에게 특유한 보시·지계 따위 여섯 가지 바라밀과 이것을 실천하기 위해 필요한 수단(방편)도 갖추고 있다.

말하자면 모든 뛰어난 능력을 몸에 구비하고 있으므로 세상 사람들을 구하려 할 때에는 비록 지옥에라도 몸을 나타내어, 훌륭한 의사가 병에 따라 약을 주듯이 사람들 각자에 어울리는 가르침을 주어서 구원으로 이끌 수가 있으며, 그와 접한 사람은 누구나 혜택을 받는다. 따라서 그가 몸에 받는 공덕은 한량이 없으니, 보살은 이 공덕의 몸을 가지고 부처님 나라의 장식[48] (더욱 빛내는 존재)이 될 수 있는 것이다.

이렇게 그려진 보살의 모습이 대승을 받드는 재가 신자들의 이상적 인간상이다. 거기에 나타난 것은 확실히 부처를 계승하는 이의 모습이며 부처와 이웃하는 이의 모습이다. 재가 신도들은 이런 보살을 믿고 그 구원 활동에 인도되어서, 소승의 승려들이 미치지도 못하는 진정한 깨달음에 이르기를 염원했다.

그러나 이런 보살이 깨달음에 도달한 부처의 후보자이며, 따라서 거기에 그려진 이미지도 부처의 투영(投影)이긴 하지만, 단순히 절대자적인 지위에 추어 올려진 것만은 아니었다. 그것은 또 재가 신자와도 이웃하는 존재였다. 이를테면 이런 보살들이 속인들과 똑같은 옷을 입고 있는 것으로 되어 있는 것도 그것을 단적으로 나타내는 한 보기이다. 이미 그 형태를 승려에 준해서 그리지 않았던 것이다.

그리고 다시 이런 보살이 더욱 가까운 위치에서 우리와 다름없는 세속 생활을 하고 있고 같은 일에 종사하고 있음을 보이기 위해, 이 『유마경』의 작자는 유마라는 속인을 등장시킨 것이다. 그런 뜻에서는 유마야말로 재가 신자의 대표일 뿐 아니라, 재가

---

[48] 부처님의 나라를 아름답게 꾸민다는 뜻. 원어는 장엄(莊嚴). 꽃이나 향은 외형적인 장식에 불과하며, 보살은 부처님의 뜻을 행하는 사람이기에 이를 정신적인 뜻에서 '장식'이라 한 것이다.

신자와 보살, 재가 신자와 부처를 연결하는 중개자의 위치를 차지하고 있는 것이라 말할 수 있다.

어쨌든 신자들의 이상적인 인간상으로서의 보살이 창조됨으로써 낡은 교단의 상아탑 속에 틀어박혀서 전통만을 고수하고 있던 구원을 망각한 승려들로부터 석가의 정신의 진수가 탈환된 것만은 사실이다. 이렇게 하여 그들 속에서 보살의 이념이 깊이 파헤쳐져 갔다.

앞에서도 말했듯이 보살도 부처님들의 불가사의한 힘에 의해 항상 보호되고 있는 존재이며, 바꾸어 말한다면 수호되고 있는 까닭에 비로소 보살일 수 있는 것이고, 보살이기 때문에 비로소 부처님 나라의 장식이 될 수 있다는 사실을 주의해야 될 점이겠다. 여기에 재가 신도들이 온갖 말을 다하여 부처를 찬탄하는 이유가 있다고 이해된다.

## 초인적인 부처

이미 부처의 불가사의한 힘에 의해 보살이 수호되고 있다고 했다. 이와 같이 부처가 초인적인 힘을 갖추고 있다는 표현은 대승 경전에 공통하는 일반적인 성격이거니와, 『유마경』에서는 보살을 찬미한 다음에, 그것을 다음과 같은 형식으로 설명하기를 잊지 않았다.

그리고 이것은 『유마경』에서 참 인상적인 훌륭한 도입부(導入部)의 구실을 다했다.

석가가 많은 제자인 승려와 보살 또는 불교 수호의 임무를 다하는 천상의 신들이 한자리에 모인 곳에서 설법을 하고 계실 때에, 비사리의 부호의 아들 보적(寶積)이라는 청년이 다른 500명의 비슷한 신분의 청년들과 함께 나타났다. 그들은 손에손에 칠보의 보옥을 장식한 일산(日傘)을 들고 와서 그것을 석가에게 바쳤다. 일산에 대해서는 요즘 불상 위에 장식되어 있는 천개(天蓋)를 상상하면 되리라 생각하는데, 석가는 그때 이 500개의 일산을 받으시자 그것들을 합쳐 한 개의 일산으로 만들어 버리고, 이것으로 전 우주를 그 속에 뒤덮어 숨기는 동시에 우주의 모든 산과 바다·강·해·달·별·천상의 궁전·용궁 따위 온 삼라만상 일체를 그 일산 속에 나타내고, 또 모든 부처들이 설법을 하고 있는 그 모습까지도 나타나도록 했다는 것이다. 그 자리에 있던 사람들이 모두 이 광경을 목격하고 경탄의 소리를 지르며, 새삼 두 손을 모아 예배한 것은 당연한 일이었을 터이다.

여기에서 우리는 우선 이 경전의 작자가 발휘한 창조력을 인정하지 않을 수 없다. 500개의 일산이 어떻게 연결되었는지, 순식간에 하나가 되어 더욱 그것이 상상도 못할 크기로 퍼져서 전 우주의 모든 것을 싸 버린다는 불가사의는 엄청난 상상력이 아니고는 도저히 생각조차도 못 미치는 일이겠다. 그러나 이것을 단순히 터무니없는 공상이라고 치워 버린다면 그것은 속단이다. 거기에는 무슨 숨겨진 의도가 있는 것은 아닐까?

이제 경전 작자의 탁월한 표현에 관찰의 메스를 대어 보면, 이 한 개의 일산에는 다음과 같은 상징적인 뜻이 있는 것으로 보인다. 그것은 이 불가사의를 눈으로 본 보적이 부처를 찬탄하여 노래한 시 속에 발견된다고 말할 수 있을 것 같다.

> 임께선 모든 이의 등불되시니
> 마음 곧 맑아지면 누구나 뵙네.
> 제각기 자기 앞에 계신 듯 아니
> 뛰어난 그 신력(神力) 어디 견주리.
>
> 한 마디 말씀으로 설하신 법을
> 사람들은 정도 따라 알아듣고서
> 누구에게나 저같이 설하신 줄로…….
> 뛰어난 그 신력 어디 견주리.
>
> 한 마디 말씀으로 설하신 법을
> 사람들은 제각기 이해를 따라
> 행하여 크나큰 복덕을 얻네.
> 뛰어난 그 신력 어디 견주리.
>
> 한 마디 말씀으로 설하신 법을
> 두려워하는 이에, 기뻐하는 이.
> 세속에 싫증 내고, 의심 끊기도…….
> 뛰어난 그 신력 어디 견주리.[49]

즉 여기에 '한 마디 말씀'이라고 번역해 둔 부처의 '일음(一音)'이 그것을 말해 준다. 이 부처의 '한 마디 말씀'에 대해서는 주석자들의 갖가지 해석도 있는 바이나 부처님이 설하신 한 사상·내용을 가진 한 말씀을 뜻한다고 이해할 때, '한 마디 말씀'이 듣는 사람 각자의 이해하는 정도에 따라 여러 가지로 받아들여져서, 그것에 의해 갖가지 결과가 생겨나는 사실을 이 시는 말하고 있는 듯하다. 그렇다면 부처의 말씀은 항상 진실 바로 그것이며, 그 이외의 아무것도 아님을 이 '한 마디 말씀'이라는 표현으로 보이려 한 것이겠다. 이 하나는 둘이나 셋과 대응하는 뜻에서의 하나가 아니라, 상대적인 것을 초월한 절대적인 하나여서, 『법화경』에서

"둘인 것도 아니며, 또 셋인 것도 아니다."

라고 한 진실 일승(眞實一乘)[50]의 이념과 같은 것이다.

따라서 한 개의 일산은 이러한 부처님의 '한 마디 말씀'을 상징한다고 볼 수 있다. 하나하나의 일산은 상대적이고 개별적인

---

49) 원시는 다음과 같다.
大聖法王衆所歸 淨心觀佛靡不欣 各見世尊在其前 斯則神力不共法
佛以一音演說法 衆生隨流各得解 皆謂世尊同其語 斯則神力不共法
佛以一音演說法 衆生各各隨所解 普得受行獲其利 斯則神力不共法
佛以一音演說法 或有恐畏或觀喜 或生厭離或斷疑 斯則神力不共法

50) 부처님의 법에는 여러 종류가 있으나, 중생의 정도에 맞추어 그렇게 설한 것일 뿐, 사실은 다 '성불'의 길을 가리키는 취지에서 벗어나지 않는다는 것. '승'은 교법을 상징한 것이니, 일승은 곧 '한 가지 가르침'.

진실을 간직하고 있는데, 그것은 마치 어떤 강물도 바다에 들어가면 소금물의 한 맛으로 변해 버리듯이, 상대성을 초월한 절대적 진실인 부처님의 한 일산에 거두어짐으로써 비로소 절대적 진실이 될 수 있는 것이다.

한 일산은 그러한 절대적 진실이니까, 거기에는 예사 사람의 어리석은 생각을 초월하는 성질이 있을 것이어서, 그것을 일산 속에 나타난 전 우주로서 보인 것이리라. 따라서 부처를 단순히 세상 사람들의 사고나 언어를 초월한 불가사의한 초인으로서 포착하는 데 그치지 않고 절대적 진실의 구현자로서 나타내기 위해 이와 같이 한 개 일산으로 초현실적인 픽션을 감행한 것이라고 생각된다. 그리고 또 여기에는 이 경전이 갖는 극적인 무대 효과와 사상 내용의 상징적 표현이 교묘하게 짜여 있음을 인정할 수 있다.

## 이상 사회

보적이 노래한 시 중에서,

아으 임께서는 신통력으로
시방(十方)[51]의 무량한 땅 나타내시니
거기에 온갖 부처 설법하심을

---

51) 동·서·남·북·동북·동남·서북·서남·상·하의 열 군데.

우리네 모두모두 친히 뵈었네.

라고 했고 또,

이제 임께 바치온 이 일산 속에
삼천 대천[52] 세계가 다 나타나니
제천(諸天)과 용신(龍神)이 사는 궁궐과
건달바(乾闥婆)[53]와 야차(夜叉)[54]가 사는 그 고장.

우리네 좁은 소견 불쌍히 아샤
크나큰 이 신변(神變) 나토셨으니
모두들 놀라워해 임을 기리며
나아가 머리를 조아리도다.

라고 노래하고 있듯이, 이 한 개의 일산 속에 일체의 부처님이 설법하는 광경을 나타낸 것에는 다른 뜻이 있음도 생각할 수 있

---

52) 三千大千世界, trisāhasramahāsāhasro-lokadhātu. 일세계(一世界)와 사왕천(四王天)이 1천 개 모인 것이 소천 세계(小千世界), 소천 세계가 천이 모인 것이 중천 세계(中千世界), 중천 세계가 천이 모인 것이 대천 세계(大千世界)이다. 1대천 세계를 삼천 대천 세계라고도 하는 것은 소천·중천·대천의 셋을 합친 것이라고 보기 때문인 듯하다.
53) gandharva. 의역에서는 심향(尋香) 또는 심향행(尋香行). 음악을 맡은 신으로서, 항상 불법(佛法)을 찬송하고 이를 수호한다 함. 음식을 안 먹고 향기만 먹고 살기에 이렇게 부른다고 한다.
54) yakṣa. 비사문천왕의 권속으로 북방을 수호함. 의역에서는 위덕(威德)·용건(勇健)…….

을 것 같다. 그것은 이 경이 스스로 말하고 있는 '부처님의 나라' 즉 정토(淨土)이다. 말을 바꾸자면 이상 사회라는 뜻이리라.

사람은 각기 제 생각을 가지고 있어서 고집하며 양보하려 들지 않는다. 남을 물리치고 떼밀어 버리며, 남의 불행을 보고는 기뻐하기도 하고 우월감에서 동정하거나 경멸하기도 한다. 또 남을 질투하고 부러워하기도 하며, 스스로 열등 의식에 사로잡히든지 절망하여 자기만의 껍데기 속에 틀어박히든지 한다. 이런 득의와 실의, 우월과 자비(自卑), 연민과 선망이 빚어 내는 양상은 바로 이 세상 이 사회의 축도이어서, 여기에는 마음의 편안은 없다. 마음과 마음이 맺어진 평화는 바랄 수 없다. 대립과 대립이 몇 겹으로나 포개지고 뒤엉키어서 끝도 없는 욕망만이 공전해 간다. 더욱이 이런 대립이 벗이나 이웃간에 인정될 뿐만 아니라, 직접 간접의 관계가 없을 것 같은 사이에서도 생겨나고 높아져서, 널리는 사회 전체를 이 대립의 소용돌이 속에 몰아 넣고 있다. 정치나 경제같이 이해가 상반하는 조직 사이의 대립은 그만두고라도, 국제 문제만 보더라도 동서 양 진영의 대립 같은 상황은 이미 어떤 개인이 좋아하고 말고 하는 것과는 관계없이 모든 것을 이 대립 속에 집어 던져서 처리하려 든다. 거대한 악마라고나 부를, 대립이라는 이름의 격류이다.

이상 사회는 이런 대립과 상극을 넘어선 곳에서 성립한다. 그것은 화평의 세계이다. 융화·친애·협조, 이런 친화(親和)의 힘이 거기에는 구석구석까지 침투해 있다. 거기에는 500개의 일산이 빚는 대립이 해소되어 한 개의 일산으로 소생하였듯이 완전혀 새로운 세계의 출현이 있다.

따라서 500개의 일산을 대립 속에 놓인 개체라 보고, 한 개의 일산을 대립을 넘어선 이상 사회를 상징한 것으로 이해한다면, 이 이상 사회는 그런 한 개의 일산 속에 나타난 모든 부처들의 모습과 겹쳐져서 이중의 이미지를 만들어 내게 되리라. 이상 사회의 이미지 속에 헤아리기 어렵도록 많은 하나하나의 이상 사회가 나타나 있는 셈이다. 한 개의 일산에 상징된 이상 사회의 이념에 감탄의 소리를 지른 보적을 비롯한 청년들이, 이제 또 이 일산 속에 있는 하나하나의 이상 사회가 갖는 구체적인 모습에 접하였다.

그들이 이런 이상 사회를 눈앞에 보여 준 석가를 찬탄하는 동시에, 어떻게 하면 이런 이상 사회를 스스로의 노력에 의해 만들어 낼 수 있을지 알고자 원한 것도 당연하다. 이런 이상 사회야말로 강약의 차는 있다 해도 모든 사람이 항상 원해 마지않는 일인 까닭이다. 평화로우며 싸움이나 대립이 없는 세계를 건설하는 일은, 말하자면 인류가 지닌 영원한 소망이며 사명일 것이다.

## 정토(淨土)의 관념

그러나 이런 이상 사회로서의 '정토'에 대해서는 오늘 극락 정토와 같은 관념의 영향으로 이를 우리가 살고 있는 현실 세계에서 구하고자 하기보다는, 저쪽의 세계 즉 피안(彼岸)이라고 포착하는 경향이 강하다. 우리의 이 현실 사회는 차안(此岸)으로서, 탐심과 분노와 우매가 가득한 더럽기 짝이 없는 세계이지만, 정토는 이 세계를 떠난 영원의 저쪽에 있어서 거기에는 다툼도 대립도 없고 모든 번뇌의 더러움이 가신 세계라고 이해된다. 따라서 살아서 정토를 경험할 수는 없으며, 죽은 다음에라야 비로소 거기에 갈 수 있다고 생각들을 했다. '왕생 극락(往生極樂)'이라는 말이 있듯이 정토는 가서 태어나는 곳이라고 여겨졌다.

하기는 이 간다는 관념은 시대에 따라 매우 다른 방식으로 받아들여져서 시간적·공간적으로 단절된 곳으로 가는 것이 아니라, 어딘가 이 육지의 길을 터벅터벅 걸어가노라면 어느 사이엔가 정토에 와 있더라 하여, 현실의 연장이라는 식으로 이해된 일도 있었다. 따라서 지옥도 마찬가지여서, 『일본 영이기(日本靈異記)』에 나오는 지코(智光)가 지옥에 떨어진 이야기 같은 것은 그것을 나타낸 것이리라. 거기에는 이렇게 적혀 있다.

그때 염라대왕의 사자(使者)가 두 사람 나타나 지코 법사를 끌어내더니 서쪽을 향해 데리고 갔다. 보자니까 길 전방에 황금으로 만든 누각이 있었다. 그는 물었다.

"저것은 누구의 집인가?"

"그것도 모르는가?"

사자는 의아한 빛을 띠었다.

"모르면 알아 두오. 저건 교키 보살(行基菩薩)[55]이 이번에 오

---

55) 옛날 일본의 정토종의 고승.

셔서 거처할 집이오."

그 문 좌우에는 경비하는 이 두 명이 있어서, 몸에는 갑옷을 걸치고 머리에는 붉은 가발을 쓰고 있었다. 사자가 무릎을 꿇고,

"데려 왔습니다."

하고 보고하자,

"응, 이 사람이 일본의 지코 법사냐?"

하고 물었다.

"그렇습니다."

지코의 대답이 떨어지자, 곧 북쪽을 손으로 가리켰다.

"저 길로 가라."

사자를 따라 그 길을 가노라니, 전방에 불이 있는 것도 아니고 햇볕이 난 것도 아닌데 온몸이 화끈화끈 달아 왔다. 매우 뜨겁고 괴로웠으나 가는 수밖에 없다고 생각하면서 물었다.

"왜 이리 뜨겁소?"

"너를 태우기 위해서야."

사자는 대답했다.

"그것은 지옥의 불기운이다."


이 설화에 나타난 한에서는, 지옥이나 극락은 연결되어 있어서 바로 이웃이라는 느낌이 든다. 현실의 이 세계와도 그리 달라 보이지 않는다.

또 이 정도는 아니라도 극락의 동쪽 문이 일본 나니와(難波)[56]

에 있는 사천왕사의 서문과 마주 보고 있다는 생각도, 어디엔가 같은 길로 연결된 곳인 듯 느끼게 하는 소박한 이해 방식이다. 『료징히쇼(梁塵秘抄)』[57]에 실려 있는, 헤이안(平安) 말기의 유행가 이마요(今樣)[58]에,

> 서방(西方)이라 극락의 동쪽 대문은
> 나니와의 바다에 마주 서 있네.
> 에헤야 사천왕사 서쪽 문으로
> 염불할 사람들 어서 오라고.

라고 한 것은 이것을 말하는 것이다.

그러나 일반적으로 정토는 예토(穢土)라고 불리는 이 현실 세계와 대응한다고 여겨졌기에, '원리 예토(遠離穢土)·흔구 정토(欣求淨土)'[59]라고 대구로 불리었듯이, 이 현실의 더러움에 가득 찬 세계를 떠난 먼 저편에 있는 부처님의 나라라고 생각했다. 그것은 우리의 사고가 미치지 못하며 숫자로 거기까지의 거리를 말해 보았자, 결국은 이해에 아무런 도움도 되지 않을 정도로 멀리 떨어진 곳에 있는 줄로 알았다. 서방 정토라고 하지만 그것은 어디에 있는가 하는 소박한 의문을 언제나 수반하면서 아무튼 먼 저쪽 사후의 세계라고 파악했던 것이다.

---

56) 오사카(大阪)의 옛 이름.
57) 고대 일본의 시가집.
58) 일본 고대 속요의 한 양식.
59) 멀리 이 더러움의 세상을 떠나, 기쁘게 극락에 태어날 것을 구함.

하기는 이런 정토를 언제나 이 지상의 미혹(迷惑)의 세계를 멀리 떠난 곳이라고 이해할 뿐이라면, 그것은 어디까지나 현실 세계와 대립하는 세계인 셈이어서, 아무리 그것이 일체의 미혹에서 풀려 난 청정한 국토라 여겨지더라도 사람의 어리석은 심정이 빚어낸 것에 불과하다고 말할 수 있을 터이다.

따라서 정토에 가서 태어난다는 사실도 이 세상에서 생각되는 것과 같은 태어난다는 작용인 한에서는 단순히 정토를 이 지상과 대립하는 것으로 포착한 셈이므로 정토라 하더라도 이 지상과 별다름이 없는 것이 된다. 그것은 다만 태어난다는 행위의 되풀이에 지나지 않는다.

그렇다면 먼 저편에 있는 정토를 구한다는 것은 무의미하며 넌센스가 되어 버릴 수밖에 없다. 여기에서 정토에 태어나는 일을 무생(無生)의 생[60]이라고 이해하는 완전히 새로운 사고 방식이 발견되는 이유가 생겼을 것이다. 이 견해가 이미 언급한 '공'의 이해와 관계 있음은 추측이 갔으리라 믿는다.

정토가 단순히 지상에서와 같은 생을 반복하는 장소에 불과하다면, 거기에 태어나는 일이 영원의 구원을 가져올 리가 없다. 거기에 태어나는 것이 지상에서와 같은 생의 영원한 포기가 되고, 이 상대적 생으로부터 절대적 생으로 지양되는 것이 될 때, 그 생은 비로소 영원의 구제가 되는 것이다. 상대적인 지상의 생과 같이 태어난다는 행위로서 일단 포착되어 있기는 해도, 그런

---

60) 극락에 태어나는 것도 생사의 반복인 점에서 같으니까. 이런 상대성을 초극하여 절대적인 경지에 들어가는 것.

생을 넘어선 생이어야 한다.

그러기에 어디까지나 이 현실 세계를 초월한 정토는 피안인 것이며, 태어난다는 것은 '생즉무생(生卽無生)'[61]의 생인 것이다.

그러나 이 경에서 설하는 정토는 이것과는 조금 다르다. 이에 대해서는 다시 뒤에서 말하겠다.

## 부처님에 대한 찬가

그런데 정토의 건설은 깨달아서 각자(覺者)[62], 즉 부처가 되는 것에 의해 이루어진다. 보살이 하고많은 수도를 계속하여 부처의 깨달음에 도달했을 때, 거기에 저절로 만들어지는 것이 정토이다. 정토는 이런 뜻에서 부처님의 나라이다. 따라서 대승 불교를 받드는 사람은 이런 불국(佛國)의 건설이야말로 그 수도의 목표가 된다. 그들은 자기의 깨달음을 위해 이 정토의 건설을 믿고, 세상 사람들을 구하기 위해 이를 건설하고자 원하는 것이다.

그러나 그 건설이 결코 쉽지는 않다. 더구나 현실적으로 진리를 깨달아 각자가 된 부처로서 그들이 알고 있는 이는 석가 한 사람뿐이다. 역사상의 각자는 석가 외에 없다. 석가만이 그들의 사표인 것이다.

---

61) 상대를 초월할 때, 그 사람은 생에 대한 집착을 떠나므로 태어나도 태어나지 않은 것과 같다는 뜻.
62) '부처'의 원어는 buddha(붓다)로 '깨달은 사람'의 뜻인바, 음역한 것이 불타(佛陀)요 의역이 '각자'이다.

여기에 앞에서도 말했듯이 역사상의 석가를 이상화하여 영원의 생명을 부여함으로써, 석가를 영원한 오늘날의 스승으로 우러르는 움직임이 생긴다. 이리하여 여러 가지 부처가 출현하기에 이르니, 『유마경』에서는 앞서 부처의 불가사의한 능력을 목격했던 보적에 의해 우선 석존 찬가가 불리게 되는 것이다. 앞에 든 '한 마디 말씀'의 시나 그 밖의 노래도 그 일부이거니와, 이 찬가는 또 모든 부처에게도 통하는 찬가라고 할 수 있으리라. 이것은 다음 부분을 보면 이해될 터이다.

> 맑으신 눈매는 청련(靑蓮) 꽃 송이!
> 마음 맑아 선(禪)을 깊이 닦으시었네.
> 맑은 행(行) 쌓으시니 무궁한 이름!
> 스승이여, 예하여 뵈옵나이다.

> 법왕(法王)의 법력(法力)은 견줄 이 없어
> 진리의 재물을 널리 펴셨네.
> 세상 일 모르심 있으리마는
> 더 없는 그 슬기 잃으심 없네.
> 이미 크신 자유를 얻으셨으매
> 법왕이여, 예하여 뵈옵나이다.

> 십력(十力)을 얻으시니 예하여 뵙고
> 두려움을 떠나시니 예하여 뵙고

불공법(不共法)[63]에 주하시니 예하여 뵙고
일체의 도사(導師)시니 예하여 뵙고
모든 번뇌 끊으시니 예하여 뵙고
피안 이미 이르시니 예하여 뵙고
널리 사람 구하시니 예하여 뵙고
생사 길이 떠나시니 예하나이다.

세상 사람 사는 모양 샅샅이 아샤
모든 장애에서 벗어나시며
세속에 안 물듦이 연꽃 같으샤
항상 공(空)의 세계에 노니시었네.
만물의 참모습에 통달하시며
집착 하나 없으시니 예하나이다.[64]

 이상은 찬가의 전후 것을 뽑아 번역한 것으로서, 앞에 든 '한 마디 말씀으로'의 부분은 '십력(十力)을 얻으시니'로 시작하는 마지막 부분의 앞에 위치해 있다. 아무튼 여기에는 부처 특유의

---

63) 부처님에게만 갖추어진 능력. 열 여덟 가지가 있으나, 번거롭기에 생략한다(운허 불교사전 참조).
64) 찬가의 원문 : 目淨修廣如靑蓮 心淨已度諸禪定 久積淨業稱無量 導衆以寂故稽首 法王法力超群生 常以法財施一切 能善分別於法相 於第一義而不動 已於諸法得自在 是故稽首此法王 稽首十力大精進 稽首已得無所畏 稽首住於不共法 稽首一切大導師 稽首能斷衆結縛 稽首已到於彼岸 稽首能度諸世間 稽首永離生死道 悉知衆生來去相 善於諸法得解脫 不著世間如蓮華 常善入於空寂行 達諸法相無 碍 稽首如空無所依

부처와 보살 93

열 가지 지혜의 힘(十力)·두려움을 모르는 네 가지 자신(四無所畏)[65]·공덕이 뛰어난 부처에게만 구비되어 있는 열 여덟 가지 특질(十八不共法) 따위의 성격, 모든 미혹의 진상을 통찰하고 그것으로 해방되어 진실 영원의 이법을 깨달아서 일체를 불쌍히 여겨 구제하는 자비와 능력 같은 것이 찬미되어 있음을 엿볼 수 있다.

따라서 이것이 석가에게만 고유한 것이 아니라 여러 부처에게 공통하는 일반적 성격인 것도 이해할 수 있는데, 어쨌든 이런 부처의 찬가를 통해서 대승을 믿는 사람들의 소원이 어디에 있었는가 하는 점을 확실히 이해할 수가 있다.

## 마음이 청정하면

앞에서도 말했듯이 정토(淨土)의 건설은 대승 불교를 받드는 사람들의 이상이었다. 한 개의 일산에 상징된 정토, 다시 그 일산에 나타난 여러 부처의 정토의 모습을 눈으로 본 사람들이 다 같이 이런 정토를 건설하는 방법에 대해 알고자 하는 것은 당연한 일이다. 대승을 받들어 보살로서의 자각과 반성에 눈뜬 수도자로서는 어떤 수행을 함으로써 스스로 사명이라 여기는 이상 사회를 만들어 낼 수 있을 것인지 묻지 않을 수 없다. 백만 장자

---

65) catvāri-vaiśāradyāni. 불·보살이 설법할 적에 두려움 없는 지력(智力) 네 가지. 다른 이의 힐난·외난(外難)·악법·비난을 두려워하지 않는 것이 부처의 사무소외. 보살의 사무소외는 생략.

의 아들 보적은 많은 사람들을 대표해서, 또 자기의 수행을 위해서도 어떻게 하면 보살이 정토의 수행에 참가할 수 있는지를 석가에게 물었던 것이다.

여기서 석가가 대답하신 내용은 세 가지 요점으로 나뉘어 있다. 첫째는 정토란 어떤 것이냐 하는 점, 둘째는 어떻게 하여야 정토에 태어날 수 있는가 하는 점, 그리고 셋째는 어떻게 하여야 정토가 건설되느냐 하는 점이다. 여기에 『유마경』이 설하는 특유한 정토관(淨土觀)이 제시되는 것이다. 우선

"모든 생명들이 사는 곳이 그대로 보살의 정토이다."

라고 제시된다.

모든 생명들(衆生)이란 생물 일체를 포함하는 말이지만, 여기서는 사람을 가리킨다고 보아도 된다. 따라서 우리네 사람들이 사는 곳, 즉 이 현실 세계가 그대로 보살의 정토라는 것이다.

왜냐하면 가르침을 받고 바른 길로 인도되는 사람의 다소에 의해 그 넓이가 결정되는 것이 정토이기 때문이다. 가르침에 따라 진실을 구하고자 하는 사람이 많아진다면 그만큼 정토는 넓어진다. 마치 키가 크면 그 그림자가 길어지고, 키가 작으면 짧아지는 것과 같다. 마찬가지로 악을 버리고 선을 행하는 그 행위가 높아지고 적극적이 되면 그만큼 정토의 정도가 높아지기 마련이다. 그리고 보살도 또한 이런 사람들의 일을 염두에 두어 어떤 사회라야 깨달음을 구하는 마음을 일으키고 부처의 지혜에

도달하기가 적합할까 생각하게 되니까, 그 적합성의 여부와 정도에 따라 정토가 실현되는 정도도 결정되는 것이다. 이를테면 적당한 공터가 있으면 집을 지을 수가 있으나 공중이라면 아무리 방해하는 것이 없다 해도 지을 수 없는 것과 같아서, 보살은 세상 사람들이 있으니까 그 사람들의 행복을 기원하는 마음에 의해 정토를 건설할 수 있는 것이다. 그런 뜻에서 세상 사람들이 살고 있는 곳이 보살의 정토라고 규정된 것이지만, 그러면 어떻게 해야 정토에 태어나느냐 하는 것이 다음 문제가 되지 않을 수 없다.

『유마경』은 이에 대해 앞서

"청순(淸純)한 마음이 보살의 정토이다. 보살이 부처가 될 때 아첨하지 않는 중생이 그 나라에 태어난다."

라고 말해서 거짓 없는 청순한 마음을 모든 선행의 근본이라 보고, 다음에 깊이 도를 구하는 마음(深心), 깨달음을 구하는 마음(菩提心) 등 여러 행위를 열거했다. 그 내용은 자못 다기해서 소승의 수행 방법도 그 속에 포함되어 있으나, 대승 불교의 기본적 성격을 말하는 것들이 거의 망라되어 있음은 당연한 일이기는 해도 주목된다 하겠다.

이를테면 깨달음을 구하는 마음이라든지, 또는 모든 사람에게 은혜를 베풀고자 하는 네 가지 마음(四無量心)[66], 세상 사람들을 깨달음으로 인도하는 네 가지 방법(四攝法)[67], 적절한 방편, 스

스로 쌓은 선행의 공덕을 사람들에게 나누어 주고자 하는 마음
(廻向心), 열 가지 선행(十善道)[68] 등 많은 것이 그 속에 열거되
어 있다. 『반야경』이 갖는 성격을 그대로 계승하고 있는 듯이 보
이는 점은 특히 주목된다.

그런데 정토에 태어나기 위한 조건은 그런 사람을 구하고자
원하는 보살을 위해서도 의당 정토를 건설하기 위한 조건이 되
므로 보살 또한 청순한 마음을 앞서 일으켜서 이것을 가지고 여
러 수행을 해 나갈 필요가 있는데, 정토의 건설을 결정하는 최후
의 가장 중요한 조건에 관해서 『유마경』이 다음과 같이 설하고
있는 점은 매우 인상 깊다. 경에서는 이것을

> "만약 보살이 부처님의 나라를 깨끗이 하고자 원할 때는 스
> 스로의 마음을 깨끗이 할 필요가 있다. 그 마음만 깨끗해지면
> 그때는 부처님의 나라도 깨끗해진다."

라고 말하고 있다.

정토라는 것을 먼 저쪽에 설정하는 사고 방식에서 보면 '마음
만 깨끗해지면' 정토가 건설된다는 제언은 매우 이질적인 생각

---

66) Catvār-iapramānacittāni. 중생에게 즐거움을 주고 그 고통을 제거하며, 남의 즐거움을
보며 기뻐하고 평등한 마음으로 접하는 것.
67) 중생을 불도에 끌어들이기 위한 네 가지 방법. 보시·부드러운 말·선행·상대와 같
은 행동을 하여 이끄는 것.
68) 제계(制戒)·불살생·불투도(不偸盜)·불사음(不邪婬)·불망어(不妄語)·불량설
(不兩舌)·불악구(不惡口)·불기어(不綺語)·불탐욕·불진에(不瞋恚)·불사견(不
邪見).

이 들 터이다. 그러나 정토의 건설이 보살의 소원인 한, 양자는 결국 하나로 연결되는 것이라고 생각할 수 있을 것이다.

## 더러워진 마음

그런데 이와 같이 마음이 깨끗할 때에는 부처님의 나라도 깨끗해지는 것이라 하면, 석가가 깨달아 부처가 됨으로써 건설된 이 나라(세계)도 의당 청정해야 할 터이다. 그러나 현실은 그렇지가 않다. 더러움에 충만되어 있다고 생각할 수밖에는 여지가 없다. 그렇다면 석가는 보살로서 수도에 힘쓰고 있던 당시, 그 마음이 청정하지 못했던 것일까? 이런 의문이 일어난다 해도 어쩔 수 없을는지 모른다. 경전에서는 석가의 수제자인 사리불이 이것을 질문하고 있다.

그러나 생각해 보면 이런 의문은 이미 일방적인 것임을 알 수 있다. 정토의 청정함은 보살의 마음의 깨끗함에 의해 결정되지만, 그런 정토에 태어나는 이는 청순한 마음을 갖고 아첨 같은 것을 할 줄 모르는 사람들이며, 보시를 비롯한 여섯 바라밀을 완성한 사람들이며, 스스로의 공덕을 다른 중생에게 나누어 주는 사람들이어서, 사리불 같은 소승에 속하는 사람들이 아니기 때문이다. 사리불은 스스로 돌봄이 없이 부처님의 나라가 더러워 보이는 책임을 석가에게 씌우려 했다고 볼 수밖에 없다. 이처럼 사리불같이 슬기로운 이도 이런 우문을 발하는 곳에 대승 경전으로서의 한 성격이 인정된다고 할 것이다.

석가는 여기에서 부처님의 나라가 청정하게 보이지 않는 것은 그렇게 보는 사람에게 책임이 있을 따름이지 부처에게 잘못이 있는 것은 아니며, 마치 소경이 햇빛의 시원한 광명을 모르는 것처럼 부처님 나라의 청정함이 사리불에게는 보이지 않을 뿐이라고 말씀했다.

  그러나 『유마경』의 작자는 다시 천상 세계의 범천왕(梵天王)[69]을 등장시켜서, 사리불이 석가의 국토가 청정함을 보지 못하는 것은 마음에 동요가 있어서 부처님의 지혜를 얻지 못했기 때문으로, 보살은 모든 사람에 대해 평등한 마음을 갖고 도를 구하는 마음이 청정하기에 부처님의 지혜에 의해 부처님의 나라가 청정함을 볼 수 있는 것이라고 말하게 하고 있다. 그리고 석가가 발가락으로 땅을 누르자 온갖 진귀한 보배로 장식된 일찍이 보지도 못했던 국토가 나타나서, 그 자리에 있던 모든 사람이 보옥의 연화 위에 앉아 있는 모습을 스스로 보는 불가사의한 광경이 묘사된다.

  여기서도 부처님의 나라는 본래 청정하다는 것, 다만 능력이 모자라는 사람들을 인도하기 위해 자못 더러운 것처럼 보이게 하고 있는 데 불과하다는 것이 제시되었으므로, 마음의 청순이 모든 것의 근본 조건이라는 것은 충분히 이해되는 줄 안다. 석가는 사리불에 대해,

---

[69] Brahma. 힌두교의 창조신. 불교에서는 불법을 옹호하는 신으로 여긴다.

"이를테면 천상의 신들은 같은 보옥으로 만든 식기로 밥을 먹지만, 각자가 갖는 복덕의 차이에 따라 음식 빛이 달라지는 것과 같다.

사리불아, 이와 같이 만일 마음이 깨끗하다면 그 사람은 쉽사리 이 나라가 아름답게 꾸며져 있음을 볼 수 있으리라."

라고 말씀했다.

## 청정의 원리

이상 사회로서의 정토가 깨끗한 마음에 의해 청정할 수 있다는 것을 우리는 『유마경』의 말씀을 통해 알았다. 그리고 그것이 청순하며 아첨을 모르는 마음을 기초로 하여 수도해 나감으로써 얻어진다는 사실이라든지, 그 수도 중에 여섯 가지 바라밀이 포함되어 있다는 것도 이해했다.

그러나 그런 수도에 대하여 여기서는 담담한 설명이 있을 뿐, 깊이 파고든 구체적인 언급은 없는 것 같다. 이미 거기에는 『반야경』의 흐름을 다만 평범하게 계승하고 있는 듯이 보이는 점도 있으므로, 이제 여기서는 직접 『반야경』을 들추어 볼 필요가 있는 줄 안다. 내가 문제 삼고자 하는 것은 『대품반야경』 제82장 '정토품'이다.

이 장에서는 우선 얽매임 없는 보시바라밀 속에 다른 지계(持戒) 바라밀 내지 반야바라밀이 포함된다는, 각 바라밀 간에 보이는 포섭 관계를 설한 '구족품(具足品)'을 받아서, 모든 것을 공(空)하다고 이해하는 지혜를 행위 위에 체득하는 집착 없는 실천이야말로 보살의 수행이라 설하고, 그 다음에 부처님의 나라를 청정하게 하는 행위에 대해 언급하고 있다.

여기서는 앞서 몸과 입과 마음의 세 가지를 청정하게 하는 일이 부처님의 나라를 청정하게 하는 전제가 된다 하여, 그 구체적인 방식에 대해 이렇게 말하고 있다. 이는 『유마경』과도 관계가 있기에 잠깐 언급하겠다.

이를테면 바르지 않은 행동이라든지, 생물을 죽인다든지, 또는 그릇된 생각을 품는다든지 하는 일은 청정한 행위라고는 말할 수 없다. 또 탐내는 마음이나 계율을 깨뜨리는 마음, 성내는 마음, 태만한 마음, 어지러운 마음, 어리석고 어두운 마음도 청정은 아니다. 또 스스로 수도에 의해 도달한 성자의 경지에 집착하는 것도 청정은 아니며, 다시 결국은 모든 것이 공이라는 생각에 집착하는 것조차 청정은 아니다. 그러므로 몸과 입과 마음에 청정하다고 할 수 없는 모든 행위로부터 멀어질 것이 앞서 요청된다. 그리고 그런 다음에 보시바라밀 내지 반야바라밀을 행할 때 능히 부처님의 나라를 깨끗하게 할 수 있다는 것이다.

여기서 주목되는 것은 목표가 어디까지나 여섯 바라밀에 놓여 여기에 중점이 있으며, 다른 것은 여기에 이르기까지의 도정이거나 여섯 바라밀 안에 흡수되어 있다는 점이다. 『유마경』이 여섯 바라밀을 다룰 경우에는, 그것도 다른 것들과 어깨를 나란히 하고 있는 관계로 특별히 눈을 끌지는 못하지만, 여기서는 『반야경』이라는 이름 그대로, 여섯 바라밀 자체에 모든 것을 해결할 열쇠가 주어져 있는 것이다. 따라서 여섯 바라밀과의 관계에서 모든 것이 설명되고 있다.

여섯 바라밀 중 경은 특별히 보시에 대해 말하고 있으니까, 이제 그 내용의 몇 가지를 들어서 청정이라는 말이 뜻하는 바를 엿보기로 하자.

이것은 석가가 수보리(Subhūti)에게 말씀한 것으로 되어 있다.

"이 보살은 삼천 대천 세계에 가득한 진귀한 보배로, 부처님과 성자의 위치에 도달한 중과 보통 중에게 보시함으로써, 원을 세워 나는 이 선행에 의해 내가 사는 나라 전체를 칠보로 장식하고 싶다고 말한다.

또 다음으로 수보리야, 보살은 천상의 음악을 연주하여 부처님과 탑[70]에 공양함으로써, 원을 세워 이 선행에 의해 내가 사는 나라에 언제나 하늘의 음악을 들려 주고 싶다고 말한다.

또 다음으로 수보리야, 보살은 모든 세계의 나라나라에 충만한 천상의 향을 부처님들이나 부처님들의 탑에 공양함으로써, 원을 세워 이 선행에 의해 내가 사는 나라에 언제나 하늘의 향을 풍기게 하고 싶다고 말한다."

이제 누구나 짐작할 수 있을 듯한 극히 일반적인 보시 행위는

---

70) Stūpa. 원래 부처님의 유골을 공양하기 위해 세웠던 것.

여기서 생략했거니와, 이 보기에서도 이해되는 것은 보시에 의해 얻어지는 공덕을 같은 나라에 사는 모든 사람에게 나누어 주고 싶다는 소원이 강조되어 있다는 점이다.

이것은 『유마경』이 회향심(廻向心)이라 해서 많은 청정 행위 중의 하나로 쳤던 것에 해당하며, 거기서는 각별히 중시되지 않았던 것을 회상할 수 있으나, 여기서는 그것을 바라밀 안에 포섭하여 그것에 일정한 위치를 부여하고 있음이 주목된다.

여기로부터는 모든 사람의 행복을 기원하는 마음이 부처님의 나라를 청정하게 하는 열쇠라는 생각을 받을 수 있다. 부처님의 나라가 이상 사회요, 이 이상 사회의 건설이 보살의 소원인 이상, 만인의 행복을 기원하는 마음이야말로 부처님의 나라를 청정하게 할 수 있다고 생각하는 것 또한 정당하리라. 그리고 여기에 모든 실천의 기초가 놓여야 하는 것이지만, 다만 여기에 주의하지 않으면 안 될 일은 『반야경』은 이 청정의 원리를 여섯 바라밀, 특히 반야바라밀에서 포착했으며, 『유마경』은 이것을 공(空)에서 붙잡으려 한다는 사실일 터이다.

## 밑으로부터의 보살

이상과 같이 석가는 부처님 나라의 청정에 대해 설법했다. 보적을 비롯한 백만 장자의 아들 500명은 진실을 깨달은 마음의 편안(無生法忍)을 얻고, 다른 사람들도 각기 깨닫는 바가 있었다.

경전은 이 사실을 알린 다음 장면을 휙 바꾸어서 일종의 이야기로 들어간다. 말하자면 무대가 암전(暗轉)하는 동안 나레이션(narration)이 끼어 드는 형식이 여기에 취해지는 것이다. 나레이션의 내용은 이제 등장하게 될 유마라는 한 부자에 대한 설명이다. 그런데 유마의 등장에는 이런 일이 생각되지 않겠는가.

이미 언급했듯이 보살은 부처와 재가 신자 사이를 연결하는 중개자의 위치에 있다. 그는 이상 사회의 건설을 목표로 온갖 수도를 쌓아 끝내는 진리를 깨달아 성불할 것이 예정된 부처의 후보자인 동시에, 재가 신자를 구원으로 인도함으로써 재가 신자의 소망을 한 몸에 대표하는 이상적 인간상이다. 따라서 부처는 보살의 모습에서 일찍이 수도자였던 시절의 자기를 회상하고, 재가 신자는 보살에게 소망을 걸어 더욱 친근한 구원자를 구한다. 그러나 생각해 보면 이것으로서는 재가 신자에서 보살로, 보살에서 부처로 통하는 일방적인 길이 트이었을 뿐인 것 같다. 아니 그것만이 아니라 재가 신자와 보살 사이에는 큰 균열조차 입을 벌리고 있다고 할 수 있지 않을까?

재가 신자와 보살 사이에 부처와 보살 사이에 있는 것 같은 직접적인 관계가 없다고 하면, 재가 신자에게 보살은 친화감은 있으면서도 어디까지나 영원한 이상적 인간상에 그칠 것이고, 보살이 부처의 전신(前身)인 한에서는 재가 신자와 부처의 거리는 더욱 멀어질 수밖에 없어진다. 사람들은 다만 부처님을 찬탄하고 보살을 찬미하면서 그 구원의 손이 뻗기를 기다릴 수밖에 없을 것이다.

하기는 관음(觀音)이나 문수(文殊)나 보현(普賢) 같은 보살의 존재는 본래 이런 구제자로서 구체화된 것이어서, 부처님 쪽으로부터 사람들에게 투사(投寫)된 세컨들리(secondly)한 부처님이니까, 재가 신자와 이런 보살의 관계는 구하는 이와 구함을 받는 이의 관계로서 처음부터 설정되어 있었다. 그 사이에는 상호간의 피의 흐름은 있을 수 없으며, 흐른다면 보살에서 중생으로 일방적임을 면할 수 없는 것이다. 구제자를 자비로운 부모로서 그리는 것은 일반적인 파악 방식이라지만, 그 부모는 가장 가까운 혈연 관계이면서 멀리 떨어진 절대자이기도 했다고 할 수 있겠다.

따라서 이 사이의 거리를 메우지 않는다면 진정한 뜻에서의 친근감은 생기지 않는다. 보살이라 해도 그가 우리 사이에서 우리와 함께 생활하며, 우리와 함께 괴로워하고 고민하고 아파하고 견디는 모습이 없다면 우리의 보살이라고는 할 수 없는 것이다.

그 보살이 부처님의 현신(現身)[71]이라 하더라도 최소한 우리 곁에 있지 않아서는 안 된다. 관음 보살은 서른 세 가지 모습으로 형태를 바꾸어 중생들을 구제하려 한다고 하지만, 그 변신(變身)이 변신으로서 인식되는 곳에 관음 보살은 어디까지나 보살로서의 관음 그대로라 하겠다. 변신한 모습이 관음 보살이라고 이해되기에 앞서 이미 변신인 것이다. 우리 주위에 있는 갑남 을

---

71) 부처님이 중생 구제를 위해 갖가지 몸을 나타내는 것.

녀가 그대로 변신 아닌 관음 보살이 되지 않는 한, 관음 보살은 역시 한 구제자로서 예배의 대상에 머물 수밖에 없다. 보살 속의 인간 부재라고나 할까?

물론 이런 보살이 없다면 우리와 부처 사이의 거리는 무한히 확대되어서 그 엄청난 차이는 부처를 구제자의 위치로까지 추방하게 될지도 모른다. 이런 보살의 존재가 요구되는 데에는 그만한 필연적 이유가 있다. 그러나 여기에서 멈추고 만다면 우리와 보살의 거리도 부처와의 그것과 대동 소이하지 않겠는가. 겨우 부처님 쪽으로부터 우리에게 접근하기 위한 말뚝이 하나 박힌 것에 지나지 않는다. 그것은 저쪽 것일지언정 이쪽 것이 아니다. 그러기에 어떻게 하든지 우리 쪽에서도 말뚝을 박지 않으면 안 된다. 이런 시험은 언젠가 한 번은 기도되어야 한다. 이리하여 여기에 유마가 태어난 것이다.

## 속인 유마

유마에 대해서 경전은 과거 오랜 기간에 걸쳐 많은 부처님들을 공양하여 공덕의 씨를 심었으며, 깨달음을 얻은 마음의 편안을 지녔고, 언변은 물 흐르듯 막히는 법이 없고, 초인적인 능력을 갖추어 일체의 두려움에서 해방되어 있다는 식으로, 이른바 보살이 구비하고 있는 능력과 지혜와 수행에 결함이 없다는 점을 여러 가지 표현으로 기록하고 있다. 그도 또한 부처님과 같은 위의를 갖추고, 마음은 바다처럼 넓어서 부처님들도 찬탄하는 사람이라 한다.

그리고 특히 주목되는 것은 유마 또한 무동불(無動佛)이라는 부처의 묘희(妙喜)라고 부르는 정토로부터 이 우리의 세계에 몸을 나타낸 보살이라고 하는 점이다. 무동이란 산스크리트로 악쇼부야(Akṣobhya)라고 쓰니까, 이 부처는 이른바 아촉불(阿閦佛)을 말한다. 그리고 보면 유마도 사실은 이 세상 사람들을 구하기 위해 임시로 중생의 모습을 나타낸 보살이어서, 문수나 미륵이나 관음 같은 보살과 조금도 다를 바 없음이 이해된다. 그가 이런 보살들과 똑같은 보살이기 때문에 온갖 찬사를 되풀이하여 듣게 되는 것이리라.

그러나 확실히 까 놓고 보면 유마도 이런 보살이기는 하지만, 그럼에도 불구하고 이 경이 유마에 대해 우선 설하려 한 초점은 여기에 있지 않다는 것을 주의해야 된다. 여기서는 그가 비사리에 사는 부호라는 것만을 가지고 어쨌든 이야기를 진행시키고 있는 까닭이다.

여기서 가장 주목되는 점은 앞에서도 말했듯이 그가 막대한 재물을 가진 부호인 동시에 처자가 있는 일반 사회인이라는 사실이다. 경전의 표현에 의하면

"생계가 순조로웠고 세속적인 이윤을 얻고 있었다."

하며 이것과 함께

"처자가 있음을 세상에 보이고 있다."

라는 곳이 그것을 나타내는 부분이다. 따라서 이로부터 추측한다면 그는 세상 일반 사람과 똑같이 생활의 수단을 상업에서 구하여 장사에 의해 정당한 이윤을 추구하는 점에서는 완전한 속인이었으며, 처자가 있는 이상 가정의 즐거움을 부정하는 것이 아니니까 처를 사랑하고 자식을 귀여워하는 세상에서 흔히 보는 남편이요 아버지였다고 하여야 될 것이다.

보살에는 재가와 출가의 두 부류가 있어서, 문수나 미륵이라 불리는 보살은 출가한 보살이며, 『법화경』에 보이는 발타바라(跋陀婆羅) 같은 보살은 재가의 보살이라 한다. 그런데 이런 재가 보살이 어떤 생활을 하는지에 관해서 경전은 구체적인 언급을 안 하고 있는 것이 일반적인 경향이다.

그러나 여기서는 유마가 사회인으로 나타나 있기 때문에 보살이라기보다는 보살 같은 사람이라는 인상이 짙다.

"세상 사람들을 구하고자 한 까닭에, 방편을 써서 비사리에 살고 있다."

고 기록되어 있어도, 종래의 보살에 대한 표현 방식과는 전혀 다른 것이 느껴진다. 종래에는 재가 보살이라 해도 특정한 집을 가지고 있다는 투로 표현된 적은 없었고, 또 필요치도 않았다고 할 수 있다. 그것은 오직 부처님 쪽, 즉 저쪽에 있는 보살이었기 때문이다.

 그러나 유마는 다르다. 그 뛰어난 능력이나 지혜나 수행에 대해 언급할 때는 예사 사람과 다른 점을 느낄 수 있지만, 그렇다 해도 아직 우리와 같이 살고 있는 이쪽 사람으로서의 인상을 지워 버리는 것은 아니다. 그리고 이런 점이 『유마경』에서 그린 유마라는 인물의 설정이 다른 경과 견줄 때 탁월한 부분이며, 『유마경』이 널리 퍼진 이유 또한 여기에 있다고 하겠다.

## 자유인

 또 『유마경』이 나타내 보이는 유마에게는 다채로운 행동성이 인정된다. 그 자신이 일반 사회인인 까닭에 어디에라도 가서 누구와도 접촉할 수가 있었다. 그는 그 점에서 볼 때 완전한 자유인이었던 것이다.

 이를테면 그는 남아서 걱정일 만큼 재산을 갖고 있었으므로 이것을 빈민들에게 나누어 주기 위해 그들을 찾아갔다. 친히 그들과 접하여 그들과 함께 괴로움을 나누기 위해 자신이 직접 찾아갔다. 그렇다고 주는 이와 받는 이 사이에 아무것도 마음이 통하는 것이 없는 것 같은 이른바 자선가는 아니었다.

 또 도박장에 나가서 함께 투전을 하며 노는 수도 있었으나, 그것은 이런 놀이를 통해 도박에 넋을 잃고 있는 난봉꾼들을 구해 내려 한 것이었다. 술집이나 홍등가에 발을 들여 놓을 경우에도 주색에 빠져서가 아니라, 그 욕망을 따르면서도 그것을 통해 욕망이 빚는 과오를 나타내기 위함이었다. 그것은 마치, 일본의 『후습유왕생전(後拾遺往生傳)』에 실려 있는 무츠(陸奧)의 한 부인의 태도와 통하는 점이 있었던 것일까? 거기에는 이런 이야기가 기록되어 있다.

무츠에 한 부인이 있었다. 젊었을 적에는 요염하여 색을 좋아했다. 남편이 없었으므로 여러 사람이 찾아왔으나 구태여 거절하는 일이 없이 누구에게나 몸을 허락하였다. 그러나 얼마 지나자 아무도 찾는 이가 없게 되어 혼자 과부의 생활을 하면서 보냈다. 친한 사람이 그 이유를 묻자 이렇게 대답했다.

"나는 사람들의 정을 따르는 것이 보살이라고 들었습니다. 그러므로 남자들이 찾아와도 돌려보내지 않았던 것입니다. 또 애욕은 생사를 되풀이하는 요인이 된다고도 들었습니다. 그러기에 남자와 함께 잘 때에는 한 번도 애착하는 마음을 일으킨 적이 없었습니다. 잠깐 사이라도 눈을 감고, 그 일이 부정함을 고요히 생각했습니다. 상대가 욕정을 채웠을 때는 이 생각이 더욱 간절했습니다. 따라서 많은 사람들은 그 일을 부끄러워하여서 오지 않게 된 것입니다."

이 부인은 후일 출가하여 비구니가 되었고, 일생을 염불에 바쳤다. 임종이 다가와서 병이 깊어졌을 때, 눈을 감았더니 금색의 부처님이 맑은 밤하늘에 보이는 별처럼 나타나더라는 것이다.

유마가 이러했는지 어떤지 지금 말할 수는 없으나, 이 이야기는 약간 흥미가 있는 듯하기에 인용했다.

어쨌든 그는 누구에게나 다가가서 그 사람과 적응함으로써 구원의 손길을 뻗쳤다. 정권을 담당하는 대신이나 왕자·여관(女官) 같은 사람들에게도 접근했으며, 집안과 신분의 고귀함을 자랑하는 바라문(brāhmaṇa)[72] 계급이나 무사 계급에게도 접하는 동시에 일반 서민과도 교제하여 각기 대상에 따라 갖가지 방편을 써서 세상 사람들을 위해 진력했다.

이렇게 누구와도 자유로이 교제하여, 때로는 도에서 벗어난 듯한 행동도 서슴지 않았다. 그러나 이미 짐작이 가듯 그는 아무리 자유 분방하게 행동하는 것처럼 보이는 경우에라도 도에서 벗어나는 일은 없었다. 공자는

> "스스로 하고자 하는 대로 행동해도 도덕적인 법칙을 어기는 일이 없었다."

라고 하는데, 그가 행하는 일들도 언제나 도에 부합되었던 것이다.

참된 자유는 함부로 행동해도 용서를 받는 어린애의 그것일 수 없고, 천하에 두려운 것이 없다고 큰소리 치는 무뢰한의 그것일 수도 없는 것이다. 행하는 모든 것이 도에 들어맞을 때, 이것

---

72) 인도의 최상 계급으로 힌두교의 승려가 되는 특권을 지니고 있었다.

이야말로 진정한 뜻에서 자유라 할 수 있을 것이며, 유마의 자유란 실로 이런 자유였던 것이다.

그런데 이런 자유인인 유마는 다만 자유를 즐기고 사랑하기만 한 것은 아니었다. 소처럼 자유를 반추하고 맛보고 즐긴 것은 아니었다. 그 자유는 남에게 주기 위한 자유였다. 그는 스스로 자유로움에 의해 남에게 자유를 주려 했다.

이런 태도는 이미 말했듯이 사회의 온갖 사람들과의 접촉이라는 형태로 나타났지만, 유마가 여기서 이 자유를 남에게 주기 위해 자진하여 병까지 걸렸다는 사실은 특히 주목된다. 경에 의하면 문병 온 국왕·대신·재가 신자·바라문, 그 밖의 많은 사람들을 상대로 그는 자기의 병을 방편으로 써서 널리 진실을 말했다고 되어 있다.

# 공(空)의 실천

## 공이라는 것

그런데 자유인인 유마가 일부러 병을 앓아 가면서까지 나타내 보이고자 한 진실의 가르침이란 대체 무엇이었을까?

그것을 한마디로 대답하면 '공'이었다고 말할 수 있으리라. 자세한 내용은 뒤로 미루겠으나, 경은 우선 이 일을 그 몸이 무상해서 고통과 번민에 싸인 믿을 것이 못 되는 덧없는 것이라 하여 다음과 같은 비유를 쓰고 있다.

"이 몸뚱이는 물방울 같은 것이라서 꼬집을 수도 쓰다듬을 수도 없다. 또 물거품 같아서 오래 보존되지 않으며, 불꽃 같아서 탐심에서 생긴다. 파초 같아서 그 속에 견고한 데가 없으며,

환상 같아서 미혹에서 생긴다. 또는 꿈과 같은 것이어서 허망에서 생겼으며, 그림자와 같아서 업(業)[73]에서 나타난다. 또 음향 같아서 많은 인연에서 생기며, 뜬구름 같아서 순간적으로 변하기도 하고 없어지기도 한다. 그리고 번개 같아서 한 순간도 멈추는 일이 없다."

여기에 나타난 비유는 흔히 '유마경의 열 가지 비유'라 하여 널리 알려져 있다.『대품반야경』제1장에 보이는 열 개의 비유와도 내용에서 가깝다 하겠으나, 다만 거기서는 물방울·물거품·파초·뜬구름·번개 대신 물 속의 달·허공·신기루·거울 속의 영상·변화를 쓰고 있다. 그러나 물론 그것들로 나타내고자 하는 내용에 차이가 있는 것은 아니다.

이 중 몇 가지에 대해 설명한다면 불꽃이라 함은 주로 아지랑이를 가리키는 듯하고, 허공이라 함은 다만 명칭뿐이어서 실재하는 것은 아무것도 없음을 말하는 듯하며, 푸르게 보이는 것도 잘못 보았기 때문으로 사실은 눈에 보일 아무것도 없다는 뜻을 나타내려 한 것인 듯하다.

또 변화[74]라 함은 티끌처럼 작아진다든지, 하늘에 가득 차도록 커진다든지, 깃이나 털처럼 가벼워진다든지, 또는 벽을 통과하든지, 공중을 걷든지, 불이 바람이 되든지, 돌이 금이 되든지 하는 갖가지 변화를 뜻하는 말이어서, 화작(化作)·화현(化現)

---

73) Karma. 행동. 이 행동이 원인이 되어 우리의 여러 현실 상황이 결정된다는 것.
74) 비상한 술법으로 갖가지 모양을 나타내는 것.

이라고도 표현되어 있다.

이 열 가지 비유에 대해서는 여러 해석이 있어 왔다. 이를테면 이 경의 역자인 구마라습은 무상을 비긴 것이라 보았으며, 그의 제자인 승조(僧肇)[75]는 경의 이 부분을 정리하여 무상·고(苦)·공·무아의 순서로 이른바 '사비상(四非常)'[76]을 설한 것으로 보아, 이 열 가지 비유를 그 중의 공에 해당하는 부분이라 했다. 또 수(隋)의 혜원(慧遠)[77]은 앞의 다섯 가지 비유는 인간 존재를 구성하는 다섯 요소(五陰)에 대한 설명이요, 뒤의 다섯 가지는 이런 요소가 모인 일체의 현상이 공하다는 것을 말한 것이라 했으며, 삼론종(三論宗)[78]의 길장(吉藏)[79]은 이 열 가지 비유는 모두 무상과 공을 밝힌 것이라 했다. 어느 것을 어떻다고 말하기 어려우나, 승조의 생각이 여기서는 타당한 듯이 보인다. 『대품반야경』의 열 가지 비유는 일체의 존재(法)에 대해 말한 것인데, 이를 주석한 나가르주나는

"이 비유들은 공의 진리를 풀이한 것이다."

---

75) 구마라습의 고제자(383~414). 저서로는 『반야무지론』·『열반무명론』·『보장론』·『부진공론』·『물불천론』 등이 있다.
76) 비상은 영원성이 없다는 뜻. 무상·고·공·무아의 네 가지.
77) 동진(東晉) 때 여산의 중(335~417). 백련사(白蓮寺)를 창설하여 염불을 대중화하는 동시에 불교 교리 연구에 공헌했다. 『대지도론요약』 20권 등의 서서가 있다.
78) 『중론』·『십이문론』·『백론』의 세 가지를 근본 경전으로 받드는 종파.
79) 삼론종 중흥의 시조(549~623). 가상 대사(嘉祥大師)라고도 함. 『중론』·『십이문론』·『백론』 등의 주석서를 썼다.

라고 말해서 같은 생각을 표명했다.

그런데 『유마경』 제7장에는 다시 이것을 부연한 부분이 있다. 이는 '보살은 중생을 어떻게 보느냐?' 하는 문수 보살의 질문에 대해 유마가 대답한 말이다.

"이를테면 환술사(幻術師)가 환술로 만들어 낸 사람을 보듯, 보살도 중생을 이렇게 봅니다. 또 지혜 있는 사람이 물에 비친 달을 보든지, 거울에 비친 제 얼굴을 본다든지 하는 것처럼 보며, 또는 뜨거운 대낮에 나타나는 아지랑이·되돌아오는 산울림·하늘에 뜬 구름·바위에 부딪쳐서 일어나는 물방울·물 위에 뜬 물거품·굳은 듯하면서 연약한 파초 잎사귀·오래 빛나고 있을 듯하면서 곧 사라져 버리는 번갯불 모양으로 중생을 보며, 또 제5의 원소(五大)[80]나, 사람의 존재를 구성하는 제6의 집합체(六陰)[81], 제7의 인식 기관(七情)[82], 제13의 근거(十三入)[83], 제19의 종류(十九界)[84]와 같이 보살은 중생을 봅니다.

또 물질을 초월한 세계의 물질, 불에 그슬린 곡식의 싹이라

---

80) 모든 물질을 구성하는 요소는 지(地)·수(水)·화(火)·풍(風)이라 하여, 이를 사대(四大)라 한다. 따라서 '제5의 원소'는 있을 수 없다.
81) 생멸하는 일체를 다섯 가지로 구분하여 이것을 오음(五陰)이라 한다. 따라서 '제6의 집합체'란 존재하지 않는다.
82) 우리의 감각과 인식을 맡는 기관으로, 눈·귀·코·혀·피부·마음의 여섯 가지를 들어 이를 육정(六情) 또는 육근(六根)이라 한다. 따라서 '제7의 인식 기관'이란 존재하지 않는다.
83) 육근과 그 대상인 육경을 합쳐서 십이입(十二入)이라 한다. 따라서 '제13의 근거'란 존재하지 않는다.
84) 육근·육경·육식을 합쳐 십팔계(十八界)라 한다. 따라서 이것도 존재하지 않는다.

보며, 수다원(須陀洹)[85]의 주체 의식, 아나함(阿那含)[86]의 재생, 아라한(阿羅漢)[87]의 삼독(三毒)[88], 득도한 보살의 탐심·분노·파계, 부처님의 번뇌의 여습(餘習)[89], 소경이 보는 빛깔, 심신의 작용이 그친 경지에 들어간 사람의 호흡, 공중에 남은 새의 발자취, 석녀(石女)[90]가 낳은 아기, 환술로 만들어진 사람이 일으키는 번뇌, 깨고 나서 회상하는 꿈, 열반에 든 사람의 재생, 연기 없는 불 같은 것이라고 보살은 중생을 봅니다."

이것들은 모두 있을 수 없는 것이나 존재하지 않는 것들이어서, 공의 이치를 설명하려 한 것이다.

그런데 여기서 주의해야 할 일이 있다. 그것은 여기서 말하는 공을 무아와 나란히 늘어놓은 점에서 볼 때, 공은 무아와 전혀 다른 범주에 속하는 이념으로서 포착해야 하느냐 하는 문제이다. 그러나 그것은 실제로는 그렇지가 않다고 대답해야 한다. 이를테면 앞에 인용한 문장 뒤에 승조가 '무아'를 설한 부분이라고 해석한 대목이 계속되는데, 그 다음에

"이 몸은 자아와 자아에 소속하는 것(我所)을 떠나 있으므로

---

[85] srotapanna. 무루도(無漏道)에 처음 들어간 경지. 따라서 자기라는 주체가 있다는 생각을 가질 리가 없다.
[86] anāgāmin. 욕계(欲界)에 다시 태어나는 일이 없다는 성자.
[87] arhan. 소승에서 최고의 경지에 달한 성자.
[88] 탐내는 마음·성내는 것·어리석음의 세 가지 번뇌.
[89] 번뇌를 끊었으나 아직도 그 잔재가 남아 있는 것.
[90] 임신이 불가능한 여인.

공이다."

라고 한 것으로 보아도, 공과 무아는 밀접하게 연결되어 있어서 무아이니까 공이라는 이치를 이해할 수 있다. 이 문장에서 말하자면 아(我)는 인아(人我)[91], 아소는 법아(法我)[92]니까 인아·법아의 두 무아가 공의 근거라고 여겨진다.

그렇다면 공에는 사비상의 하나인 공과, 무아와 일치하는 공이 생각될 수 있다. 그러나 지금 여기에서 좀더 주목되는 것은 사비상의 하나인 공이 아니라 이 무아와 관계되는 공인데, 그 전에 『반야경』에서 본 18공을 회상해 볼 필요가 있다.

거기서는 이미 성공(性空)이 설해져서 자성(自性)이 없다는 이치가 나타나 있었다. 말하자면 무아의 주장이요, 실체의 존재를 부정하는 견해였다. 그렇다면 성공은 이미 갖가지 조건에 의해 성립해 있는 만물의 무아를 인정한 그 위에서 공이라 단정한 것이어서, 성공에는 무아와 표리 일체의 일면이 있음을 인정할 수 있다. 그러나 성공(性空)에는 또 공이니 무아니 하는 것에 일정한 성질을 인정하는 생각도 일어날 수 있다고 보아서, 그 공이나 무아의 성질조차 공이라고 주장하는 성공(性空)이라는 생각이 있었던 것을 알고 있다. 따라서 이 경우는 성공이라고 불리는 공의 작용에 서서 사비상의 공이나 무아를 초월하여 좀더 넓은 뜻에서의 공을 생각하고 있는 것이니까, 공은 당연히 무아를 안

---

91) 내가 있다고 생각하는 견해.
92) 객관적인 것이 있다고 고집하는 견해.

에 포함하고 있는 셈이 된다.

그러나 이렇게 번거로운 소리를 하지 않아도 공에 여러 종류의 공을 생각한 것은 공의 작용이 다양함을 말하고자 한 것이며, 그 다양성도 불가득공(不可得空)에 포함시킬 수 있으니까 이로부터 말한다면 무아 또한 불가득한 것이라고 치워 버릴 수도 있는 것이겠다.

다만 지금까지 보아 온 바로서는, 『유마경』은 이런 점에 대해 명백한 설명을 하고 있지 않다. 그러나 뒤에 나오는 바에 의하면 공도 또한 공하다고 하는 필경 불가득공(畢竟不可得空)의 입장은 명확히 천명되어 있음을 여기서 말해 둔다.

그런데 앞에서 유마가 설명한 이 몸의 무상이나 괴로움, 공의 열가지 비유나 무아의 주장 같은 것은, 이것만으로서는 몸이 병과 죽음을 못 면하는 헛된 것임을 역설한 것뿐이라 하겠다. 그래서 유마는 몸이 헛된 것을 통하여 참으로 추구해야 할 것이 무엇인가를 나타내어 그것을 불신(佛身)이라고 설하는 것이다. 그리고 그것이 추구되어야 할 이유에 대해,

"불신이란 곧 영원한 진실의 모습 그 자체이기 때문이다."

라고 말하고 있다.

부처가 불신을 얻게 된 것은 온갖 보살의 수행을 쌓은 결과, 거기에서 진실을 체득했기 때문이다. 말을 바꾸면 공덕과 지혜를 아울러서 수행에 힘씀으로써 진실을 구하여 깨달음에 도달하

는 것이 불신을 얻는 일인 것이다. 그러기에 부처님의 몸은 이러한 '헤아릴 수 없는 청정한 진실'로부터 나왔다고 설명되는 것이다.

## 유마와 석가의 제자들

그런데 유마가 친히 만나서 자기가 믿는 대승의 '공'의 이치를 설한 것은 반드시 일반 재가 신자에게만이 아니었다. 그는 또 출가 교단 사람들에게도 기회 있을 때마다 소신을 피력하기를 꺼리지 않았다. 특히 석가의 직제자로서 자타가 인정하고 있는 고승들에게는 적극적이기조차 했다고 말할 수 있을 것이다.

그는 집에서건 거리에서건, 그들을 만난 그때를 잡아서 석가가 설하신 바 진실의 가르침이란 무엇인가, 어떻게 하면 그 가르침대로 실천한 것이 되는가, 바른 이해와 실천에 대해 생각하는 바를 묻고 믿는 바를 피력했다.

경에 의하면 이때도 유마는 이런 사람들을 친히 만나서 공에 대해 말하고자 했던 것 같다. 다만 경에서는 자기가 지금 병상에 누워 있으니까 필시 부처님께서 끝 없는 자비를 베푸시어 누구든 제자를 보내어 문병해 주실 것이라고 생각한 것을 기록하고 있으나, 그 내심은 부처님 제자를 상대해서 진실의 가르침을 설하고 싶은 데 있었다고 할 것이다. 그의 병이 보통 병이 아니었다는 점이 이 사실을 웅변으로 말해 주고 있다. 그리고 이 경전의 편집자도 이 제자들의 방문을 기회로 하여 유마가 지닌 사상의 전부를 공개하고자 생각했을 것이다.

그러나 편집자는 유마와 불제자의 만남을 곧 실현시키지는 않았다. 잠시 동안 일부러 늦추는 것이다. 연극의 수법으로서는 참으로 교묘하다고 할 수밖에 없는데, 그것을 다음과 같은 형식으로 전개시킨 것은 정말 뛰어난 역량이다.

이때 석가는 유마의 병실에서 멀리 떨어진 암라수(Āmra) 정원에 있으면서, 어느 결엔지 유마의 마음을 이해하여 제자들을 지명한다. 그러나 나레이션은 여기에서 끝나고 무대는 암전해서 다시 석가가 설법하고 계신 장면으로 돌아가게 된다.

석가에게는 십대 제자라고 불리는 대표적인 고승들이 있다. 경전 편집자는 이로부터 한 사람씩 이 제자들을 지명의 대상으로 선택해 간다.

그러나 이 사람들은 의논이나 한 듯이 다 사퇴한다. 그것은 일찍이 유마를 만나 혼이 난 경험이 있기 때문이다. 그들은 유마와의 만남에서 거꾸로 가르침을 받았다고 고백하며, 도저히 문병의 임무를 맡을 자신이 안 선다고 대답한다. 그 유마와의 만남에 대한 추억이 서술되는 곳에서는 유마가 파악하고 있던 진실이 얼마나 확고한 것이었나 하는 점을 누구라도 느끼게 된다.

## 사리불의 경우

처음으로 지명된 이는 지혜 제일이라고 하는 사리불이었다. 그리고 그의 경우는 이러했다는 것이다.

어느 날 그는 숲 속의 나무 밑에서 좌선하고 있었다. 그때 유마가 찾아와서 이렇게 말했다.

"아, 사리불, 앉아 있는 것만이 좌선은 아니다. 무릇 좌선이란 생사를 거듭하는 미혹의 세계(三界)에 있으면서도 몸이나 마음의 작용을 나타내지 않을 때를 말하는 것이며, 마음의 작용이 없어진 무심의 경지(滅定)에 있는 채로 위의를 나타내는 것을 말하는 것이다.

또 깨달음의 길을 걸으면서도 세속적인 일상 생활을 보내는 것이 좌선이며, 마음이 안에 갇히어 정적에 잠기는 것도 아니고 밖을 향해 어지러워지지도 않는 것이 좌선이며, 많은 그릇된 생각을 그대로 지닌 채 서른 일곱 가지 수도(三十七道品)를 행하는 것이 좌선이며, 번뇌를 끊지 않은 채 궁극적인 깨달음에 들어가는 것이 좌선이다.

만약 이와 같이 좌선할 수 있다면 부처님께서도 인정해 주실 것이다."

유마의 말을 따르자면 몸과 마음을 근거로 작용하며 집착하는 이 현실의 미혹 속에 있으면서 능히 그 심신의 작용을 거두고 집착을 버리는 것이 좌선이 된다.

쇼토쿠 태자(聖德太子)[93]의 주석에는 이를 설명하여

---

93) 일본 최초의 불교 사상가(574~622). 저서에 『법화경소』·『유마경소』·『승만경소』가 있다.

"저것이라든지 이것이라든지 하는 집착이 없어지면, 어떤 산도 찾아 들어가야 할 것이 없으며 어떤 마을도 피해야 할 것이 없다."

라고 했는데, 대립 속에서 우열을 가리는 집착을 버리는 것이 모두 좌선하는 마음임을 잘 지적하고 있다. 여기서는 그 대립이 종교적인 깨달음에 이르고자 하는 수도와 세속적인 일상 생활, 출가와 재가, 진실과 허위, 번뇌와 깨달음 같은 형식으로 제시되고 있지만, 이것으로 다한 것이 아님은 말할 것도 없다. 유(有)도 없고 무(無)도 없고, 무에 얽매이는 일도 없는, 집착을 떠난 공(空)의 경지에 사는 것이야말로 좌선이라고 이해된다. 물론 결가부좌(結跏趺坐)하고 앉아 있는 일은 그 자체만으로서는 좌선과 아무 관계도 없는 것이겠다.

이래 가지고는 사리불이 생각하고 있던 좌선과는 너무나 거리가 있다 할 것이다. 말하자면 사리불로서는 조용한 곳에 앉아서 잡념을 떨쳐 버리고 고요히 마음을 어떤 한 대상에 집중하여 사유를 깊게 하는 것이 좌선이며, 일체의 번뇌가 끊어져서 마음이나 마음의 작용조차도 없어지는 것이 이상이었을 터이다.

그러나 유마는 그렇지 않다고 명백히 못을 박았다. 좌선은 심신의 동요를 멈추는 일이 아니다. 그것은 무심의 상태인 동시에 밖을 향해 적극적으로 움직이는 실천을 무한하게 지니고 있어서 그것이 언제나 작용하고 있어야 한다.

또 사리불은 좌선에 의해 번뇌를 끊을 때 열반에 들어갈 수 있다고 생각했을 것이나, 유마는 번뇌를 지닌 채로 열반에 들어가는 것이다. 열반이라 해도 번뇌를 떠나 있지 않다. 열반은 번뇌가 있으니까 비로소 열반인 것이다. 그러기에 번뇌를 지닌 채 열반을 얻는 것이 좌선 본래의 모습이 된다.

이렇게 되면 사리불이 지닌 선(禪)에 대한 이해는 그 근본부터 뒤집힐 수밖에 없다. 웅장하던 고루 거각이 소리를 내며 무너지는 공허감을 느껴야 했을 것이다. 사리불은 다만 입을 다문 채 대답할 도리가 없었다고 석가에게 고백하고 있다. 이는 오로지 두 사람이 서 있는 차원의 차이에서 온 것이라 해도 무방하리라. 평면의 사고로 굳어진 이로서는 입체의 사고는 꿈에서조차 생각할 수 없을 것이며, 평행선이 교차한다고 듣는다면 따라갈 수 없는 것과 같으리라.

## 목련의 경우

또 목련의 경우는 이러했다. 그는 사리불과 함께 석가의 제자 중에서 첫째 둘째를 다투는 인물로서 선을 닦은 결과 자유 자재하며 불가사의한 초인적인 능력을 갖추게 되었으므로 신통(神通) 제일이라고 일컬어졌다. 그럼에도 불구하고 언젠가 거리에서 신자들에게 설법하고 있을 때, 유마로부터 법을 설하려거든 법대로 설해야 한다고 지적당하고 어떻게 설해야 할지 몰라서 궁지에 몰렸던 경험을 가지고 있었다. 유마는 그때 이렇게 말했다.

"신자들에게 법을 설할 때 당신같이 설해서는 안 된다. 대저 설법은 법대로 설해야 한다.

그러면 법이란 무엇인가?

법이라고 하면 세상 사람들은 무엇인가 영원히 변하지 않는 주체적인 실재를 생각하지만 법에는 그런 것이 없다. 법에는 그것을 특징짓는 모습(相)이 없으며, 모습으로서 포착할 것도 없다. 말로써 표현되지 않으니까 명칭이 없고, 형태도 없으며, 마음에 떠오를 것도 없다. 법은 사물의 있는 그대로의 모습(如)과 같으며, 오는 일도 가는 일도 없으며, 좋고 추한 것도 없으며, 증감(增減)도 생멸도 없다. 눈이나 귀·코·혀·피부·마음으로서는 잡을 수 없는 것이며, 상주 부동(常住不動)인 것이다.

이런 법을 설한다는 것은 전혀 불가능하며, 또 들으려 해도 들을 수가 없고 얻을 수도 없는 것이다. 이를테면 환술사가 스스로 만들어 낸 사람을 향해 법을 설하는 것 같아서, 아무것도 설해지지 않으며 아무도 들어 주는 이가 없다. 그러므로 이런 무심한 경지에 서서 법을 설해야 하는 것이다.

또 듣는 사람의 능력이나 소질을 생각하고, 진실을 꿰뚫어 보는 지혜를 연마해야 되며, 세상 사람을 구하는 데는 대승의 길밖에 없다고 생각해서 그 가르침을 찬탄하고, 부처님의 은혜에 보답하기 위해서는 부처님과 그 가르침과 승단을 길이 보존해야 된다고 생각한 다음에 법을 설해야 한다."

이것이 유마가 말한 내용이다. 여기에는 법이란 무엇인가 하는 문제와 이를 설하는 이의 태도, 또 무엇을 위하여 법을 설하는가 하는 점이 나타나 있다. 따라서 법의 이해나 실천하는 방법에 의해 큰 차이가 생기게 된다.

목련이 법으로 받아들인 것은 아마도 석가의 가르침이었다고 생각된다. 그러므로 그가 설한 것도, 모든 것은 무상이며 무아라는 이치를 바로 이해해서 수행해야 된다는 점이었을 터이다. 말하자면 그 생각의 궁극을 이루는 것은 역시 연기(緣起)의 사상이었다고 추측된다. 그러나 목련의 설법은 연기에 그치고 있어서, 그 연기를 연기 그대로는 설하지 못한 곳에 문제가 있었던 것이다. 이 사실은 또 목련이 연기 사상의 표면을 이해하는 데 그치고, 그 진실에 다가갈 수 없었던 한계를 말해 주는 것이기도 하다.

'안다 함은 이루는 일'이라는 말이 있다. 지식이 단순히 지식으로 그쳐서는 아무 가치가 없다. 그것은 지식이 없었던 것과 같으며, 때로는 도리어 없었던 쪽이 좋았을 경우조차 있다. 그것이 얻어지고 바르게 파악되었을 때, 그것은 당연히 밖을 향하여 실천되지 않으면 안 된다.

『사석집(沙石集)』 속에 이런 이야기가 실려 있다.

일찍이 가사키(笠置)의 해탈 상인(解脫上人, 1155~1213)이 계율을 다시 일으키고자 하여, 여섯 명의 뛰어난 인재를 골라 상희원(上喜院)이라는 곳에서 가르친 일이 있었다. 그러나 시기가 익지 않았던지 이 일은 결국 실패로 돌아갔는데, 그에 대해서 이런 이야기가 전해지고 있다.

그 여섯 제자 중의 한 사람으로, 이름도 들었으나 잊었다. 그 사람은 지재(持齋)[94]도 깨뜨리고, 승방에는 사미(沙彌)[95]를 여럿 두어 함께 기거했다. 이 모양으로 예전부터 내려오는 계율을 안중에 두지 않았다.

어느 날 그는 개울에 나가 물고기를 잡아다가 제자들을 시켜 끓이게 했다. 사랑하는 사미에게 먹이자는 생각에서였다. 그런데 물이 뜨거워지는 데 따라 남비 속의 고기가 펄떡펄떡 뛰었고, 그 중의 한 마리는 땅바닥에 떨어졌다. 이를 본 사미 중의 하나가 재빨리 집어서 물에 씻더니 남비 속에 집어 넣었다.

"참 잘했다, 잘했어."

그는 신기하기나 한 듯이 큰소리로 칭찬했다. 불을 때고 있던 제자가 물었다.

"이것을 계율에서는 무엇이라 합니까?"

"성문계(聲聞戒)[96]에서는 바일제(波逸提)[97], 보살계[98]에서는 바라이(波羅夷)[99]에 해당하지."

---

94) 정해진 시간에 먹어야 한다는 계율을 지키는 것.
95) Srāmaṇera. 나이 어린 중.
96) 소승의 계율. 성문은 원래 석가의 직제자를 일컬었으나, 후세에는 소승의 뜻으로 쓰이었다.
97) pāyattika. 가벼운 계율로, 이것을 범하면 재물을 내놓거나 다른 이 앞에서 참회해야 한다.
98) 대승의 계율.
99) pārāijkā. 계율 중 가장 엄하게 다스려지던 것. 이것을 범하면 교단에서 쫓겨나고 불법

그의 대답은 물 흐르듯 했다.

계율에 대해 그는 이렇게 잘 알고 있었으나, 그것을 무시하는 것도 철저하였다.

이것은 살아 있는 고기를 잡아먹으면서 그것이 계율에서는 어떤 죄가 되느냐고 물은 데 대해, 그 죄목을 잘 알고 있음에도 불구하고 계율을 깨뜨린 어느 중의 이야기이다.

소승의 계율에서는 사람 이외의 동물을 죽였을 때는 바일제라 하여 보름 만에 한 번씩 열리는 반성을 위한 승려들의 집회에서 참회해야 될 죄가 된다. 그리고 대승의 보살계에서는 무릇 사람이건 동물이건 살생을 했을 경우에는 바라이라 하여 교단의 일원으로서의 자격을 박탈당하는 죄가 된다. 쉽게 말하자면 파문(破門) 같은 것이거니와, 대승의 계율에는 특수한 성격이 있으므로 지금은 자세한 언급을 피하려 한다.

이야기는 다시 목련으로 돌아가지만, 요컨대 그는 법을 객관적으로 설할 수는 있었어도, 법의 마음에서 법의 모습 그대로가 되어서 설하지는 못했던 것이다.

연기설은 단순히 사변에 의해 포착해 본댔자 아무것도 안 된다. 나가르주나가 말하듯이 그것은 쓸데 없는 논쟁을 종식시키는, 생기는 일도 멸하는 일도 없고, 단절하는 일도 영속하는 일도 없고, 같지도 않고 다르지도 않고, 오는 일도 가는 일도 없는,

---

에서 버림을 받아 지옥에 떨어진다 함. 살생·도둑질·음탕한 짓·망령된 말의 넷이 이에 해당한다.

무릇 일체의 대립을 넘어선 이른바 공의 이념이어서, 이미 단순히 법을 설한다는 입장을 초월하지 않으면 안 되는 것이다. 그것은 설하는 것이면서 설하는 것이 아니어야 한다. 그것이 다만 설해질 뿐이라면 소용도 없는 논리에 떨어지고 말리라. 그것은 일체의 집착을 떠난 공의 실천으로서 무심 속에 있으면서 유심(有心)하게 설하는 것이라고나 해야 될까?

그리고 이런 경지에서 설하는 것이라야 비로소 듣는 사람에게 어울리는 자비의 설법이 되고, 부처님의 은혜에 보답하는 설법도 될 수 있는 것이겠다.

### 가섭의 경우

목련 다음으로 지명된 가섭(迦葉, Kāśyapa)의 경우는 이렇다. 그는 일찍이 가난한 집을 찾아가 밥을 빌며 돌아다니고 있을 때 유마를 만나 이런 말을 들었다.

"가섭! 자비심을 지녔으면서 부잣집은 피하고 가난한 사람에게만 먹을 것을 빈다는 것은 진정으로 모든 것에 대해 자비심을 갖는 태도라고는 볼 수 없다. 모든 것은 평등하다는 진리를 따르고, 자연스런 순위(順位)에 응해서 걸식해야 한다. 식욕을 위해서가 아니라 먹지 않기 위함이다."

석가의 제자 중에서 가섭은 두타(頭陀)[100] 제일이라는 소리를 들은 사람이었다. 그것은 수도에서 특히 의·식·주에 대한 탐욕을 버리는 심신의 단련을 목표로 하고 있었기에, 그 점에서 그는 남들보다 뛰어난 존재였다. 그리고 이 십이 두타(十二頭陀)[101]라고 하는 것 속에는 신자에게 음식을 비는 이른바 걸식에 대해, 항상 걸식에 의해 생활을 지탱할 것과 걸식에 임해서는 그때그때의 자연스러운 순서를 따르고 빈부를 가리지 않을 것의 두 가지가 들어 있었으므로, 이 지적은 꽤 가슴을 찌르는 것이었을 터이다. 더욱이 가섭은 석가가 돌아간 후 스스로 교단의 지도자적 위치에 섰던 사람이었으니까 한층 충격이 컸을 것으로 짐작된다. 유마는 계속하여 다음과 같이 말했다.

"음식을 취하는 것은 여러 요소의 결합에 의해 구성된 이 육체를 보존해 가기 위해서가 아니라, 도리어 이에 대한 집착을 떠나고자 하기 때문이며, 깨달음을 얻고자 하기 때문이니까, 마을을 찾아 먹을 것을 빌 때에도, 아무도 없는 빈 마을에 들어간 듯한 집착 없는 마음을 지녀야 한다. 그리고 미추를 분간 못하는 소경과 같은 생각을 갖고 보시하는 사람을 보고, 그 사람의 목소리를 단순한 음향처럼 듣고, 음식 냄새를 단순한 바람처럼 생각하고, 맛의 농담도 분별하지 않고, 몸에 닿는 부드러운 감촉에도 얽매이지 않고, 모든 존재는 환상에 지나지 않는

---

100) Dhūta. 물질에 대한 욕심을 끊고 청정하게 수행하는 것. 고행.
101) 두타 행의 열 두 가지. 인가를 떠난 한적한 곳에 살 것, 걸식으로 생계를 할 것 따위를 말하는데, 여기에서는 번거로우므로 생략하겠다.

다고 생각하면서 음식을 받아야 한다.

또 음식을 먹을 때에는 이것은 옳고 이것은 그르다는 따위의 피상적인 생각을 버리고, 정(正)이나 사(邪)나 그 본성은 언제나 같다고 이해한 다음, 얼마 안 되는 음식이라도 평등한 마음으로 모든 사람에게 나누어 주고, 많은 부처님이나 성자들에게 공양하고 나서 그 다음에 먹어야 한다.

그리고 이렇게 하여 먹는 경우 식욕을 채우려고 먹는 것도 아니요, 식욕을 떠나서 먹는 것도 아니며, 고요한 무심의 경지에서 먹는 것도 아니요, 무심의 경지를 나와서 먹는 것도 아니다. 여기에 자기 중심인 소승의 성자(聲聞)와 길을 달리하는 보살의 모습이 인정되는 것이지만, 다시 보시하는 사람에 대해서도 그 보시의 공덕의 대소를 생각하는 따위의 집착심을 버리게 하는 것으로, 그때에는 보시된 음식도 헛된 것이 안 되는 것이다."

두타 제일이라는 가섭이니까 걸식에 임해서도 빈부를 가리는 것 같은 일은 으레 없었을 테지만, 부잣집을 일부러 버리고 빈민촌인 줄 알면서 여기서 걸식했다는 사실은 표면으로는 평등의 발로처럼 보일지 몰라도 역시 편파적인 행동임을 면치 못할 것이겠다. 두타가 단순히 자기 혼자를 위한 수행 방법에 그친다면 그 참뜻은 망각된 것이 되지 않을 수 없으며, 그를 통하여 자타가 함께 평등·진실할 수 있는 법이 실천되어야 할 것이다.

유마의 이 말을 들은 가섭은 지금까지 이렇게나 훌륭한 가르침을 받은 적은 없었다고 통감하여, 보살에 대한 존경을 깊이하는 동시에 그 이후로는 소승의 수도법을 남에게 권하는 일이 없었다고 경은 그에게 고백케 하고 있다.

## 수보리의 경우

다음에 지명된 이는 수보리였다. 그는 석가의 제자 중에서는 공의 이치를 잘 깨달은 사람이라 하여 해공(解空) 제일의 칭송을 듣고 있었으나, 역시 불철저함을 면하지 못했던 모양이다. 그가 혼이 난 것은 유마의 집을 찾아가 음식을 빌었을 때였다.

그는 그때 일찍이 경험한 적도 없는 유마의 공의 논리에 접했다. 그것은 바로 청천 벽력이라고도 할 수 있는 성질의 것이었다. 유마는 그때 수보리의 발(鉢)에 음식을 수북하게 담아 주고 나서, 이렇게 말했던 것이다.

"만약 음식에 대해 평등할 수가 있으면 모든 것(法)에 대해서도 평등할 수가 있고, 모든 것에 대해 평등할 수가 있으면 음식에 대해서도 평등할 수가 있다. 이런 마음으로 밥을 빌 수 있다면 주는 것을 먹어도 된다."

유마가 말하고자 하는 것은, 모든 것에 대해 그것들이 평등하다는 이치를 깨달은 사실이 이제 여기서 빌고 있는 음식에 대해서도 그대로 나타나지 않으면 안 된다는 뜻이리라.

그러나 그것이 관념적인 이해에 머물러 있는 한, 그로부터 곧 행동이 되어 나타나는 일은 없다. 아는 것이 깨달음일 경우에 비로소 깨달음은 실천에서도 같은 모습으로 구체화될 수가 있을 터이다. 그러나 수보리의 경우에는 앞서 부자인 유마를 상대로 선택한 곳에 집착이 있었으니, 유마는 이 점을 찌른 것일 터이다.

이것만으로도 수보리는 가슴에 맺히는 것이 있었을 터이지만, 그 다음에 계속된 유마의 발언은 그를 놀라게 하기에 충분하였다. 유마는 숨도 돌릴 겨를을 주지 않고 이렇게 말했다.

"번뇌를 버리지 않으나 그렇다고 지니고 있는 것도 아니고, 또 어리석음을 그대로 가지고 있지도 않으나 그렇다고 이를 떠난 것도 아니고, 성인이 된 것도 아니나 그렇다고 성인이 아닌 것도 아닌 식으로, 평등한 공의 이치를 체득할 수 있다면 이 음식을 먹어도 좋다.

또 만약 석가나 석가의 가르침 같은 것에는 눈도 주지 않고, 이교도(外道)를 스승으로 삼아 떨어지는 데까지 떨어질 각오가 되어 있다면 이 음식을 먹어도 좋다.

또 만약 그릇된 생각을 버리지 않는 동시에 깨달음에 이르지도 않고, 번뇌에 등을 돌리지도 않는 동시에 깨달음에도 집착하지 않는다면 이 음식을 먹어도 좋다.

공의 이치를 체득하여 분쟁이 없는 삼매(三昧)[102] 속에 그대가 들어간다면 모든 사람도 똑같이 이 경지에 들어가겠지만,

공(空)의 실천 133

그 경지에 들어가지도 못한 당신에게 보시해 본댔자 공덕이 되기는커녕 지옥이나 아귀(餓鬼)[103] · 축생(畜生)[104]의 경계에 떨어질 것이다. 그러므로 악마와 손을 잡아 번뇌의 벗이 된다든지, 아니 악마나 번뇌와 하나가 되어서 모든 사람을 원망하고 부처와 그 가르침을 훼방해서 끝내 깨달음을 얻으려 하는 따위의 생각을 버린다면 이 음식을 먹어도 좋다."

여기까지 공의 이치를 철저히 가질 수 있다고 하면 어떤 것 어떤 일에 대해서도 허심 탄회하여 일체의 집착을 떠나 상대할 수 있겠지만, 아무리 수보리가 해공 제일이라는 칭송을 듣는 사람이라 해도 스승인 부처님을 버리고 이교도와 손을 잡는다는 것은 생각조차 해 본 적이 없었을 터이며, 하물며 스승인 석가나 그 가르침을 비방한다는 따위는 생각 밖이었을 것이 틀림없다.

공의 이치는 들어가면 갈수록 앞을 가로막는 장벽을 하나하나 깨뜨려야 하는 씩씩한 실천에의 노력과 언제 어디에 입을 벌리고 있을지도 모르는 함정에 대해 세심히 주의해야 되는 노력을 요구할 것이 틀림없다. 그것은 어디까지나 계속되는 노력의 연속이어서, 노력을 견디어 내지 못하여 타협할 경우 공의 이해는 그 실천과 함께 정지하여 버려 그만큼 불철저한 것이 될 수밖에 없어지며, 또 지금까지의 모든 것도 수포로 돌아가리라.

---

102) samādhi. 마음을 한 곳에 집중하여 산란치 않게 하는 것.
103) preta. 굶어 죽은 귀신. 이는 인도 재래 종교의 생각에서 나온 것으로, 굶어 죽은 귀신은 특별한 복력이 없는 한 무한한 고통을 받는다고 함.
104) tiryagyoni. 새 · 짐승 · 벌레 따위. 악업을 지으면 이런 것이 된다.

그러나 자기와 남은 달라서, 자기는 분쟁 없는 삼매에 들어가도 다른 사람들은 들어가지 못한다는 생각을 수보리는 좀처럼 버릴 수 없었고, 부처도 공이요 이교도도 공이어서, 이 둘은 다른 것이 아니라고는 받아들일 수 없었을 것이다.

그는 유마가 무엇을 말하고 있는지 이해할 수 없는 채로 망연자실하여 발을 놓고 나가려 했다. 그랬더니 유마는 다시 이렇게 말했다.

"수보리! 걱정하지 말고 음식을 가져가라. 부처님이 만드신 환상으로서의 인간이라면 이런 말을 들었다 해서 대답할 길을 몰라 걱정하겠는가.

일체의 존재는 환상과 같은 것이니까, 당신처럼 걱정할 필요는 없다. 왜냐하면 모든 언어도 환상임을 면치 못하는 까닭이다. 지혜로운 사람은 문자 같은 것에 집착하여 근심하는 일이 없다. 문자는 그것이 나타내고자 하는 사물에서 분리되어 있는 까닭이다. 말하자면 문자라는 것 따위는 처음부터 없었던 것이다. 이것이 바로 진정한 해탈이며, 이 해탈의 모습이 곧 일체의 존재 그것이다."

유마의 말에 망연 자실한 수보리는 언어 또한 환상처럼 공한 것이라 듣고, 마침내 자기의 공에 대한 이해가 표면적인 천박한 것이며 진짜가 아니었다는 점을 알았다.

공은 멈추는 일이 없이 항상 움직여 가지 않으면 안 된다. 공이 공으로서 고정했을 때는 그것은 공이 아니며 유(有)로서의 공이 된 것이니까, 공도 또한 공하다 하여 부정되어야 하는 것이다. 따라서 공은 움직여 가는 그 움직임을 통해 진실한 깨달음을 계속 나타내는 것이라 할 수 있다.

## 우바리의 경우

또 계율을 잘 지켜서 지율(持律) 제일이라는 소리를 들은 우바리의 경우는 이러했다.

어느 날 두 명의 중이 그 동안 저지른 죄를 부끄럽게 생각한 나머지 그것을 멸하고 싶다 하여 우바리에게 찾아왔다. 석가가 돌아가신 다음 계율에 관해서는 그가 부처님에게서 들은 바를 정리했다고 전할 만큼 계율에 밝은 사람이었고, 또 그만한 자신도 있는 사람이었으므로 그는 두 사람에게 형식적인 설명을 해 주었다.

계율의 규정에 의하면 그것을 범한 죄과의 경중에 따라 참회하는 방식이나 벌의 내용에 차이가 있었는데, 가벼운 경우라면 고승을 찾아가서 그 중을 상대로 참회하는 것만으로도 용서가 된다고 되어 있었으므로, 이 사실을 설명하여 그들 두 사람에게도 참회할 것을 권하였을 터이다. 그러는 참에 유마가 나타나서 이렇게 말했다.

"죄에 대해 형식대로 참회할 것을 가르쳐서는 도리어 죄를 무겁게 하는 결과가 된다. 무릇 죄가 생기는 것은 직접 간접의 원인(인연) 때문이며, 죄 자체(罪性)라는 것은 없다.

죄는 본래 그것을 범한 중의 내부에 있었던 것도 외부에 있었던 것도 아니며, 양자의 중간에 있었던 것도 아니다. 그것은 도리어 마음에 있었다고 하는 편이 더 정당하다.

석가도 말씀했듯이 '마음이 더러워지니까 사람이 더러워지는 것이며, 마음이 청정하다면 사람도 청정해지는 것이다.'

그러나 생각해 보면 그 마음도 사실은 내부에 있는 것도 밖에 있는 것도 아니고, 그 중간에 있는 것도 아니다. 그렇다면 마음이 이미 없는 이상 죄니 더러움이니 하는 것이 있을 턱이 없다.

이것으로 알 수 있듯이 모든 것은 이러하여서 이것이 진실 그대로의 모습(如)인 것이다.

마음의 본성에서는 번뇌를 찾아볼 수 없다. 오히려 망상이야말로 번뇌인 것이다. 그러므로 망상이 없어지면 청정해진다. 사람들은 생멸하여 멈춤이 없는 꿈이나 환상 같은, 물에 비친 달같이 실재성이 없는 것에 대하여 그것이 변하지 않고 분명히 거기에 있는 듯 생각하지만, 그것이야말로 망상이 만들어 낸 것이라 아니할 수 없다. 그리고 이 도리를 아는 사람이 바르게 계율을 지키는 사람인 것이다."

이런 유마의 말에서 강조된 것은 마음의 문제였다. 마음은 그 작용에 따라 거기에 더러움도 생기고 청정한 것도 생기는 근본이 되기 때문이다.

그러므로 마음을 젖혀 놓고 죄만을 들추어 내어, 이것은 이런 조항에 해당하니까 이러이러한 죄가 되며, 이러이러한 형식으로 고백하여 그 용서를 빌어야 한다는 가르침만으로는 형식에 그쳐 버릴 가능성이 있다. 흔히 소승의 계율로서 정해진 것에는 이런 경향이 짙다. 이것이 더해지면 형식주의에 떨어져서 계율 본래의 정신이 망각되기 쉽다.

이를테면 물에 빠져 허덕이는 사람을 보았다 하자. 으레 인정으로 말해서 구하려 드는 것이 당연하지만, 그 사람이 여성인 경우에는 뛰어들어 구해 줄 수가 없다. 중은 여자와 접촉하지 말라는 규칙이 있는 까닭이다. 이를 지키는 것이 청정한 계율에 사는 중이라면, 마음대로 움직인 중은 남을 구하려다가 도리어 죄를 범한 결과가 된다.

그러나 여기서 죄라고 규정된 것도 사실은 어떤 조건 밑에서 그렇게 인정된 것뿐이어서, 그 조건을 다른 것으로 바꾼다면 이미 그 죄는 성립할 수 없어지고 만다. 교단이라는 조건이 그 죄를 규정한 것에 지나지 않기 때문이다.

그러므로 이런 죄를 죄로서 두려워한다면, 모처럼 남의 생명을 구하는 경우에도 구원 그 자체를 부정하는 결과가 되지 말라는 법도 없다. 따라서 소승의 계율에서는 마음의 문제를 제쳐 놓고 다만 형식에 얽매이는 경향이 없지 않으므로, 그 마음에 초점을 맞추어서 새로이 고쳐 생각해 볼 필요가 있다. 이로부터 이른바 대승의 계율이 생기게 되었는데, 유마는 그런 방향에 서서 앞에서와 같은 발언을 했던 것이겠다.

이 중에서 이제 특히 주의하고 싶은 것은 죄를 부정한 표현이다. 그러나 이것은 마침 죄에 초점이 놓인 것뿐이어서, 그 역(逆)에도 통할 것임을 말할 나위도 없다. 유마가 미처 언급하지 못한 부분을 보충한다면, 『대품반야경』에 이런 대목이 있다.

"보살은 집착 없이 반야바라밀을 지녀야 한다. ……죄도 죄 아닌 것도, 다 같이 파악하려 해도 파악할 수 없으니까, 지계(持戒)바라밀을 몸에 갖추어야 한다."

이에 대해 나가르주나의 주석서인 『대지도론(大智度論)』에 설명이 보인다.

"악을 버리고 선을 행할 때 세상에서는 계율을 지키는 것이라고 치는데, 어째서 죄도, 죄 아닌 것도 알래야 알 수 없다고 하는가?
 그것은 그릇된 생각이나 어지러운 마음으로 말미암아 파악하지 못한다는 것이 아니다. 만약 사람이 사물 본래의 모습에 깊이 파고들어서 공을 인식한다고 하면, 지혜의 눈으로 보는 것이기에 죄는 찾아낼 수 없는 것이며, 죄가 없으니까 죄 아닌 것도 없어지는 것이다.
 또 이렇게도 생각할 수 있다. 사람(중생)이 없으니까 살생도 없으며, 죄가 없는 것이라면 계율도 있을 수 없다. 왜냐하면 살생이 있은 다음에 이에 대한 계율이 생기는 것으로서, 만약 살생의 죄가 없다면 계율도 없어지기 때문이다."

『대지도론』에서는 다시 사람(중생)에 대해 그것이 어째서 파악될 수 없는가, 또 그것이 공인 이유는 무엇인가에 대해 문답을 하고 있다. 그러나 그것에 대해서는 이미 서술한 바에 의해 추측이 갈 것으로 생각하기 때문에 여기서는 언급치 않겠다. 다만 앞에 든 주석 끝에 가서 죄도 죄 아닌 것도 파악할 수 없는 이유라 하여, 너무 죄를 안 짓는 일에 집착하면 죄지은 사람은 경멸하고, 행실이 바른 사람은 경애하게 되어, 계율을 지키는 것이 도리어 죄를 짓는 인연이 된다고 기록되어 있다는 것만을 덧붙여 두고 싶다.

## 라후라의 경우

이미 든 몇 가지 보기에 의해 유마가 불제자에게 무엇을 말했는지는 대략 추측이 갈 줄로 안다. 여기서는 경전이 보여 주는 십대 제자와의 해후 중에서 다시 한 사람, 석가가 출가하기 전에 낳은 오직 한 명의 아들인 라후라(Rāhula)에 대해 주목해 두고자 한다. 여기서는 출가의 공덕과 출가 자체의 의미에 대해 설명되어 있다.

라후라는 석가의 아들이므로, 만약 출가하지 않았다면 세속에 있으면서 전륜왕으로서 사해를 평정하는 대왕이 될 수 있었을 터이다. 인도에서는 출가하여 부처가 될 수 있는 사람은 신체적 특징으로서 삼십이상(相)[105]이라는 유례가 드문 상서로운 상을 갖추고 있다고 믿었으며, 그 사람이 출가하지 않고 세속에 있을 경우에는 하늘로부터 윤보(輪寶)를 얻어 이것에 의해 천하를 평정하고 통일하는 대왕이 된다고 여겼으므로, 부처의 아들인 라후라가 출가하지 않았다면 당연히 석가족의 왕위를 이어서 끝내는 대왕이 되었을 것이라고 생각했던 것 같다. 따라서 그런 왕위를 버리고 출가한 이상은, 출가에 의해 왕위보다도 더한 공덕이 얻어진다고 생각하는 것이 당연했다. 라후라로서도 남에게서 이 문제에 대해 질문을 받을 때면 그 공덕에 대해 대답하는 바가 있었던 것이겠다.

그러나 유마는 출가의 공덕에 대해 그런 것은 처음부터 없다고 주장하였다. 왜냐하면 출가로써 구하는 것은 생멸 · 변화를 초월한 절대의 경계이며 깨달음의 경계인바, 그 경계에는 이익도 공덕도 없는 까닭이라는 것이다. 이는 출가라는 행위를 평가하면서 그 결과를 검토함으로써 얻어진 결론이겠으나, 깨달음의 경지를 출가로써 얻어지는 공덕이라고 보는 소승적인 사고 방식에 대한 부정인 동시에, 그 결과로서의 무공덕(無功德)을 원인으로서의 출가라는 행위에서까지 인정하려 든 것이라 하겠다. 획득되는 결과로서의 깨달음의 경지에도 아무 공덕이 없는 것이라면, 으레 그를 추구하고자 하는 출가라는 행위에도 공덕은 없

---

105) Dvātriṃśatmahāpuruṣa-lakṣaāni. 부처님이 몸에 갖춘 서른 두 가지의 뛰어난 점. ① 발바닥이 판판함. ② 손바닥에 수레바퀴 같은 금이 있음. ③ 손가락이 가늘고 긴 것……

다고 본 것이겠다.

바꾸어 말하면 출가라는 행위를 이 생사 유전의 미혹에서 벗어나 깨달음에 이르게 하는 것이라고 보는 기계적인 판단이나 외면적인 그럴 듯한 형태에서 포착하려는 사고 방식을 취하는 한 미혹으로부터 깨달음으로 넘어가는 중간적인 존재로서 그 자체를 높이 평가하여 큰 공덕을 인정하게도 되겠으나, 깨달음을 공덕 없는 것으로 포착할 경우 그것을 목표로 삼는 출가라는 행위 또한 아무 공덕도 없는 것이 된다는 셈이다. 돌이켜 생각해 본다면 미혹이니 깨달음이니 하는 것이 있다고 생각하는 것은, 사실 집착이 가져온 그릇된 생각이며 본래 없는 것이라고 아니 할 수 없다. 그렇다고 하면 미혹과 깨달음의 중간에 있는 출가라는 행위도 사실은 없다고 할 수밖에 없고, 출가라는 행위에도 아무 공덕이 없는 것이 된다. 그리고 이런 뜻을 포함시켜서 말한 것이겠지만, 경은

"출가에는 그것도 없고 이것도 없으며 또 그 중간도 없다."

라고 설하고 있다. 따라서 출가라는 행위로부터 일체의 공덕을 몰아내 버릴 때야말로 진실한 출가의 길이 열린다 할 수 있을 것이다.

그러나 출가는 그것이 절대적 무위(無爲)의 깨달음을 추구하는 것인 한, 다만 자기의 깨달음을 위해 노력하는 것으로 끝나서는 안 된다. 반드시 다른 사람에게 작용하여 그들의 구원을 위해

진력해야 한다. 악에서 멀어지는 것도, 뛰어난 능력을 얻는 것도, 일체의 번뇌를 끊어버리려 하는 것도, 모든 것은 그대로 타인의 고뇌를 제거하고, 타인을 악으로부터 멀어지게 하며, 타인의 마음을 지켜 주려는 행위가 되어야 한다. 자기의 깨달음을 위한 출가가 남을 위한 것이 되어 자리(自利) · 이타(利他)가 하나로 될 때 진실한 출가가 행해졌다고 말할 수 있을 것이다. 이에 유마에 의해 모든 사람은 이 만나기 어려운 부처님의 세상에 태어난 행복을 생각하여 '출가' 하지 않으면 안 된다고 강조되는 것이다.

그러나 여기서 말하는 '출가' 가 어디까지나 '집을 나간다' 는 행위에 그치는 한, 그것으로서 제약을 받고 있는 것이라 하겠다. 진정한 출가란 재가(在家)라는 생활 방식을 버리는 곳에 성립한다. 부모를 버리고 가정을 버림으로써 일어나는 여러 장애가 극복되지 않는다면, 출가하는 자체가 도리어 많은 고민을 가져오는 결과가 되지 않는다고 보장할 수 없다. 석가는 출가를 희망하는 사람에게 부모가 허가했는지 어떤지를 비롯하여 열 가지 조건을 캐어 물었다고 전하는데, 이런 문제의 해결이 출가에 선행해야 한다.

그러므로 출가는 이런 제약을 배제한 사람에게만 열린 길이라 할 수 있다.

그러나 깨달음은 출가자에게만 허용되는 것이 아니다. 가정 생활을 하고 있는 일반인에게도 출가자와 똑같은 깨달음이 없어서는 안 된다. 그렇다면 제약을 극복하여 가며 깨달음을 위해 애쓰는 것보다는, 재가한 채로 얻을 수 있는 깨달음 쪽이 길로서는 더 자유롭고 해방되어 있는 것이 되지 않겠는가. 더구나 출가라는 것이 단순히 중의 생활을 형식적으로 영위하는 데 있기보다는, 한 걸음 나아가 마음가짐에 있는 것이라면 한층 더 그러하다 하겠다. 오히려 가정 생활을 하는 채로 마음에서 출가하는 것이야말로, 그렇게 될 수만 있다면 더 바람직하지 않겠는가. 그리고 여기서 마음에서 출가한다 함은 부처님의 깨달음을 구하는 마음을 일으키는 일일 것이다. 그러기에 유마는 이에 대한 결론으로, 감히

"최고 지상의 깨달음을 구하는 마음을 일으킨다면, 그것이야말로 출가인 것이며, 그것이야말로 계율을 받은 것이 된다."

라고 말했던 것이다.

역설적인 느낌이 없지도 않으나, 마음을 잊고 외형적인 것에서 출가의 길을 찾는 출가자는 출가한 것이 아니며, 도리어 진지하게 깨달음의 지혜를 추구하는 재가자에 의하여 참된 출가가 이루어진다고 할 수 있지 않을까 한다. 그리고 이 사실은 단순히 출가니 재가니 하는 언어의 차원을 넘어서, 불교 교단의 올바른 위상에 대한 반성과 비판에도 연결되는 문제를 제시하고 있는 듯하다.

## 미륵의 경우

십대 제자 중에는 또 설법 제일이라는 부루나(富樓那, Pūrṇa), 논의(論議) 제일이라는 가전연(迦旃延, Kātyāyana), 천안(天眼) 제일이라는 아나율(阿那律, Aniruddha), 다문(多聞) 제일이라는 아난다(阿難, Ānanda)가 있어서, 경은 이 사람들과의 대화도 전하고 있다. 그러나 앞에 든 사람들과의 해후만으로도 집착을 떠난 공의 작용에 대해 대략 짐작이 가겠기에 이 정도로 생략하고, 경이 '보살품'이라 하여 대승의 보살과 유마가 만난 데 대해서도 한 장을 추가하고 있으므로, 이런 보살들을 향해서 유마가 무엇을 말하고 있는지 보아 두고자 한다.

먼저 미륵(彌勒, Maitreya)과 만나는 장면이 나온다. 미륵은 석가의 뒤를 이어 이 세상에 나타날 부처라 생각되고 있다. 지금은 도솔천(兜率天)[106]이라는 천상의 세계에서 설법하고 있으나, 석가로부터 다음 차례에 성불할 것이라는 예언(記)이 주어져, 이 도솔천에서의 일생이 끝나면 이 세상에 내려와 석가가 계셨던 자리를 메운다고 되어 있다. 그러므로 미륵을 특히 '보처(補處)의 보살'이라 부르고 보살 중의 보살로서 찬탄하여 왔다.

그런데 이 미륵이 도솔천에서 어떻게 하면 진실한 도리를 깨달아 마음의 안정을 얻을 수 있는지에 대해 설법하고 있는 참에, 유마가 나타나서 미륵이 석가로부터 받았다는 예언에 대해 대체

---

106) Tusita-deva. 수미산 정상에서 12만 유순(由旬)이 되는 곳에 있는 천상 세계.

그 예언은 언제 들었느냐고 질문했다. 그리고 유마는 이런 질문에 대해 스스로 대답하여, 다음과 같은 논리를 펼쳤다.

"미륵이 예언(記)을 받았다는 1생[107]은 과거·현재·미래 중 어느 것이겠는가? 만일 과거라 한다면 과거는 이미 사라진 시간이니까 과거의 1생이란 없을 것이겠고, 따라서 성불한다는 예언을 들을 수도 없었을 터이다. 또 미래라 한다면 미래는 아직 오지 않았으니까 여기서도 예언은 들을 수 없었을 것이며, 현재라 한대도 부처님께서 '네가 지금 동시에 나고 늙고 멸하고 있다.'라고 하셨듯이, 현재는 한 순간도 멈추지 않으니까 현재에서도 예언을 받지는 못했을 것이다.

그렇다면 과거·현재·미래의 어느 생에서도 예언은 듣지 못하는 것이 된다. 이렇게 말하면 이 과거·현재·미래에서의 생을 초월한 무생(無生)[108]에서 예언이 얻어진다고 생각할지 모르나, 그런 무생이란 사실은 영원 불변의 진실 그 자체(眞如)를 가리키는 것이다. 그런데 진실 자체는 판단이나 사고를 넘어선 것이니까 그러한 무생에서 성불의 예언을 받는다는 것은 있을 수 없다. 따라서 성불의 예언을 받은 바가 없는 것이니까, 최고 지상의 깨달음을 얻을 리도 만무하다. 미륵은 깨달음의 예언을 받지 않은 것이다.

그러나 또 이렇게 말할 수 있을지도 모른다. 깨달음의 예언을

---

107) 범부는 끝없이 생사를 반복하는바 그 중의 한 생애.
108) 열반을 의역한 것. 다시는 미혹의 생명을 받지 않는다는 뜻.

받는 것은 이 진실 자체를 얻음으로써 가능해지는 것이며, 이 진실 자체가 얻어진다는 것은 마음의 안정(法忍)이 생기고 번뇌가 없어지는 일이니, 이 진실 자체가 생기는 것에 의해서 얻어지는 것이 아니겠는가……

하지만 이것도 그렇게는 생각할 수 없다. 왜냐하면 진실 자체는 생겼다 없어졌다 하는 것이 아니므로, 마음의 안정이 생기는 일도 없고, 번뇌가 없어지는 일도 없기 때문이다. 한 걸음 나아가 말한다면 마음의 안정도 번뇌도 진실 그 자체인 것이다.

아니 모든 사람과 모든 존재도 진실 자체인 것이며 성현이나 미륵도 또한 진실 자체이니까, 미륵이 성불한다는 예언을 받을 수 있었다고 하면 다른 모든 사람들도 그런 예언을 받은 것이 될 터이다. 미륵이 받았다 하는 것은 받지 않았으면서 받았다고 하는 것이니까, 모든 다른 사람이 성불의 예언을 받지 않은 사실도 사실은 받았다고 할 수 있을 것이다. 이리 말하는 것도 원래가 범성 일여(凡聖一如)여서 어리석은 사람과 성자는 본디 하나이기 때문이다. 경의 말씀으로 한다면 '대체 진실 자체에 다른 두 가지 성질이 있을 리가 없다.'

어리석은 사람도 진실 자체이며 성자도 진실 자체이어서, 진실에 두 가지 성질이 있을 수 없는 것이다.

그러기에 미륵이 최고 지상의 깨달음을 얻는다면 다른 모든 사람들도 그 깨달음을 얻을 것이겠고, 미륵이 열반을 얻는다면 다른 모든 사람들도 열반을 얻게 될 것이다."

이런 유마의 논리에 대해 독자들은 어떻게 생각할 것인가? 어째서 이렇게나 비비 꼬인 논리를 전개시킬 필요가 있나 하며 의아하게 생각할는지도 모른다. 주석에 의하면 이런 논리에 의해 경전 편집자는 유마의 덕이 다른 누구보다도 탁월하다는 사실을 나타내려 한 것이라 한다. 이와 달리 쇼토쿠 태자의 주석에서는 미륵에게는 아직 자기가 행해 온 뛰어난 수도나 부처님에게서 받은 예언에 대한 자랑 따위의 네 가지 집착이 남아 있어서 그것을 교정해 주기 위해 유마가 이런 논리를 전개시킨 것이라고 되어 있다. 이 뒤에도 경전 편집자는 다른 세 명의 보살을 등장시켜서 유마의 논리에 굴복하도록 만들고 있는 것을 보면, 어쩌면 그러한 단안도 성립할 수 있을지 모르겠다. 다만 유마를 칭찬하기에 급급한 나머지 미륵을 보살답지 않은 보살로 만들어 버린 결과가 되고 만 점은 주의해야 될 것이라 생각한다.

### 광엄의 경우

미륵 다음에 경전이 등장시킨 광엄(光嚴)이라는 재가 청년의 경우도 거의 비슷한 것이었는데, 여기서는 도량(道場)에 관한 일이 문제가 되었다.

어느 날 광엄이 비사리 성문을 나서려 할 때, 유마가 마침 거리로 들어오는 것을 만났다. 광엄이 인사하면서 어디를 다녀오느냐고 물었더니, 유마는 도량에서 돌아오는 길이라고 대답했다. 도량이라면 흔히 석가가 진리를 깨달은 부다가야(Buddhagayā)를 가리키는 것으로 되어 있는데, 어찌 그리나 먼 곳으로부터 온다고 하는 것일까, 아니면 이 근처에도 깨달음을 얻기 위한 수도 장소라도 있다는 것일까 하고 광엄은 의아하게 생각하여, 도량이라니 어디를 말하는 것이냐고 다시 묻지 않을 수 없었다. 그때 유마는,

"청순한 마음(直心)은 도량이다, 거짓이 없으니까. 마음을 일으켜 수행하는 일(發行)도 도량이다, 능히 일을 성취할 수 있으니까. 마음에 깊이 도를 구하는 일(深心)도 도량이다, 공덕을 늘여 갈 수 있으니까. 깨달음을 구하는 마음(菩提心)도 도량이다, 잘못 생각하여 의심함이 없으니까."

하는 식으로, 온갖 각도로부터 모든 것이 도량이라고 설한다. 여기서 우선 생각나는 것은 앞서 석가가 보살의 정토에 대해 설하셨을 때도 이렇게 말씀했던 일이다.

따라서 여기서 말하는 도량이란 특정한 수도장을 가리키는 것이 아니라, 깨달음으로 우리를 인도하는 모든 행위를 말한 것임을 알 수 있다. 여기서는 깨달음을 지향하는 것으로서 우선 마음이 문제가 되어, 그 마음가짐으로서는 깨달음을 구하는 마음(菩提心)이 깨달음에 직결하는 것이라 하고, 그것에 이르는 전제로서의 기반을 청순한 마음(直心) 이하의 여러 마음으로 파악하고 있는 것이어서, 이 설법 방식은 부처님이 보살의 정토에 대해 말씀한 것과 거의 일치하고 있다.

그리고 그 다음에, 보살의 정토의 경우에 요구된 여섯 바라밀의 수행이라든지 사무량심(四無量心)·사섭법(四攝法) 등의 수행 같은 것이 역시 제시되어, 언뜻 보기에 조잡한 나열로 끝나버린 듯한 인상을 주기도 하지만 정리가 되어 있는 것으로 보인다.

이제 그 내용에 대해 하나하나 말하는 것은 번잡스러우므로 피하고자 하나, 그 요점만 든다면 먼저 마음에 의해 보살로서의 이타심(利他心)을 바탕으로 한 수행이 시작되고, 그 수행에 의해 자신에게는 그 수행에서 오는 공덕으로서의 능력이 갖추어지며, 다른 사람에 대해서는 그들을 가르쳐 인도할 지혜와 이타의 실천이 구비된다. 그리하여 깨달음에 이르는 길이 열리고 진실의 지혜가 얻어지게 되는데, 지혜가 얻어진다는 것은 타인에 대해 작용하는 일이어서 거기에 또 진실의 지혜에 의해 얻어지는 부처님의 지혜의 작용이나 능력 같은 것이 구비된다고 보는 것이다.

그리고 여기서 주의해야 될 일은 번뇌나 중생이나 물질·마음 같은 것까지 도량이라고 간주된 것과 모든 미혹의 세계(三界)도 도량이라고 설해진 점이다. 전자는 앞의 정리에서 진실의 지혜가 얻어지는 것에 대해 말했던 그것이며, 후자는 그런 진실한 지혜의 작용·능력 자체에 대해 서술한 것으로 보이나, 그것은 어쨌든 이런 것을 통해 거기에서 깨달음이 열린다고 친 것은 유마가 지닌 철저한 무집착과 불가득공(不可得空)을 말해 주는 것이라 하겠다.

그러나 이런 것을 이야기한 유마가 마지막에 가서 추가한 말은 특히 간과할 수 없는 성질의 것이었다. 그것은

"보살이 만약 온갖 바라밀의 완성을 위해 노력하는 것과 함께 세상 사람들을 가르쳐 인도한다면, 그 모든 행위, 이를테면 발을 들어 올리고 내리는 것까지도 도량으로부터 나타나서 부처님의 가르침을 실천하고 있는 모습이라고 알아야 한다."

라는 말이다.

여기서는 여섯 바라밀이 보살의 모든 수행을 밑받침하는 것으로 다루어지고 있음을 알게 된다. 이 사실은 이 경전이 공을 강조하는 그 근저에 반야바라밀이라는 지혜의 완성을 손 안의 보배처럼 갖고 있다는 것을 보여 준다. 그리고 이런 바라밀의 지혜에 의해 일체의 동작이 깨달음 자체의 표현으로서 작용하고 있다는 사실에 실천의 근거를 보는 것이다.

## 지세의 경우

부처의 지명을 받고 사퇴한 보살에는 이 밖에도 지세(持勢)와 선덕(善德)의 두 사람이 있으나, 지금은 지세만으로 이 항목을 끝내겠다.

그의 경우는 다른 사람들과 매우 달라서, 그가 말하는 바에 의하자면, 어느 날 그가 있는 곳에 마왕이 몸을 바꾸어 제석천(帝

釋天)[109] 같은 모습을 하고 일만 이천 명의 천녀(天女)를 데리고 나타났다는 것이다.

그때 지세는 감쪽같이 제석천이 천녀들과 함께 자기에게 인사 온 것이라고만 생각했으므로, 영원 진실의 신체라든지 완전한 지혜의 생명이라든지 깨달음의 재물(身命財) 따위를 얻기 위해 노력해야 된다고 설법했다. 그랬더니 제석천은 천녀들을 바칠 테니까 써 달라고 했고, 이에 대해 출가한 나에게 여인을 보시하려 함은 도에서 어긋나는 일이라고 지세가 나무라고 있을 때, 마침 유마가 나타나서 이것은 제석천이 아니라 악마라고 가르쳐 주었다.

지세 정도의 출가 보살로서 악마에게 속다니, 그때 지세의 놀라는 얼굴이 상상되거니와, 그때 유마는 마왕을 향해 그 여자들을 나에게 달라고 청했다.

한편 정체가 탄로난 마왕은 겁이 나서 자취를 감추려 했으나, 어찌된 일인지 달아날 수가 없었다. 그랬더니,

"여인들을 내준다면 갈 수 있으리라."

하는 소리가 공중에서 들려 왔다. 마왕은 겁에 질려 여인들을 유마에게 주는 수밖에 없었다.

이를 받은 유마는 천녀들 각자에게 어울리는 가르침을 설하

---

109) sakrodevendra. 도리천의 임금. 불법을 수호하는 하늘 나라의 왕.

여, 그 여인들로 하여금 최고 지상의 깨달음을 구하는 마음을 일으키게 했다. 그리고 이 마음을 일으킨 바에는 부처님의 가르침을 맛보고 즐길 수 있을 것이요, 이제는 육체적인 향락에 빠지지도 않을 것이라 말하며, 천녀들의 요청에 따라 부처님의 가르침을 즐긴다는 것이 무엇을 말하는 것인지에 대해 자세하게 일러주었다.

이에 마왕은 한시 바삐 천녀들을 데리고 하늘에 있는 자기 궁전으로 돌아가고 싶었으나, 여인들에게는 하늘에 돌아가 향락에 파묻히고 싶은 생각이 이미 없어졌으므로 말도 붙이기가 어려운 형편이었다. 이에 당황한 마왕은 자기 것을 남에게 주는 것이 보살이니까 여인들을 나에게 돌려 달라고, 거꾸로 유마에게 애원하는 수밖에 없었다. 나는 벌써 버리고 있는 것이니 데리고 가라고 유마는 선뜻 응낙했지만, 이번에는 여인들 쪽에서 돌아가지 않겠노라고 버텼다.

그때 유마는 여인들을 상대로 이런 말을 했다.

"불멸의 등불이라고 하는 가르침이 있으니 당신들은 이것을 따라 노력해야 한다.

이 불멸의 등불이라 하는 것은 무엇인가? 이를테면 한 등에서 한 등으로 수많은 등에 불이 켜져 가서 불 없던 등이 모두 밝아져 그 광명이 언제까지나 꺼지지 않는 것처럼, 한 사람의 보살이 여러 사람들에게 부처님의 가르침을 설하여 최고 지상의 깨달음을 구하는 마음을 일으키게 하고, 또 자신도 그런 깨달음을 추구하는 마음을 잃는 일이 없어서 부처님의 가르침을 따라 자진하여 바른 일이라면 어떤 일이라도 추진해 가는 것, 이것을 불멸의 등불이라 하는 것이다.

당신들이 마왕의 궁전에 살고 있다 해도, 이 불멸의 등불을 밝혀서 천상의 수많은 남녀들에게 최고 지상의 깨달음을 구하는 마음을 일으키게 한다면, 이는 곧 부처님의 은혜에 보답하고 널리 세상 사람들을 이롭게 하는 행동이 될 것이다."

이리하여 유마의 설법은 끝났다. 이 '불멸의 등불'의 비유는 예로부터 유명한 것이어서, 이로부터 비예산(比叡山)이나 고야산(高野山)의 불멸의 법등(法燈)에 관한 사상도 생겼을 터이다. 그것은 어쨌든 지세는 이런 유마의 불가사의한 힘과 지혜와 언변에 접하여 어찌할 바를 모르고, 다만 놀라고 두려워할 뿐이었던 것 같다. 부처님의 지명은 다음 번의 선덕의 사퇴에 의해 겨우 막바지로 다가간다. 무대는 이제 곧 크게 전환하여 유마의 병실로 옮겨가는 것이다.

# 병

## 빈방

유마의 문병을 위해 마지막으로 지명된 이는 문수(文殊, Mañ-juśrī)였다. 문수는 지혜가 뛰어난 것으로 칭송이 자자한 보살이므로, 이런 경우에 가장 적임자라 하겠다. 처음부터 문수를 지명해 가지고는 경전의 구성에 맥이 빠지니까, 우선 제자들로부터 시작하였을 것이다. 아무튼 그리하여 문수가 부처님을 대신하여 문병을 가기로 일단락되었다.

그런데 유마는 그때에 이미 문수가 여러 사람들과 함께 찾아온다는 것을 알았다. 그리하여 그는 초인적인 힘(神力)을 발휘하여 병실 안을 텅 비우고 시중들던 많은 하인도 내보낸 다음, 침대 하나만을 남겨서 그 위에 누워 기다렸는데, 여기서 방을 비왔다는 사실은 무엇을 뜻하는 것일까?

많은 사람이 찾아올 것이니까, 그들이 들어 앉을 수 있도록 한 것이라고는 생각되지 않는다. 아무리 치워 보았자 수용될 리가 없는 것이다. 일만 몇천 명이라는 사람들이 문수와 함께 찾아오니까.

또 이것은 문수가 고요하고 안정된 담백한 방의 장식을 좋아한다고 알고 있었기 때문도 아니었을 것이다. 아마도 이 빈 방(空室)에 의해 유마 그 사람의 일체를 내던져 버린 본래 무일물(本來無一物)[110]의 모습을 상징적으로 표현하려 든 것이었을 터이고, 이 경이 말하고자 하는 종교 사상을 은근히 나타내려 한 것이기도 했을 터이다.

유마는 이미 일체의 집착을 떠나 그 자신이 공을 체득한 지혜(般若) 그 자체이고, 따라서 그 속에 일체의 것을 포용하는 사람이라는 점에서, 이 빈 방이 그의 진정한 모습을 상징하는 것으로 앞서 나타난 것일 터이다. 그것에는 일체의 것을 감싸서 능동적으로 움직여 가는 유마의 공의 실천, 바꾸어 말하면 모든 병자와 함께 같이 병들고 괴로워하는 유마의 자비심의 근원으로서의 반야가 내포되어 있는 것이다. 말하자면 유마가 활동하는 그 활동의 주체인 공을 나타내는 동시에, 그 활동 범위의 무한한 넓이와 그 활동이 모든 장애를 넘어 자유스러움을 상징하려 한 것이겠다.

---

110) 일체의 존재는 본래부터 공 그것이라는 뜻. 육조(六祖)의 게(偈)의 한 구절.
　원시 : 菩提本無樹 明鏡亦非臺 本來無一物 何處惹塵埃.

거기서는 이미 유마 자신이 공이므로 유마와 빈 방은 별개의 것이 아니어서, 공인 활동의 주체(유마)가 빈 방에 있다는, 유마와 빈 방의 둘이면서 둘이 아닌(二而不二) 모습이 나타나 있는 것이며, 이 불이 일체(不二一體)의 공이 시간·공간의 제약을 넘어 무한히 활동해 가는 양상을 발견할 수 있게 된다. 따라서 유마를 석가와 같은 시대에 비사리에 산 부호로 만든 이 경전의 설정을 넘어서, 우리도 지금 각자의 처소에 있는 그대로, 유마의 반야·공의 활동 속에 포용되어 있다고 할 수 있다. 결국 우리도 지금 유마의 빈 방에 있는 것이다. 유마의 빈 방은 실로 이런 뜻을 상징하는 것이리라.

## 보지 않고 보는 것

그리하여 빈 방에 나타난 문수는 그 방에 아무것도 없고 겨우 침대 하나만이 놓여 있는 것을 보았다. 그때 유마는 문수를 맞이하여 이렇게 말했다고 경전은 기록하고 있다.

"어서 오라, 문수여. 당신은 온다는 모습(相) 없이 왔으며, 본다는 모습 없이 보았다."

참으로 의미 심장한 말이다. 방은 이미 텅 비어 있었으나, 방이 비어 있는 진의가 문수에 의해 확실히 파악되었음을 이 말이 나타내고 있다. 문수의 탁월한 예지는 빈 방이 무엇을 말하는 것인지 간파한 것이다. 그러므로 여기서 '본다'고 한 작용은 어떤 대상에 대해 보는 이가 있어서 거기에 본다는 작용이 일어나는 그러한 보는 작용이 아니며, 대상이 아무것도 없다고 보는 그러한 보는 작용도 아닌 작용인 것이다.

어떤 대상이 있어서 보는 것이라면 보는 이와 그 대상의 대립이 무너져 갈 때 스스로 잃을 것이지만, 여기서 '본다'는 것은 그것이라고 포착할 수 없는 공이요 무요 빈 방이며 유마인 것이다. 대상이 있어서 보는 것이 아니기에, 그 보는 작용의 주체가 되는 것도 그런 대상에 대립·상대하는 보는 이가 아니다. 문수 또한 이런 공의 입장에서 보고 있으므로, 그 본다는 작용도 본다·안 본다 하는 상대적인 보는 작용을 초월한 작용인 것이다. 그런 방식으로 문수가 빈 방을 보고 유마를 본 것을 경전은 '본다는 모습 없이 본다.'고 말한 것이겠다.

그렇다면 '온다는 모습 없이 온다.'는 것도 같은 취지의 말로 이해되리라. 그리고 이런 '본다는 모습 없이 본다.'는 말과 뜻은 이 방이 텅텅 비어 있는 문제를 놓고 주고 받은 두 사람의 대화 속에도 나타나 있는 듯이 보인다.

"이 방은 왜 비어 있고, 시중 드는 사람도 없는가?"
"이 방만 그런 것이 아니다. 어떤 부처님의 나라라도 비어 있다."
"왜 비어 있는 것인가?"
"공이므로 비어 있다."

"그렇다면 이 공은 무엇에 의해 공이 된 것인가?"
"사유 분별을 떠나는 것이 공이니까, 공이다."
"그러면 공을 사유 분별을 할 수 있단 말인가?"
"사유 분별도 또한 공이다."

여기에는 모든 사유 분별을 떠나는 것이 그대로 공이라 하여, 보는 이와 보임을 당하는 대상의 대립을 설정하는 사유 분별을 버린 무대립·무집착의 무심한 경지가 강조되고 있다. 따라서 이런 공을 다시 대상으로 삼는 사유는 성립할 수 없다. 사유 분별을 떠난 것이 사유 분별을 할 수는 없는 것이며, 또 사유 분별을 당할 수도 없기 때문이다.

## 유마의 병

이렇게 무대립·무집착의 모습이 공인 이상, 유마의 병도 병이면서 병이 아닐 것임에 틀림없다. 그것이 병이라는 형태로 보이는 것은 그렇게 보는 태도가 이미 있었기 때문이라고 할 수 있을 것이며, 그것이 이미 있으므로 그것에 대해서 보이는 것처럼 보이고 있다고도 생각할 수 있다. 따라서 그것은 본래 없으면서 있는 것처럼 보이고 있을 뿐이어서, 약을 복용해서 고칠 수 있는 따위의 병이 아니었다고 하겠다.

말하자면 유마의 병은 '무지한 어리석음(痴)과 사물에 대한 탐심(有愛)'이 이 세상에 존재하는 한 생겨날 수밖에 없는 그러한 병이다. 이 세상 사람들이 병든 마음에서 해방되지 않는 한 유마는 병을 앓을 수밖에 도리가 없는 것이다. 경전은 이것을 병든 애를 가진 부모의 심정에 비겨 애가 병들면 부모도 병들고, 나으면 부모의 병도 낫듯이, 유마의 병도 세상 사람들 때문에 생긴 것임을 강조하고 있다.

그것은 그야말로 광대 무변한 자비행이라 해도 될 것이다. 유마는 속에서 북받쳐 오르는 자비심으로 해서, 세상 사람들의 마음으로부터 무지한 어리석음과 탐심을 씻어 내는 일에 전념하기 위하여 자진해서 병든 모습을 나타내고 있는 셈이다. 그것은 육체의 병도 마음의 병도 아니며, 오히려 몸이나 마음을 위한 병이라 할 수 있겠다. 꾀병이라고 생각한다면 큰 오해를 빚을 염려가 있지만.

그런데 유마를 시중 드는 사람이 아무도 없는 점에 대해 '모든 악마와 온갖 이교도(外道)'가 시중꾼이라고 한 유마의 말은 재미있다. 그리고 그들이 시중꾼인 이유에 관해서, 그들이 생사를 즐기고, 그릇된 생각을 추구하고 있는 까닭이라고 말하고 있는 것이다. 물론 이 말을 액면대로 받아들여서는 안 된다. 극히 역설적임은 쉽사리 이해될 것으로 믿으나, 다만 그들이 시중꾼에 그치고 유마일 수 없는 것은 그들이 생사나 그릇된 생각에 흠뻑 빠져드는 데 비해 유마는 회피하지 않고 그 속에 뛰어들면서도 그것에 의해 마음이 어지러워지지 않기 때문이라는 것이다. 이런 말의 밑바닥에는 보살이라는 이들의 자비행이 지향하는 방향이 보이고 유마의 자비심이 지닌 적극성이 나타나 있다고 생각되나, 이 문제는 다음 항목에서 특히 다루어질 것이므로 지금은 미루고자 한다.

다만 여기서 하나 더 주목해 두고자 하는 것은 이러한 병과 떠나서 구도해 오던 보살이, 이 병을 매개하여 이를 어떻게 이해하고, 어떻게 마음을 조정·극복해 갈 수 있을까 하는 문제이다. 그리고 그 이해·극복의 방식은 각자 구체적인 양상에 따라 여러 가지 차이가 생기겠지만, 기본적으로는 이 병은 그릇된 생각이나 집착 따위의 온갖 번뇌에서 나온 것이라고 보는 점에서 하나의 공통성이 발견되는 것 같다.

먼저 이 육체는 실체 있는 존재가 아니니까 병이 걸릴 주체가 없는 것이라고 파악된다. 육체 그것은 네 가지 원소(四大)가 결합된 것에 지나지 않거니와, 그 원소에는 그 자체로서의 존재성이 없으므로, 그것의 구성체인 육체에 주체적인 자아가 있을 턱이 없는 것이다. 개체의 중심이 되는 생명에 주체로서의 자아가 없다고 하면 병에는 대체 누가 걸리는 것인가? 아니 오히려 영원한 생명의 주체로서 자아의 존재 같은 것을 생각하고 이에 집착하는 그 때문에 병도 생기는 것이 아니겠는가.

또 이렇게 생각할 수도 있겠다. 이 육체를 구성하고 있는 물질적인 것들은 각자가 자체만으로서 생겨나고 없어지고 하는 것이어서, 그 물질적인 요소들이 지금 나는 생기고 있다든지, 이제 나는 스러진다고 자각하는 것도 아니며, 이런 물질적인 것들이 서로 다른 물질적 요소들을 인식하는 것도 아니라는 점이다.

따라서 이 물질적인 것들에는 생명의 주체라고 할 자아에 해당하는 것은 없다는 결론이 나온다. 말하자면 물질적인 존재의 본질로서 그 물질 자체에 고정된 실체의 존재를 부정하는 것이다. 이렇게 말하는 것은, 이런 물질적인 존재에 대해 실체적인 것을 생각하려는 집착이 병의 원인이 되고 있는 까닭이다.

그렇다면 어떻게 해야 이런 그릇된 집착으로부터 풀려 날 수 있겠는가? 유마는 이에 대해 단적으로, 이것이 나다, 이것은 내 것이다 하는 상대적인 두 가지 대립, 바꾸어 말하면 주관·객관의 대립을 모두 털어 버리고 '마음에 평등을 행해야 된다.'고 했다. 이는 참으로 뜻 깊은 표현이다. 왜냐하면 우리는 무엇이거나 어떤 일이거나 이 대립의 범주에서 파악하는 것에 버릇이 들어 있어서, 그 대립 속에서 우열을 판정하는 일밖에는 하지 않는 까닭이다. 우리의 일상 생활에서 '평등'은 말로서는 있어도 그것을 행하는 일은 거의 없는 까닭이다. 그것은 불가능하다는 한 마디에 그친다 해도 좋겠다. 그러나 그것을 꼭 가능케 해야 한다. 그리고 이를 가능케 하는 것이 공의 실천이 되는 것이다.

## 공에 대한 집착

대립하는 두 가지 것을 파악하는 데는 여러 가지 방식이 있을 터이다. 이에 대하여 이 경전은 뒤에 나타나듯이 또 다른 각도에서도 다루고 있지만, 그 중에서 가장 주목되는 것은 번뇌와 깨달음(보리), 미혹된 생활의 반복인 생사와 궁극적인 깨달음의 경지(열반) 따위의 대립일 것이다. 거꾸로 이것이 번뇌 즉 보리(煩惱

卽菩提), 생사 즉 열반(生死卽涅槃)이라고도 일컬어지는 만큼, 그 대립은 하나의 극한을 나타내고 있다고도 말할 수 있다.

그러나 사실을 말한다면 깨달음의 경지는 모든 대립을 넘어선 곳에 나타나는 것이어서, 이것이 대립의 세계에 끌어내려진다는 것은 이런 깨달음을 그림의 떡처럼 단순히 관념적으로 포착하려는 데가 있는 까닭이다. 깨달음이 실현되었을 때 거기에는 일체의 대립이 깨끗이 불식되어 있어서, 그 자신이 대립을 구하는 일은 없다. 절대자로서의 신이 상대자인 인간과 상대적인 관계를 맺는다면, 그 신은 절대자로서의 지위로부터 전락하여 절대자라는 이름을 지닌 상대자에 불과한 것이 될 수밖에 없다. 또 깨달음을 이 현실의 미혹의 경지와 상대시키는 것은 미혹 속에 있는 사람의 미혹이 그렇게 하는 것이어서, 깨달음 자체와는 아무 관계도 없다. 그러나 우리는 이런 깨달음을 얻지 못하는 이상, 이 미혹을 미혹이라 알면서도 깨달음의 경지를 미혹의 생활의 반복과 대립시켜서 생각할 수밖에는 길이 없다.

그러나 이런 상대적 파악은, 언젠가 어딘가에서 초월하여, 이 대립하는 것으로서 포착된 두 가지 것의 '평등'함을 이해해야 하는 것이다. 다만 그것이 어떻게 해야 '평등'한 줄 알게 되는지, 이에 대해 유마는 이 '둘은 다 공인 까닭이다.'라고 하여, 다음과 같이 설명하고 있음은 주의해 두어도 좋겠다.

"왜 공이라 하는 것인가? 이 둘은 각기 명칭뿐이므로 공이다. 이런 두 가지 것은 변치 않는 실체성을 갖고 있지 않다. 이 평등이 얻어지면 다른 병은 없어져서 오직 공이라는 병만이 남게 되지만, 이 병도 또한 공인 것이다."

여기서 유마는 이 둘이 단순히 명칭에 불과함을 지적하고, 그러므로 이 둘에는 차이가 없으며 공이라고 단정했다. 여기에서 우리는 이미 보아 왔듯이 깨달음조차 대립의 세계로 끌어내리고 있는 터에 그것이 말뿐이지 불변의 실체성이 있다고는 생각할 여지도 없으므로 과연 그러니까 공이구나 하고 이해하게 되지만, 사실은 그것만으로 공이 참으로 이해된 것이라면 문제는 생기지 않는다. 그러기에 유마는 다시 한 번 그 공조차도 부정하지 않을 수 없었던 것으로, 그것이 여기서 말하는 '공이라는 병'이다. 우리에게는 병에 걸릴 것(주체)이 없다는 생각에서 출발하여 그 병의 근원을 캐고 그것을 구축할 길을 모색한 노릇이 돌고 돌다가 여기에 이르러 '공이라는 병'에 도달했다는 것은, 그것이 마지막 미혹임을 보이는 것이라 하겠다.

이런 공이라는 병은 흔히 공견(空見)이라고 불리고 있다. 그것은 공을 공이라는 것 또는 공이라는 원리로 파악하는 데서 오는 오류라고 생각되고 있다. 공은 대립을 넘어서는 작용인데도 불구하고 그것을 대립에 대한 또 하나의 대립으로서 고정시켜 버린 곳에 용이하지 않은 결함이 모습을 나타내고 있는 것이다. 따라서 이런 결함에 빠지지 않도록 항상 경계하여야 될 일이어서, 대승 경전은 이에 대해 갖가지 비유를 들어 이 집착에서 떠나도록 가르치고 있는 것이다.

그런 비유 중의 하나에 약 이야기가 있다. 의사는 병자에게 약을 먹여서 병을 고치려 들거니와, 만약 약이 체내에 남은 채 밖으로 나오지 않는다면 도리어 약이 거꾸로 새로운 작용을 일으켜서 모처럼 나으려던 병에 또 하나의 새 병이 추가되는 것처럼, 공에 의해 집착을 버리려 하면서 도리어 공에 집착하여 그 포로가 되어 버리면 이미 구제할 방도가 없다고 해도 좋다. 그러므로 『대보적경』 112권에서는 이를 경계하여,

> "만약 공을 얻기 위해 공에 의지한다면, 이는 부처님의 가르침에서 도리어 후퇴며 타락이라 하겠다. 이렇게 될 바에는 실체적인 자아에 집착하는 쪽이 차라리 나으며, 집착을 수미산처럼 쌓는 한이 있어도 공에 대한 집착에 의해 얻지도 못한 깨달음을 얻었다고 자랑해서는 안 된다."

라고 설하고 있는 것이다. 이것으로서도 공에 대한 집착이 얼마나 두려움을 샀고 배척되었는지를 알 수 있다. 그것은 이를테면 어떻게도 손쓸 도리가 없는, 밑도 모르는 수렁에 빠진 것과 다름이 없는 까닭이다.

대립을 부정해야 할 공이 다시금 대립을 가져와서는, 공은 이미 죽은 것이나 다름없어서, 그 공도 또한 공이라고 할 수밖에 없다. 그러나 거기에는 헤겔 같은 사람의 변증법적 전개와는 다른 점이 있어서, 동일시할 수 없을 것임은 명백하다 할 것이다. 왜냐하면 헤겔 식의 부정은 발전의 논리지만 이 공도 또한 공이

라고 하는 부정의 부정은 발전의 논리가 아니라 상대성의 부정이며, 상대성의 부정의 부정은 아니기 때문이다. 공은 한 번만의 공으로서 사실은 족한 것이며, 공을 공이라 부정하고, 그 공을 다시 공이라 부정하는 따위의 부정의 연속은 경전도 말하듯이 이미 후퇴한 것이며 타락이어서, 거기로부터는 비약도 발전도 바랄 수가 없는 것이다

### 지혜와 방편

이와 같이 유마와 문수의 대화는 유마의 병을 매개하여 공도 또한 공이라는 공견(空見)의 부정에 도달했던 것이다. 유마의 설명은 다시 계속되어서 병든 보살(유마처럼 중생을 위해 병든)은 어떤 모양으로 지혜와 방편을 조화시켜 이 힘을 기울여 세상 사람들을 번뇌에서 해방되는 길로 인도하지 않으면 안 되는가, 지혜나 방편은 무엇을 말함인가, 다시 그것을 위해 보살은 어떤 수행을 해야 하는가, 이런 문제에 대해 언급하고 있다. 그 중 보살의 수행에 관한 설은 약간 번잡스러워서 요설(饒舌)에 떨어진 느낌이 없지 않으나, 요는 대립에 빠지는 여러 가지 경우를 생각하여 그것에 빠지는 일이 없도록 자세히 설명한 것이며, 나중에 언급할 일과도 관련이 있으므로 뒤에 올 항목으로 미루고자 한다.

그래서 지금은 지혜와 방편의 관계에 대해 말하고 있는 것에 초점을 맞추어 본다면, 결론으로서는 지혜와 방편의 결합이 보

살에게 요망되고 있음을 지적할 수 있다. 그것은 '방편을 가진 지혜'와 '지혜를 가진 방편'의 두 면에서 설명되어 있으니까, 이 두 면이 서로를 지탱한다고 할까? 두 면에서 다시 더욱 높은 것이 생겨 나올 터이지만, 그것에 대해서는 여기서 말하지 않겠다.

그러나 그것은 진실한 지혜의 작용으로서, 이른바 여섯 가지 바라밀 중에서는 반야바라밀이며, 지혜의 완성이라고 추측할 수는 있다. 따라서 여기서 말하는 방편과 결합된 지혜나 지혜와 결합된 방편도, 사실은 진실의 지혜 자체의 일면을 말하는 것이라고 받아들일 수 있다. 왜냐하면 방편은 자비의 발현(發顯)이요, 진실의 지혜는 그 속에 이타(利他)의 마음을 내포하지 않으면 안 되는 까닭이다. 말을 바꾸면 여기서 말하는 방편은 이타이며 지혜는 자리(自利)라고 볼 수 있으니까, 이 자리·이타 위에 더욱 높은 진실의 지혜, 다시 말하면 깨달음의 지혜가 작용해 오는 것이 된다고 볼 수 있는 까닭이다. 말을 바꾸어서 이야기하자면, 방편에 의해 지혜를 살리고 지혜에 의해 방편을 다하는 것에 의해, 거기로부터 진실의 지혜가 싹트기도 하고 바른 보살의 실천과 수행이 궤도에 오르기도 한다고 생각된다. 그러기에 생각에 따라서는 이 지혜와 방편이야말로 바르게 활용한다면 부처로서의 깨달음에 통하는 직선 코스라고도 할 수 있겠다.

그렇다면 이 지혜와 방편은 어떤 형태에서 결합되는 것일까? 이것은 지혜란 어떻게 작용하며 방편이란 어떤 모양으로 존재하는가 하는 문제와도 연관성이 있다.

여기서 말하는 지혜란 단적으로 말해서 집착을 떠나는 일이라고 생각되나, 좀더 구체적으로는 세 종류의 공의 내관(內觀)[111]을 뜻하고 있는 것 같다. 이것을 불교 용어로서는 삼해탈문이니 삼공문이니 하고 불러서, 공해탈문(空解脫門)·무상해탈문(無相解脫門)·무작해탈문(無作解脫門)을 말하며, 각기 깨달음(해탈)에 이르는 방법이기에 이런 이름이 붙은 것이다. 그 내용은 첫째, 모든 존재는 공이어서 거기에는 실체로서의 존재성은 없다고 마음 깊이 고요히 내관하며, 둘째, 모든 차별과 대립의 모습(相)을 초월하며, 셋째, 어떤 일에도 원하고 구하는 생각을 완전히 버리는 일이다.

따라서 공의 내관을 철저히 함으로써, 어떤 집착도 끊어 버리는 것이 지혜의 작용이라고 말할 수 있다.

이에 대하여 방편이란 부처님의 나라를 건설하여 세상 사람들을 가르치고 인도하는 일이라고도 설명되어 있는데, 요는 세상 사람들에게 이익을 주는 일을 목적으로 삼는다고 하겠다. 바꾸어 말하면 스스로 선을 행하여 얻은 공덕을 자기 것으로서 독점하지 않고, 이를 다른 사람의 구제를 위해 제공하는 일이라고도 말할 수 있다. 그 구제는 단순히 눈앞의 고통을 제거하는 따위의 말초적인 것에 얽매여 있어서는 안 되므로, 그 자체가 지혜를 내포하고 지혜를 근거로 하고 있을 터이며, 그런 뜻에서의 방편이 다시 지혜와 연결되는 것이 되어야 하는 것이겠다.

그렇다면 양자의 결합은 어느 것에 중점이 놓이거나간에, 지

---

111) 마음을 고요히 하여 스스로 자기를 자세히 관찰하는 것.

혜를 기반으로 하고 지혜에 의해 지탱되어서 거기로부터 양자의 특색을 살린 지혜의 발동이 생겨나는 것이 될 터이다. 여기에서는 불교에서 지혜가 차지하는 비중의 크기가 엿보이는 동시에, 앞에 나온 여섯 바라밀에서 반야가 맡았던 구실을 다시금 생각게 하는 것이 있다 할 것이다.

### 진리의 추구

그런데 이 두 사람의 대화는 아마도 선 채로 주고받은 것이었나 보다. 문수를 따라온 만 명이 넘는 사람들은 아직 방 안에 들어서기를 꺼리고 있지 않았나 싶다. 희곡적인 구성으로 짜여 있는 이 경전도 유마에게 말할 수 있는 데까지 말하게 해야 하니까, 다른 손님들은 밖에 선 채 귀를 기울일 수밖에 없도록 한 것이다. 또는 여러 사람들에게는 잘 들리지 않았을지도 모른다고 상상할지 모르나 그 점은 경전 편집자도 배려하고 있어서, 이 대화를 듣고 몇 천이라는 천상의 신들이 최고 지상의 깨달음을 얻고자 하는 원을 일으켰다고 덧붙이고 있는 것이다.

이제부터 엄청난 손님들이 유마의 병실에 들어와 각기 자리에 앉는 장면이 되지만, 여기서 이 아무것도 없는 좁은 방에 어떻게 앉을 수 있나 하고 재빠르게 의문을 일으킨 사람이 있었다. 그는 앞서 부처님으로부터 최초에 지명을 받았다가 사퇴한 바 있었던 지혜 제일이라는 칭송을 듣는 사리불이었다. 이로부터 석가의 제자로서는 이 사리불이 언제나 대화의 상대로 뽑히게 되어 약간 불쌍한 배역을 맡게 된다.

이야기는 얼마쯤 궤도에서 벗어나지만, 이 경전의 티벳 역에 의하면, 석가의 제자인 비구들은 누구나 경칭으로 불리어서 '존자(尊者) 사리불'·'장로 사리불'이라는 따위의 표현을 취하고 있다. 그러나 우리가 채택한 구마라습 역에서는 이런 경칭은 전혀 쓰이어 있지 않다. 따라서 이 번역에서는 석가의 제자들이 소승의 성자인지는 몰라도, 대승의 입장에서 볼 때는 형편 없는 존재라고 평가되어 경멸의 대상이 되고 있음을 알 수 있다.

이에 대해 티벳 역에서는 산스크리트 원전을 충실하게 번역했기에, 대승에서도 역시 비구에 대해서 어느 정도 존경을 표시하고 있었다는 점이 잘 나타나게 된 것이라고 보는 이도 있다. 그러나 이렇게 본대도 결과는 같아서 사리불이 비참한 피에로 역을 맡고 있는 데는 변함이 없다. 사실은 도리어 올렸다 내렸다 하는 정도가 심하게 되어 무례한 것이 되지 말라는 법도 없다 할 것이다.

그것은 어쨌든간에 사리불의 마음을 재빠르게 눈치 챈 이는 역시 유마였다. 유마는 그때 이런 질문을 던졌다.

"당신은 진리를 구하기 위해 온 것인가, 아니면 자리에 앉기 위해 온 것인가?"

물론 사리불로서도 앉는 문제는 그리 대단한 것이 아니요, 어쩌다가 그런 생각을 언뜻 했던 것뿐이니까.

"그야 진리를 위해서이다."

라고 대답한 것은 당연한 일이었다.

여기서 유마는 진리를 구한다면 이러해야 한다고 진리를 구하는 이가 취해야 할 태도에 대해 설하게 되는데, 그의 주장은

"진리를 구하는 사람은 일체의 사물에서 무엇 하나 구하는 것이 없어야 한다."

라는 말로 요약될 것 같다. 아무것도 구함이 없는 일이 참으로 진리를 구하는 이의 취할 바 태도이어서, 말하자면 '구함 없음이 참으로 구하는 일'이라고 할 수 있겠다.

구한다는 마음에 사소한 집착이라도 묻어 있는 한, 그것이 비록 진리를 구하는 것이라 한대도 진리를 구하는 일은 되지 않는다. 고(苦) · 집(集) · 멸(滅) · 도(道)는 사제(四諦)[112]라 하여 불교에서는 네 가지 근본 진리라고 평가되고 있다. 그러나 이렇게 괴로움을 잘 이해하려고 구한다든지, 집착을 끊으려고 구한다든지, 깨달음에 도달하고 깨달음에 이르는 길을 닦고자 구하는 태도로써는 진리는 구해지지 않는 것이다.

진리는 구해지는 대상이 아니며, 대상을 구하는 세계에 진리

---

112) catvāri-āryasatyāni. 불교의 전체적 뼈대를 나타낸 것. ① 고제-현실을 괴로움이라고 관찰하는 것. ② 집제-고의 원인은 번뇌라고 관찰하는 것. ③ 멸제-고에서 벗어난 이상을 열반이라고 관찰하는 것. ④ 도제-열반에 이르는 수행으로 바른 길을 행하는 것.

는 없는 까닭이다. 이것을 대상으로 삼아 구한다면, 그것은 다만 진리라고 하는 한 조각 그림자를 구하고 있는 데 불과할 뿐, 진리를 구하고 있는 것은 아니다. 말하자면 진리는 구하려고 해서 얻어지는 것은 아니며, 도리어 구하지 않음으로써 얻어진다고 할 수 있다.

## 불가사의

이와 같이 사리불을 향해, 구하는 집념을 버리고 허심탄회한 상태에서 모든 것을 대해야 한다고 설법하는 것이지만, 여기에서 우리의 논리적 사유로는 따라갈 수 없는 이른바 '불가사의'한 사태가 벌어지게 된다. 그것은 이 병석을 찾아온 모든 사람에게 좌석이 주어지고, 그 때문에 병실도 순식간에 넓어지는 기적이다.

경전에 의하면 유마는 동쪽을 향해 갠지스 강의 모래의 수효처럼 헤아릴 수 없는 많은 나라를 서른 다섯이나 지난 곳에 있는 수미상(須彌相)이라는 부처님의 사자좌(獅子座)[113]를 몇만 개나 얻어다가 병실 안에 놓았으나, 그 하나하나의 사자좌는 3만 2천 유순(由旬)[114]의 높이가 있어서 넓고도 푹신하다는 것이다. 그야말로 매크로의 세계(macrocosmos)에서 노는 듯한 생각이 든다.

---

113) Siṃhāsana. 부처님이 앉는 의자. 부처를 동물의 왕인 사자에게 비유하기 때문에 그렇게 말함.
114) Yojana. 거리의 단위. 일설에 의하면 11.4킬로미터에 해당한다 함.

기상 천외이긴 하나 유치한 공상이라고 치워 버린다면 그뿐이긴 하지만, 거기에는 이 불가사의를 그것만으로 웃어 넘길 수만은 없는 풍성한 창조적인 공상이 지니는 매력이 있다. 그리고 그것이 이해되지 않는다면 어쩌면 이 경전의 매력도 반감할는지 모른다. 이렇게 말하는 것은 사유를 초월한 불가사의의 세계야말로 공에도 연결되는 공통적인 성격을 갖고 있는 까닭이며, 사유는 상대적인 세계를 한 걸음도 벗어날 수 없으나, 이 사유의 영역을 넘어서지 않고서는 공은 그 모습을 나타내지 않는 까닭이다.

연극 무대에서는 곧잘 배경의 막이 오르고 나면 전연 별도의 장면이 전개되어서 새로운 분위기가 조성되는 수법이 사용되거니와, 여기서는 그것이 참으로 웅대하고 호화롭게 설정되어 있어서 하잘것없는 일에 얽매여 허둥대면서 정작 진실한 것은 간과하기 쉬운 인간의 모습이 매우 작고 어리석게 보인다는 간접적 효과도 있다. 또 환상적인 초현실주의 회화를 보는 것 같은 느낌이 없는 것도 아니다. 유마의 작은 병실이 엄청난 넓이로 팽창하고, 거기에다 멀고 먼 동방의 다른 세계로부터 사자좌를 가져다 놓음으로써 엄청나게 큰 것과 엄청나게 작은 것이 한 화면에 그려진다고 하면, 이미 리얼리즘의 세계를 넘어서 자유 분방한 상상력이 가져오는 독특한 분위기가 흘러 넘칠 것이 틀림없고, 거기에 집착을 떠난 마음의 즐거움도 느껴지리라 생각한다.

그런데 이런 사자좌가 방 안에 들어왔는데도 불구하고 비사리의 거리가 좁아진 것도 아니어서 거기에는 조그마한 옹색스러움도 느껴지지 않는다. 또 이 높고 넓은 사자좌에는 초인적인 힘을 갖춘 보살밖에는 올라가 앉을 수가 없었기 때문에 사리불 같은 이는 이 사자좌를 보내 준 동방의 수미등왕 여래(須彌燈王如來)를 예배하면 앉을 수 있다는 유마의 가르침을 따르고 나서야 겨우 앉을 수 있었다는 사실은 다시 이 불가사의의 효과를 높이고 있다. 그러나 결정적으로는 유마가 이 불가사의를 깨달음의 경지를 나타내는 것으로서 다루는 데 이르러서야 지금까지의 불가사의의 뜻이 풀리게 되니, 경전 편집자의 탁월한 수완은 이런 연출 효과에 의해 더욱 빛을 더하고 있는 것이라 믿어진다.

그러나 생각해 보면 이 불가사의야말로 이 『유마경』이라는 심포니의 라이트모티프(Leitmotiv)라 할 수 있겠다. 이미 석가는 보적(寶積)을 비롯한 오백 동자가 바친 일산으로 온 우주를 덮어 씌울 수 있는 큰 일산을 만들어 보인 바가 있다. 그것은 이 불가사의를 예고하는 것으로서, 거기에는 이미 이 악곡의 주선율(主旋律)이 흐르고 있었지만, 그것이 지금 여기에 다시 울려 퍼지기 시작한 것이다. 그리고 앞으로도 이 선율은 계속 울려 퍼질 터이다.

여기서 유마는 이런 여러 가지 불가사의가 사실은 부처님이나 보살의 깨달음의 경지라고 설했다. 그러기에 이로부터 깨달음의 경지 그것에 대하여 다시 자세한 설명이 베풀어지게 될 것이지만, 유마는 지금 여기에서 그것에 대해 직접 언급하지 않은 채, 이 깨달음에 이른 보살의 경지가 얼마나 불가사의에 충만해 있는가 하는 문제에 대해 말해 갔다.

그 중의 한둘을 들어 보면 이런 따위다. 이를테면 이런 보살이,

"모든 세계를 뚝 떼내어 손바닥에 놓은 다음, 갠지스 강의 모래 수효에 해당하는 엄청나게 많은 세계 저쪽으로 내던져도 그 속에 살고 있는 사람들은 자기가 어디로 갔는지 알지 못하며, 다시 원래의 위치에 놓여도 그 사람들은 다른 곳에 다녀왔다고는 눈치 채지 못하고, 더욱 이런 세계의 모습은 원래대로 변함이 없다."

라는 것이다.

또 깨달을 능력이 있는데도 이 세상에 오래 머물고자 하는 사람이 있는 것을 알았을 때는, 곧 7일을 1겁(劫)으로 늘여서 그 사람에게 1겁이 지난 듯 느끼게 하여, 깨달음에 이르는 것이 아주 먼 미래임을 알게 함으로써 길이 이 세상에 있겠다는 생각을 끊게 한다. 그러나 이 세상에 있기를 원하지 않으면서 깨달을 능력이 있는 사람을 만나면, 곧 1겁을 7일로 단축시켜 그 사람에게 7일이라 느끼게 함으로써, 수행의 기간이 곧 끝난다는 기쁨을 갖게 하여 더욱 수도에 힘쓰도록 하기도 한다는 것이다.

이것들은 극히 작은 부분에 지나지 않으나, 여기서 말해 둘 것은 이런 불가사의한 깨달음의 경지에 있는 보살은 초인적인 능력이 있으므로 어떤 것으로도 몸을 바꾸어서 세상 사람들을 인도할 수 있다는 사실이다. 다시 말하면 그것은 방편의 힘이어서, 이런 깨달음의 경지에 있는 보살은 도를 구하여 수행에 힘쓰고 있는 사람에게 그 손발이나 혈육이나 골수까지도 요구한다든지, 또는 모든 재물이나 처자까지도 내놓으라 요구함으로써 그 사람을 시험하려 든다는 것이다.

어리석은 사람이 이런 일을 한다면 어떤 가공할 결과를 가져올지 측량키 어렵다 하겠으나, 이 보살에게는 그런 사람들을 바르게 이끌어 갈 능력이 갖추어져 있어서 이런 일도 과오 없이 행할 수 있다. 따라서 방편이라는 것이 얼마나 깨달음에 밀착되어 있는지를 잘 알 수 있다. '거짓말도 방편'이라 하지만, 그 방편이 이렇게 깨달음 위에 서 있어야 되는 것이라면 그리 간단히 말할 수는 없을 터이다.

사리불은 일찍이 육십 겁에 걸친 수도를 하고 있었을 때, 보시의 강이라는 물을 건너려다가 한 거지에게서 눈을 달라고 요구받았다고 한다. 그가 한쪽 눈을 빼서 주자 그 거지는 사리불의 면전에서 그 눈의 냄새를 맡더니, 고약한 냄새가 난다고 침을 뱉으며 땅에 던져 짓밟아 버렸다. 사리불은 그때 아무 필요도 없는 눈을 달라더니, 그것을 얻자 땅에 던져 짓밟는 것은 무슨 짓인가, 이런 놈을 구해 줄 필요는 없다고 생각했기 때문에 드디어 보살의 경지로부터 전락하여 소승의 성자가 되는 데 그쳤다고 한다. 그러나 사리불에게 이런 마음을 일으키게 한 그 거지의 행위는, 그 거지가 비록 보살의 화신(化身)이었다 해도, 앞에 나온 불가사의한 깨달음의 경지에는 미치지 못하는 것이라 할 터이다.

### 보살의 초월

이런 방편은 틀림없는 '지혜의 방편'이어서 불가사의한 깨달음의 경지에 있는 보살이라야 비로소 실천할 수 있는 것이겠다. 또 이런 보살은 보살이면서 보살을 초월하고 있다 할 수 있을 것이다. 그리고 이 방편의 대상에서 영원 불변하는 주체를 보는 일이 없이 모든 것은 환술사가 환술로 만들어 낸 환상 같은 것에 불과하다고 보기에, 그 방편의 자비도 보살의 자비를 초월한 보살의 자비가 안 될 수 없다.

따라서 경전은 그 자비에 대해 유마를 통해서 그것이 '미혹을 떠난 깨달음의 경지(寂滅)에 입각한 자비'라는 둥, '평등의 자비' 또는 '분쟁 없는 자비'라는 둥 여러 가지 모양으로 설명했지만, 그 대부분은 깨달음의 경지 자체의 모습을 말하는 것으로 이해해도 큰 차이는 없을 것 같다. 그것들은 그대로가 깨달음의 모습이니까, 깨달음의 자비도 그런 말로 표현할 수밖에는 달리 방도가 없었을 것이다. 그리고 그런 중에 다음과 같은 말이 나옴을 주의해 두어야 하겠다.

"또 보살은 번뇌라는 도둑과 싸워 이를 깨뜨렸으므로 아라한(阿羅漢)[115]으로서 자비를 베푸는 이이며, 세상 사람들의 마음을 편안케 하니까 보살로서 자비를 베푸는 이이며, 사물의 진실 그대로의 모습(如相)을 얻고 있는 까닭에 여래(如來)[116]로서 자비를 베푸는 이이며, 세상 사람들을 미혹으로부터 깨닫게

---

115) arhan. 소승에서 최고에 이른 성자. 의역해서 응공(應供)·살적(殺賊)·불생(不生)·이악(離惡)이라고도 한다.
116) tathāgata. 부처. tathā는 여(如)라 번역하여, 사물의 있는 그대로의 진실한 모습을 가리키는바 그것(如)으로부터 나왔다(來)는 뜻.

하기에 부처로서 자비를 베푸는 이이기도 하다."

여기서는 보살이 아라한으로서 또는 보살·여래·부처로서 자비를 베푼다는 것이 강조되고 있으나, 보살로서 보살을 초월하고 있음을 나타내려 했음이 명백하다 하겠다.

다만 여기서 설명을 덧붙여 두어야 할 것은 아라한과 여래의 문제로, 아라한은 '살적(殺賊)'이라고도 번역되기에 번뇌의 도둑을 깨뜨린다는 설명이 첨가되었다는 사실과, 여래는 부처와 같은 말이어서 여래의 십호(十號)[117]의 하나가 부처(불타)라는 점이다. 후자에 대해서는 뒤에서 다시 언급될 것이다.

## 천녀

그런데 좀 당돌하긴 하지만 유마의 방에는 한 명의 천녀(天女)가 살고 있었다고 경전은 기록하고 있다. 그 여인은 아까부터 많은 사람들이 유마의 병실을 찾아온 것을 보았고, 유마와 문수·사리불 사이에 오고 간 여러 대화도 듣고 있었던 모양이다. 그리하여 여기에 그 모습을 나타내는 장면이 나오는데, 경전으로서도 재미있는 부분임은 말할 것도 없다. 딱딱한 대화의 뒤를 이어 약간 긴장이 풀린 느낌이 들고, 화려하며 요염한 분위기가 감돌

---

117) 부처를 일컫는 열 가지 이름. 여래·응공·정변지(正遍知)·명행족(明行足)·선서(善逝)·세간해(世間解)·무상사(無上士)·조어대부(調御大夫)·천인사(天人師)·불세존(佛世尊).

것도 같기 때문이다.

그런데 이 천녀는 모습을 나타내자, 곧 천상의 꽃을 여러 보살이나 사리불을 비롯한 승려들 위에 뿌려서 공양을 마치고는 방 한구석으로 물러갔다. 그런데 여기에서 묘한 일이 생겼다. 꽃은 보살의 몸에 닿자 곧 땅으로 떨어지고 말았으나, 승려들 몸에 닿은 것은 달라붙은 채 떨어지지 않았던 것이다.

그것을 손으로 쳐서 떨구려 해도 떨어지지 않았다. 부처의 제자인 그들은 사리불을 비롯하여 모두가 초인적인 능력을 갖추고 있었음에도 불구하고 그들의 힘으로도 어쩔 수 없었다. 경전 편집자는 여기에서 그들이 소용도 없는 동작을 되풀이하면서 의아해하고 당황하는 광경을 상상하라고 독자들에게 기대하고 있는 것인지도 알 수 없다. 만일 그렇다고 하면 몹시나 심술궂은 장난이 되겠으나, 여기서는 누구나가 그렇게 상상하는 것이 자연스러울 터이다. 몰리에르의 작품을 생각할 수도 있겠다.

어쨌든 꽃은 떨어지려 하지 않았다. 그때 이를 보고 있던 천녀가 물었다.

"왜 꽃을 떼려고 하는가?"
"꽃을 몸에 붙이고 있어서는 출가의 계율에 어긋난다."

이렇게 대답한 사리불의 말은 참으로 출가자다운 것이었다 하겠다. 여기서 '출가의 계율에 어긋난다.'고 한 것은 무엇을 말하는지 약간 설명을 붙일 필요가 있을 것 같다.

일반적으로 출가라고 하는 것을 남자를 보기로 들어 말한다면, 이것에는 정식으로 교단의 한 사람으로서 인정된 비구(Bhikṣu)와 비구가 되기 이전의 준비 단계에 있는 사미(Śrāmaṇeraka)의 두 가지가 있었다. 대개 사미는 일곱 살부터 스무 살 미만의 나이로 열 가지 규칙(十戒)을 지킬 것이 요구되었으며, 비구는 스무 살 이상으로서 이백오십의 규칙(具足戒)을 준수할 것이 요망되었다. 따라서 이들 출가자는 비구든 사미든간에 교단이 요구하는 규율을 굳게 지킬 필요가 있었으며, 이런 규칙 중에 이 사건과 관련된 조항이 하나 들어 있었던 것이다.

그것을 사미의 보기에서 말한다면 몸에 향을 뿌린다든지 장신구로 장식을 해서는 안 된다고 하는 조항이었다. 사미에게조차 이 규정이 있으니까 비구의 경우는 말할 나위도 없었다. 그러기에 사리불은 '출가의 계율에 어긋난다.'고 했던 것이다.

그러나 이에 대해 천녀가 말한 내용은 사리불의 생각과 수행의 부족함을 찌르고도 남는 것이었다. 꽃으로 몸을 장식하려는 의식이 마음속에서 움직이고 있으니까 이것에 저항해서 구태여 이것을 털어 버리려 하는 것이지, 그런 마음이 처음부터 없었다고 하면 꽃을 떨구려는 생각도 안 들었을 터이며, '출가의 계율'을 다만 외형으로 파악하니까 꽃이 장식이 된다는 판단이 생기는 것이지, 이를 마음의 문제로서 본다면 장식이 되고 안 되는 것은 마음가짐 하나에 달렸을 것이다. 그러기에 천녀는 이와 같이 말하고 있다.

"이 꽃을 법에 맞지 않는다고 해서는 안 된다. 왜냐하면 꽃이 몸에 가서 붙으려고 분별했을 리가 만무하고, 당신이 스스로 분별심을 일으킨 것뿐이니까. 부처님의 가르침을 받들어 출가한 사람이 분별하는 마음을 갖는다면 그야말로 법에 어긋난 것이다.

보살들 몸에는 꽃이 붙지 못했는데, 이것은 분별을 모두 단절해 버린 까닭이다. 비유로 말한다면 마음에 공포심을 갖고 있는 사람에게는 악귀가 쑤시고 들어가기 쉬운 것과 같다. 당신이 생사의 세계를 겁내고 있는 까닭에, 빛이니 향기니 하는 감각을 자극하는 것들이 당신의 마음 속에 스며드는 것이다. 생사에 대한 공포가 없어지고 번뇌가 없어진다면 꽃도 몸에 붙지 못할 것이다."

마음의 문제를 제쳐 놓은 채 형식에만 구애되어 있던 과오를 이렇게 까지 명확하게 지적당하고서야 사리불도 꽃을 털던 손을 어디다 둘 것인지 망설였을 것이다. 언제까지나 이렇게 있을 수는 없다. 기선(機先)을 빼앗긴 느낌이 있다. 이렇게 생각한 사리불은 정세를 만회하기 위해 이야기를 딴 데로 돌려 보았으나, 이것이 또 뜻대로는 되어 주지 않았다. 사리불에게는 미안하지만 잠깐 두 사람의 대화를 좇아가 보자.

"당신은 꽤 오래 전부터 여기에서 살고 있었는가?"
"장로가 깨닫고 난 기간만큼 나는 이 방에서 살아 왔다."

"앞으로도 여기에 있겠는가?"

"장로의 깨달음이 앞으로 얼마나 계속되겠는가? 나도 그만큼 여기에 있을 것이다."

여기에서 대화가 중단되었다. 사리불이 입을 다문 까닭이다. 그래서 천녀가 거꾸로 물었다.

"왜 침묵하는가? 장로는 뛰어난 지혜를 가지고 있다 들었는데."

"깨달음은 말로써 표현할 수 없다. 그러기에 나는 이미 할 말이 없어졌다."

"아니 그렇지는 않다. 말이나 글자도 모두가 깨달음의 모습을 나타낸다. 왜냐하면 깨달음은 마음 안에 성립하는 것도 아니고, 그 밖에 성립하는 것도 아니고, 안과 밖의 중간에 성립하는 것도 아닌 까닭이다. 그와 같이 글자(말)도 그것을 말하는 사람(內)만으로 성립하는 것도 아니고 표현되는 사연(外)만으로 성립하는 것도 아니고, 음성(中間)만으로 성립되는 것도 아니다. 그러므로 글자를 떠나 깨달음을 설하지는 못한다. 왜냐하면 모든 존재는 그대로의 모습 자체가 깨달음의 나타남인 까닭이다."

"그러나 탐(貪)·진(瞋)·치(痴)를 떠나는 것이 깨달음이 아니겠는가?"

"그것은 확실히 그렇다. 그러나 그것은 깨닫지도 못한 주제에 깨달았다고 만심하면 안 되니까, 부처님께서는 그런 사람들을 위해 탐·진·치를 떠나는 것이 깨달음이라고 설하신 것뿐이어서, 그런 만심이 없는 사람에게는 탐·진·치의 본성이 그대로 깨달음이라고 설하셨던 것이다."

이 두 사람의 대화를 듣고 있으면, 사리불의 말이 아무래도 뒤죽박죽인 듯이 느껴진다. '깨달음은 말로써 나타낼 수 없다.'라고 말했는가 하면, '탐·진·치를 떠나는 것이 깨달음이 아니겠는가.'라고 나온다.

깨달음의 경지는 언어를 초월한다는 이해는 그 자체로서 정당하다고 해도, 사리불의 경우에는 그것이 도금(鍍金) 정도밖에 안 되어 곧 떨어져 나가야 했다. 체득한 것이 속에 없으니까 그때그때에 따라 오른쪽으로 비틀대고 왼쪽으로 넘어지는 것이다. 거기에 비겨 천녀는 모든 것은 진실의 모습을 그대로 나타내고 있다는 흔들리지 않는 체험이 이미 되어 있으므로 움쭉도 하지 않았다. 차차 두 사람의 격차가 드러나게 되어 사리불의 비구로서의 존엄이 퇴색해 버렸지만, 좀더 참으면서 두 사람의 대화를 들어 보기로 하자.

사리불에게는 부담이 조금 지나치다는 사실이 이해된 모양이다. 유마의 방에 오래 사노라면, 이렇게도 유마와 비슷해지는 것일까 하고 당황한 기분이 되어 다음과 같이 묻고 있다.

"당신은 무엇을 얻고 무엇을 깨달았기에 이렇게도 말을 잘하는가?"
 "아니다. 나는 아무것도 얻지 않았고 아무것도 깨닫지 못했다. 무엇인가를 깨달았다고 생각하는 사람을 부처님의 가르침에서는 만심한 사람이라 한다."

 천녀는 아무것도 깨달은 바 없다고 했다. 그러나 부처님이 설하신 가르침은 상대에 따라 내용에 차이가 있는 터이니까, 이 천녀도 무엇인가 받들고 있는 가르침이 있을 것이다. 이를테면 사리불 같은 성자(聲聞)에 대해 설한 가르침이라든지, 혼자서 깨달음의 즐거움을 지긋이 맛볼 뿐으로 남에게 설하기를 꺼리는 성인(辟支佛)에 알맞은 가르침이라든지, 보살을 위한 가르침이라든지……. 이 셋을 흔히 삼승(三乘)이라 하거니와, 이 중의 어느 것일까?
 사리불은 여기에 질문의 초점을 맞추어 천녀가 어떤 가르침을 받들고 있는지 캐어 보려 했다. 그러나 이 경우에도 천녀의 대답은 사리불의 질문보다 훨씬 높은 차원의 것이었다.
 천녀는 그 세 가지 가르침을 모두 받들고 있다고 말하고 참바카(campaka) 숲에 들어간 사람은 오직 참바카 향기를 맡을 뿐 다른 냄새를 맡을 수 없는 것같이, 이 방에 들어온 사람은 오직 부처님의 향기를 맡을 수 있을 뿐 다른 성자들의 냄새를 맡는 일은 없으며, 보살의 광대한 자비와 사유를 넘어선 부처님의 가르침을 들을 뿐 다른 가르침은 귀에 담은 적이 없다는 것이었다. 말하자면 부처님의 가르침을 받들고 있다는 이야기가 되나, 천녀의 대답은 때렸다 얼렀다 하는 식이어서, 사리불은 파도 위의 조각배처럼 처음부터 끝까지 농락만 당하고 있는 격이다.

그리고 다음 대화에 이르러 천녀와 사리불의 격차는 결정적인 것이 되고 만다. 사리불은 어리석게도 이렇게 질문했던 것이다.

"그런데 당신은 어째서 여인의 모습을 바꾸지 않는가?"
"무슨 그런 말을 하는가. 여자의 모습이란 도대체 무엇인가? 나는 여자의 특징에 대해 오래 생각해 보았지만, 마침내 파악할 수 없었다. 무엇인가 나에게 바꾸어야 할 것이 있는 것일까? 이를테면 환술사가 환술에 의해 환상으로서의 여인을 만들어 낸 것과 무엇이 다를 것인가? 누군가 이 환상으로서의 여인에게 어째서 여인의 모습을 바꾸어 버리지 않느냐고 말한다면, 이는 정당한 질문이겠는가?"

이제 사리불에게는 이번 질문은 어리석은 것이었다고 대답하는 외에는 아무 할 말이 없게 되었다. 천녀로부터 퉁겨 올 말이 충분히 예상되었을 것인데도 불구하고, 어째서 이런 우문을 발했는지 의심하고 싶을 정도이다.

그러나 이것은 경전 편집자가 기발한 착상에 빛을 더하기 위해 미리 교묘하게 짜 놓은 복선이었던 것 같다. 경전 편집자는 여기서 참으로 솜씨 있게 이 '불가사의한 깨달음'의 경전에 알맞은 불가사의를 나타내 보였다. 다름이 아니라 천녀는 여기서 사리불을 천녀와 같은 모습의 여인으로 바꾸고 자기는 사리불과 똑같은 모습이 되어 버린 까닭이다. 남자와 여인이 서로 뒤바뀐 것이다. 그리고 또 천녀가 던진 질문도 몹시나 시니컬한 것이었다.

"어째서 여인의 모습을 안 바꾸는 것인가?"

이제는 정말 사리불은 천녀를 향해 할 말이 없었다. 천녀는 이런 불가사의에 종지부를 찍듯이

"장로가 여인으로서의 모습을 바꿀 수 있다면, 모든 여자가 여인으로서의 모습을 바꿀 수 있을 것이다. 그러나 사실은 장로가 남자이면서 여자의 모습이 되었듯이, 모든 여인은 여인이면서 동시에 여인이 아닌 것이다."

라고 말한 다음 사리불을 원래의 모습으로 돌아가게 하고, 지금은 여자로서의 신체적 특징이 어디에 있는 것도 없는 것도 아님을 강조하면서, 부처님께서 이미 이렇게 설하신 바 있음을 첨가하여 말 끝을 맺었다.

두 사람의 대화가 이것으로 끝난 것은 아니다. 그러나 경전 편집자가 천녀에게 지운 임무는 거의 이것으로 끝났다고 해도 좋을 듯하다. 경전 편집자는 이 사건이 있은 뒤 유마의 입을 빌려서, 사실 이 천녀는 이미 많은 부처님을 섬겼기에 보살이 갖추는 초인적인 능력을 자유로이 구사할 수 있는 몸이 되었으며, 이미

얻은 바 공덕을 잃는 일이 절대로 없는 경지에 도달해 있으므로 일찍이 세운 서원을 따라 이렇게 천녀의 모습이 되어 중생을 인도하고 있는 것이라고 말하게 하고 있다.

# 구원

## 가는 것과 행하는 것

사리불과 천녀의 기묘한 대화는 끝났다. 두 사람의 대화는 경전 편집자가 약간 숨을 돌리게 하기 위하여 삽입한 막간의 촌극인 동시에, 이제부터 펼쳐질 장면에 대한 서막이기도 하다. 『유마경』은 이제부터 정상을 향해 달리게 된다.

그런데 유마의 설명으로 두 사람 이야기에 끝장이 났으므로, 이번에는 문수가 유마에게 말을 걸었다.

"보살은 어떻게 함으로써 부처님의 깨달음의 경지에 이르는 것인가?"

이래서 경전은 이 문제를 둘러싸고 한 방향을 타개해 가게 된다. 이에 대해 관찰하기에 앞서 여기서는 꼭 언급해 두어야 할 문제가 하나 있으므로 그것을 먼저 생각해 두고자 한다. 그것은 경전의 문장을 어떻게 새기느냐 하는 문제와 관련된 일이지만, 다만 그것에 그치는 것이 아니라, 이 경전의 핵심까지도 건드리는 결과가 될 것이다.

그것은 유마가 대답한 대목으로 이 부분은 옛날부터 이렇게 새겨 왔다.

"만약 보살이 비도(非道)를 행하면 이를 불도에 통달했다고 친다."[118]

그러나 여기서 '비도를 행하면'이라고 새긴 부분은 다른 번역에 의하면 전혀 뜻이 달라진다. 우선 지겸(支謙)의 번역을 보면, 여기에는 직접 이에 해당하는 부분은 없으나, '행'에 해당한다고 보이는 것에 '내왕'의 두 자가 있어서 '간다'는 뜻으로 이해된다. 현장(玄奘)의 번역에서는 구마라습 역의 '비도'가 '비취(非趣)'[119]라고 되어 있을 따름으로, 차이가 있다면 '비도'의 해석 여하에 따라 뜻이 나누어지는 결과가 되지만, 티벳 역에서는 '비취에 간다'고 되어 있어서 지겸의 번역과 거의 일치하는데, 여기서는 확실히 죄의 보(報)[120]를 받아 미혹의 세계로 간다는

---

118) 원문 : 若菩薩行於非道, 是爲通達佛道.
119) 나쁜 일을 지은 탓으로 태어나는 나쁜 세계.

뜻이 되어서 구마라습의 번역에 대해 종래 새겨 온 것과 같은 뜻이 전혀 보이지 않는다. 그렇다면 구마라습 역도 사실은 '비도에 간다' 로 새기는 것이 정당하며, 이를 '행한다' 고 새겼기 때문에 오해가 생겨나지 않았나 싶다.

그런데 이를 위해서는 '비도'의 해석이 문제가 되지 않을 수 없다. 이 '비도' 라는 역어(譯語)를 사용한 구마라습의 설명에 의하면 그는 세 가지 뜻을 들어서, 첫째는 이른바 악취(惡趣)[121]의 과보(果報)라 했고, 둘째는 악취의 행업(行業), 즉 악취에 떨어지도록 결정짓는 행위이며, 셋째는 세속의 선행과 그 과보라 보았다.

이 중 첫째는 소위 악취의 괴로움이라든지 미혹이라든지 그런 것 속으로 '들어간다'는 사실이 이해되므로 이런 뜻에서는 '비도에 간다'고 새길 수 있을 것 같으나, 다음 두 가지에서는 세속 일반의 선행을 포함하여 도에서 벗어난 행위라는 뜻이 엿보이는 까닭에 '비도를 행한다'고 새기는 편이 정당하다 하겠다. 그러고 보면 구마라습을 따르는 한은 어느 쪽으로 이해해도 좋을 것이어서, 구태여 '행한다'고 새기는 것이 잘못이라고는 말할 수 없게 된다.

다만 종래의 해석에서는 '간다' 는 새김을 물리치고, 도리에 어긋난 행위를 적극적으로 감행해 간다는 식의 이해 방식에 좀더 큰 뜻을 인정했던 것이어서, 구라마습의 제자인 승조(僧肇)는 이렇게 말하고 있다.

---

120) 어떤 행동이 원인이 되어 나타나는 결과. 과보(果報)라고도 한다.
121) 비취와 같음. 악도.

"대체 도를 도라 하고 비도를 비도라 하는 것에서 끝난다면, 도리어 그때에는 집착과 악이 다투어 일어나 더러움이나 재앙이 표면에 나타나게 되므로, 핵심의 오묘한 진리에 통한다 해도 평등의 도에 이를 수는 없다.

그러나 만약 도를 도라고 하는 일이 없고 비도를 비도라 하는 일이 없고 보면, 그때에는 시비 선악을 가리는 생각이 없으니까, 무엇이나 만나는 대로 그것에 응할 수 있게 된다.

그러므로 선에 처해서도 선을 선으로 집착하는 마음이 일지 않으며, 악에 처해서도 악을 악으로서 집착하는 마음이 생기지 않는다. 따라서 능히 미와 추를 같은 것으로 바라볼 수 있게 되고, 도리를 어기면서도 항상 도리를 따르는 것이 되어서, 빛(깨달음)도 어둠(번뇌)도 하나로 만들어 더욱 어둡고 더욱 밝아짐으로써, 이에 무애(無碍)[122] 평등의 깨달음에 통달할 수 있게 된다."

이것으로서도 알 수 있듯이 이런 이해 위에 선다면 아무래도 '비도를 행한다'로 새기는 편이 무엇에나 집착함이 없는 보살의 입장을 잘 나타낸 것이 될 터이다. 이를 '비도에 간다'라고 해서는 그런 곳에 가는 것만으로 깨달음에 도달하는 셈이 되어, 묘한 결과가 되어 버리기 때문이다.

다만 여기서 주목해야 할 일은 이 뒤에 나타나는 구라마습의

---

122) 아무 얽매임이 없이 자유로움.

역문인데, 그렇다면 어떻게 하는 것이 '비도를 행하는' 일이냐 는 물음에 대답하여

"만약 보살이 오무간(五無間)[123]을 행해도 뇌에(惱恚)[124]가 없고, 지옥에 이르러도 여러 죄구(罪垢)[125]가 없고……."

라고 말하고 있는 사실이다.

앞에 나온 '행'을 '행한다'고 새긴 바에는 여기서도 '오무간을 행한다'고 새겨야 할 것은 당연한 일이지만, 바로 그 뒤에는 '지옥에 이르러도'로 되어 있고 '지옥을 행한다.'고는 하지 않았다. 오무간의 내용을 이루는 지옥에 대해 설할 때에도 당연히 '행한다'고 하여야 할 것인데도, 어째서 '이른다'로 되어 있을까, 이런 의문이 여기서 일어난다. 그렇다면 '비도를 행한다'고 말해도, 사실은 거기에 가는 것과 아무 차이 없는 뜻이 되지 않는가 하는 식으로도 이해될 듯하다.

그러나 이렇게 보아 온 다음, 그러면 그런 미혹의 세계에 가는 것이라고 해석하는 경우, 그것이 다만 그런 세계에 가는 것으로 끝난다고 생각하여도 좋을 것인가? 간다는 것은 다만 거기를 나그네로서 지난다는 식의, 그곳과 아무 관계도 없이 가는 것을 뜻하지는 않을 것이며, 그 곳과 관계를 맺고 거기에 사는 사람들과

---

123) 아비 지옥을 말함. '무간'은 끊어지지 않고 고통이 계속된다는 뜻으로 이것에 다섯 가지가 있다는 것. 자세한 것은 생략함. 여기서는 그런 데에 떨어질 죄악.
124) 번민하고 성내는 것.
125) 죄를 때에 비긴 것.

접촉한다는 뜻으로 해석할 수밖에는 없다. 적어도 거기에 연관성이 생기게 가는 것이 아니라면, 그것이 바로 깨달음과 결부된다고는 생각되지 않는 것이다.

이렇게 생각하면 이번에는 거꾸로 간다고는 해도 그 뜻하는 바는 행하는 것과 같은 것이라고 판단할 수도 있게 된다.

이상과 같은 새김의 문제는 이것으로 다한 것이 아니다. 현장역과의 관계에서도 흥미 있는 문제가 생기겠지만, 이 자리에는 언급하지 않겠다. 아무튼 이론(異論)도 있을 것이나 여기서는 '행한다'는 선에서 새겨 가기로 하겠다.

다만 여기에서 한 마디 덧붙일 것은 『대품반야경』 왕생품에

"뛰어난 보살 중에는 반야바라밀을 행할 때, 몸을 부처의 모습으로 바꾸어 지옥에 태어난 사람들을 위해 가르침을 설하기도 하며, 축생이나 아귀에 태어난 사람들을 위해서 가르침을 설하는 이도 있다."

라고 한 점이다. 이것과 어떤 차이가 있는지 그것은 다음 항목에서 이해될 것이다.

## 비도(非道)를 행한다는 것

약간 번잡스러운, 없어도 좋을 듯 보이는 해설을 시험하기 위해 유마의 이야기를 중단시킨 꼴이 되었다. 그러면 다시 원 위치

로 돌아가서, 유마는 어떻게 하는 것이 '비도를 행하는' 일이라고 생각했는지 살펴보기로 하겠다.

이에 대해 유마가 최초로 대답한 말은 앞에 나온 그대로이어서

> "오역(五逆)의 죄(오무간)를 범했으면서도 성내고 번민하는 일이 없고, 지옥에 떨어져서도 죄에 의해 더러워진 바가 조금도 없다."

라고 했던 것이다. 이 뒤에서도 이런 설명이 베풀어지고 있지만, 생각해 보면 '비도'의 내용이 구체적으로 어떻게 설해진다 해도 아마 이 범주를 벗어나지는 못할 것이라 여겨진다. 요는 이를 통해 그 밑을 흐르고 있는 근본 이념이 포착되기만 한다면 그것으로 족하다고 말할 수 있으리라.

그런데 여기에서 오역죄라고 말하는 것은 무간 지옥에 떨어질 수밖에 없는, 사람으로서 가장 부끄러워해야 될 죄악을 가리킴이다. 지옥에는 팔한(八寒)[126] · 팔열(八熱)[127] 같이 여러 가지가 있다는 것이거니와, 무간 지옥은 팔열 지옥 중에서도 가장 무서운 지옥이어서 아비 지옥(Avīcinaraka)이라고도 불린다. 아비 규환이라는 말이 있듯이 여기에 떨어진 사람은 끝없이 가혹한 고통에 시달리게 되어, 여기에 이르기까지의 전단계인 일곱 지옥

---

[126] 추위로 고통을 받게 하는 여덟 개의 지옥. 자세한 것은 생략.
[127] 뜨거운 불로 고통을 받게 하는 여덟 개의 지옥. 자세한 것은 생략.

의 고통을 전부 모아도 그 천분의 일도 되지 않는다고 한다. 그런 지옥에 떨어지게 만드는 죄악이므로 이것 이상의 죄가 없을 것은 당연하여서, 이렇게도 부끄러워해야 될 죄는 없다는 것이다.

그러기는 해도 그 내용의 해석에 이설이 있다. 흔히는

1) 어머니를 죽이는 것
2) 아버지를 죽이는 것
3) 아라한을 죽이는 것
4) 부처님 몸에 상처를 내는 것
5) 교단의 화목을 깨뜨리는 것

이 다섯 가지를 가리켜 이 중의 어느 하나를 범해도 무간 지옥에 떨어진다고 여겼다. 따라서 이 죄들은 죄악 중의 죄악이라고도 할 수 있어서 그 밖의 어떤 행위도 이것보다는 가볍다고 말할 수 있다. 그러나 문제는 주어진 벌의 경중에 있는 것은 아니므로 그것을 꼬치꼬치 캐어야 할 필요는 조금도 없다. 지금은 이런 죄악을 범하면서 거기에 조금도 성내는 마음이나 번민이 없다는 것은 대체 어떤 일인지 생각해 보아야 한다.

여기서 생각나는 것은 앞에서 유마라는 인물에 대해 설명한 여러 가지 말이지만, 그 중에서도 그가

"세속적인 생활을 하면서도 이 미혹의 세계에 집착함이 없으며, 처자가 있음을 세상에 나타내면서도 언제나 음욕을 끊고

있다."

라고 한 점이다. 유마는 속인이므로 가정에서 남편이나 아버지의 자격으로 아내를 사랑하고 자식을 사랑하는 것은 당연하다. 따라서 집을 버리고 가족과의 관계를 완전히 끊고 있는 출가 승려에게 요구되는 것 같은, 이를테면 이백오십이나 되는 번잡한 계율 따위는 지키려 하지 않는다. 이 출가의 계율에서는 최초의, 그것도 가장 무거운 죄로서 간음의 죄가 규정되어 있으나, 세속 생활을 영위하는 사람에게는 이것은 무의미한 일이다. 간음에는 이르지 않는다 해도, 승려가 여성과 단 둘이 한 방에 있는다든지, 조금 살이 스친다든지 하는 것만으로도 승려는 이것을 죄라 하여 많은 중들 앞에서 고백·참회해야 한다고 되어 있거니와, 이것도 재가 신도에게 요구한다는 것은 과오라 아니할 수 없다.

하기는 재가 신자에게도 특정한 날에 한하여 승려 생활의 한 부분을 본뜰 것이 권해지고는 있다. 이때 지킬 것이 요청되는 계율은 팔재계(八齋戒)니 팔관재계(八關齋戒)니 하여, 그 중에는 이 날 하루만이라도 승려처럼 낮 이후에는 식사를 않는다든지, 음악이나 연극·무용 등을 보고 듣지 않는다든지, 또 화장을 하거나 장신구로 몸을 꾸며서는 안 될 것은 물론, 그것과 함께 부부간의 접촉도 끊을 것을 규정하고 있다.

그러나 이것은 한 달 중의 육재일(六齋日 : 매월의 8, 14, 15, 23, 29, 30일)이라든지 삼장재(三長齋 : 1, 5, 9월의 전반의 보름 동안)라든지 하는 때에만 지키라는 것이어서, 재가 본래의 생활을 아주

변질시키는 것은 아니다. 여전히 재가에게는 재가로서의 생활 방식이 있는 것이며, 도리어 그런 생활 방식을 어지럽힘 없이 지켜 가는 일이 교단을 지탱해 가는 요건도 되는 것이다. 상인은 장사를 하여 이윤을 얻을 것이 요망되는 법이며, 농업이나 공업 같은 생산에 종사하는 사람도 생산을 배가하여 이윤을 얻는 것은 오히려 필요한 일이어서, 모든 사람이 승려 같은 생활을 존귀한 것이라 하여 그렇게 되기를 바란다는 것은 사회 자체를 파괴하는 결과를 가져온다.

따라서 이런 팔재계는 어디까지나 재가 생활의 긍정이라는 기반 위에서 성립하는 데 지나지 않는다. 유마도 이러한 팔재계는 지키기도 했겠으나, 그렇다고 재가의 입장을 버리지는 않았고, 재계가 그의 생활 자체를 바꾸어 놓지는 못했을 것이다. 그러므로 경전이 처자 있는 가정인이면서도 음욕을 끊고 있다 한 것은 어느 특정한 때를 가리킨 것은 아니었다. 그의 일상적 가정 생활이, 아내를 사랑하는 남편으로서의 생활 그 자체가 모든 음욕을 끊은 생활이라는 뜻이다. 이 사회는 조금이라도 어느 인간의 외면적 행위가 청정해 보일 때 이것을 높이 평가하는 경향이 있으나, 그런 척도로서는 이미 헤아릴 도리가 없는 무엇이 여기에 있다고 할 수 있을 것이다. 선이니 악이니 하는 그런 사회 일반의 통념을 떠난, 그러한 대립의 상태를 초월한 무엇을 거기에서 발견하지 못한다면, 유마의 생활 방식을 이해할 수 없을 것이다.

이것을 다시 말을 바꾸어 이야기하자면 앞서 사리불이 좌선하고 있을 때에 유마가 나타나서 말했던 것을 떠올리게 한다고도

하겠다. 거기서는

> "깨달음의 길을 걸어가면서 세속적인 일상 생활을 보내는 것이 바로 좌선이다."

라고 했던 것이다.

이것은 여기에서 긍정된 현실 생활이 깨달음이라는 초현실적인 것 속에 살려져야 한다는 뜻이다. 따라서 음욕을 끊는다는 일을 여기에 비추어 본다면, 그것이 때로는 버려지기도 한다는 것이 아니라, 음욕을 끊는다는 형태에서 깨달음이 실현된다는 것이 될 줄로 안다. 유마의 일상 생활이 다만 어리석기만 한 사람들의 그것이 아니라, 깨달음의 길을 계속 걷고 있는 사람의 그것이라고 할 수 있다. 여기서는 승조(僧肇)가 지적한 대로 '도속일관(道俗一觀)'의 모습이 인정되는 것이다.

그리고 이 사실에 다시 한 마디를 추가한다면, 그것은 문수와 유마의 대화에서 나타난 유마의 다음과 같은 말이어야 할 것이다. 거기서는 이 육체가 탐심을 근거로 했으며, 그 탐심은 허망한 분별을 근거로 삼고 있다는 식으로 그 근거를 추구하여, 그 궁극적인 것이라 해서 다음과 같이 말하고 있다.

> "의지할 것 없는 상태(無住)에는 앞으로 근거가 될 만한 것이 없다. 이 의지할 것 없는 상태를 근거로 해서 모든 것이 이루어진다."

모든 만유의 근원이 이 의지할 것 없는 마음의 상태라는 것은, 그 의지할 것 없는 '공'에서 일체가 성립한다는 말이며, 일체의 대립을 넘어선 그곳에 일체의 현실의 모순도 대립도 상극도 그 근거를 발견한다는 뜻일 터이다. 현실의 상태가 용인되는 것은 선악의 대립을 초월한 이런 투철한 공에서 이루어지는 것이다. 그리고 이것을 말을 바꾸어 이야기하면 공으로서의 진실한 자기를 현실 속에서 살림으로써, 그 진실성을 확증시키는 일이 아니면 아니 된다. 생사와 대립을 넘어선 자유로운 자기가 이 현실 생활의 소용돌이 속에서 살아갈 때 비로소 진정한 자유를 얻는 것이 되며, 거기에 깨달음의 자비가 빛을 발할 길이 열리게 되는 것이다.
　앞서 『금강반야경』의

"집착을 떠나 그 마음을 일으켜야 한다."

라는 말씀을 든 적이 있었다. 여기서 집착을 떠난다 함은 '의지하는 바가 없다.'는 뜻이며, 여기서 말하는 '무주(無住)'와 상응하는 것이라 하겠다. 그리고 보면 여기서 말하는 집착을 떠난 마음이야말로 일체의 근원으로서 유마에 의해 포착된 것이라고 할 수 있다. 그러나 여기서 주목되는 것은, 『반야경』의 이 글에서는, 그것이 현실에 작용해야 하는 것으로서 설해지고 있지 않다는 점이다. 즉 집착 없는 마음을 구한 다음, 그 마음의 세계로 다시 돌아와야 한다는 것을 설하지 않고 있는 것이다.

그러면 왜 돌아올 필요가 있는가, 그 문제에 대해 다시 생각해 보기로 한다. 그것은 앞에 나온 '비도(非道)를 행하는' 일의 뜻이 어디에 있는지, 그 문제를 생각하는 것도 될 것이다.

## 보살의 자비

왜 보살은 부처로서의 깨달음에 이르기 위해 오역의 죄를 범하고 지옥에 떨어지는, 도리에 어긋난 행위까지도 하게 되는 것일까? 이 질문에 대한 대답은 그것이 보살의 자비 때문이라는 것이다. 이에 대해서는 앞에서 유마가 병상의 시중꾼으로 악마까지도 옆에 데리고 있었다는 사실과 관련해서 유마의 자비의 적극성이라는 것을 말했거니와, 이제 다시 이 보살의 자비에 대해 생각해 보면 그 본래의 존재 양식과의 관계에서 자비에 두 가지 면이 있다는 것을 지적할 수 있을 것 같다.

먼저 자비는 흔히 둘로 나누어 '즐거움을 주는' 자(慈)와 '고통을 제거하는' 비(悲)로 설명되는데, 이런 자비의 궁극은 아무래도 부처의 그것이어서, 이것을 특히 대자비·대자 대비라 부른다. 부처의 자비는 그것을 받는 모든 사람을 차별하지 않고 누구에게나 평등하므로 이를 '무연(無緣)의 자비'라고도 하거니와, 이런 자비에서 본다면 이 세상에서 행해지고 있는 자비 같은 것은 언제나 허위와 표리를 이루고 있어서 불철저함을 면할 길이 없을 것이다. 신란(親鸞)[128]이 말했듯이 이런 자비는 '생각하는 대로 구하는 참으로 고마운' 자비인 동시에, '금생에서는 아무리 불쌍하다, 가엾다 생각해도 아시는 바와 같이 구하기 어려우니까 이 자비는 완전하지 못하다.'고 할 수밖에 없는 성질의 것이다.

그러므로 자비가 정당한 자비가 되기 위해서는 중도에서 좌절되는 따위의 불철저한 것이어서는 안 된다. 마지막까지 베풀고 또 베푸는 것이 아니라면 자비심은 완전하다고 할 수 없다. 상대가 떨어져 가는 곳에는 어디까지라도 따라가서 최후까지 구원의 손길을 거두지 않는 철저한 자비가 요청되는 것이다. 그것도 자비는 누구라고 가리지 않는, 특정되어 있지 않은, 그리고 많으면 많을수록 더욱 바람직한 것이 되며, 누구의 고통이라도 대신 걸머지려는 자비가 되어야 한다.

앞서 유마의 병은 자식이 병이 나면 부모도 병드는 것과 같이 세상 사람들의 병을 구하기 위해 든 것이라 하여, 자비는 일체를 내던지고 돌봄이 없는 부모의 애정에 비유되기도 했지만, 그것은 부모의 자식에 대한 것 같은 관계도 초월한 것이어야 한다.

그런데 이런 자비는 자기 손을 조금도 더럽힘 없이 점잖게 획득되는 것은 아니다. 진흙 속에서 남을 건지기 위해서는 자기도 진흙 속에서 뒹굴어야 한다. 지옥이니 아귀니 그런 말로 상징되는 악의 현실 속에 들어가서 자기도 악에 물들어야 한다. 흙탕물에 빠진 사람을 구하려면 다른 뾰족한 방법이 없는 한, 자기 자신 그 속에 뛰어들지 않고는 구해 낼 수 없는 것이다.

---

128) 일본 정토 진종의 고승(1173~1261).

그러나 여기에서 주의하지 않으면 안 될 일은 진흙 속에 뛰어들어가 악에 물드는 것이 그대로 악에 물들어 버리고 마는 결과가 되어서는 안 된다는 사실이다. 악에 물들어 있으면서도 동시에 그것으로부터 벗어나 있어야 되는 것이며, 말하자면 물들어 있으면서 물들지 않고, 물들지 않았으면서 물들어 있는 그런 점이 없어서는 안 되는 것이다. 구하려다가 자기도 함께 빠져 죽는다면 구원도 헛된 노력으로 끝나게 되며, 도리어 자비의 구제라는 것이 얼마나 헛된 것인가를 보여 주는 것밖에는 안 될 터이다. 여기에서도 물들면서 물들지 않는다는 점이 자비의 근본적인 성격으로서 인정된다. 그리고 동시에 그 자비를 관철시키는 힘이 보살에게는 갖추어져 있어야 하는 것이다.

보살이 갖추는 그런 능력은 이미 밝혀졌듯이 '공'의 실천이라는 사실 속에 포함된다. 보살은 자기의 온 힘을 다해 공을 체득하여 공을 실천할 수 있는데, 그 사실이 그의 자비를 물들면서 물들지 않는 것으로 승화시키는 것이다. 아무것에도 집착함이 없는 공의 실천이 없고 보면, 그의 자비는 악에 물들기를 거부하든지, 아니면 아주 물들어 버리고 말든지 이 두 가지 중의 어느 것에 그칠 터이다.

그러나 공의 실천은 멈출 줄을 모른다. 그것은 정지 없이 계속하여 나아가지만, 꼭 이와 같이 보살의 자비도 물드는 것에 의해 다시 물들지 않는 것으로 정화를 계속하는 것이다. 물드는 것이 자기 정화가 되며, 그 정화는 다시 더 물들기를 요구함으로써 자기를 끝없이 정화해 가는 것이다. 이것이 보살이 걷는 깨달음의 길이며 그의 진실인 것이다.

## 부처의 깨달음의 씨

유마의 설명은

"깨달음의 경지(열반)를 나타내기는 해도, 생사의 세계를 끊어 버리지는 않는다."

라는 말로 일단 끝난다. 그리고 이번에는 유마가 문수에게 부처의 깨달음을 여는 씨(여래의 씨)는 무엇이냐고 묻고, 문수 쪽이 대답하게 되었다.
그런데 문수는 앞서 자기 주장을 정리하여,

"요점을 말한다면 무릇 잘못된 생각이나 번뇌의 전부가 부처의 깨달음의 씨이다."

라고 말했다. 그러나 이 대답은 너무 간단해서 그 뜻을 다하지 못한 느낌이 있다.
현실의 모든 악이 깨달음의 씨라고 한다면, 사람은 수행하여 이 악을 점점 깊게 해 가기만 하는 것으로써 깨달을 수 있다는 말인가? 또 이것은 누구에게서나 그런지 보살에 한한 일인지 확실치 않다. 그래서 문수는 그 뜻하는 바를 다시 설명하게 되는

데, 그 중에서 특히 주목되는 잘 알려진 말은 다음에 드는 연꽃의 비유이다.

"고원의 건조한 땅에서는 연꽃은 자라지 못하지만, 더러운 흙탕물이라면 잘 자라난다."

물론 연은 부처의 깨달음의 씨를 비유한 것이며, 흙탕물은 번뇌를 가리킨 말이다. 그러므로 번뇌의 흙탕물이야말로 깨달음의 씨를 성장시키고 꽃피게 할 수 있다는 뜻이리라. 그러나 여기서 주의해야 할 일은 흙탕물 자체가 연꽃인 것은 아니니까, 번뇌가 바로 깨달음의 씨가 될 수는 없다는 점이다. 그러나 이렇게 보면 번뇌가 깨달음의 씨라는 앞의 주장과 모순을 일으키게 된다. 그러면 이 비유를 어떻게 이해해야 되겠는가?

비유가 뜻하는 바를 명쾌히 나타내려 한 것이므로 여기에 주목하여 생각해 보면, 흙탕물은 연꽃 자체는 아니며 어디까지나 조건임을 알 수 있다. 인연이라는 말을 쓰자면, 흙탕물은 연(緣)이어서 간접적인 외적(外的)인 조건이라 할 것이다. 직접적인 내적(內的)인 인(因)은 이 경우 연이 된다. 그러고 보면 지금 번뇌를 깨달음의 씨라고 하는 것은 씨는 씨라도 외적인 간접 원인으로서의 씨인 것을 알게 된다. 그리고 내적인 직접 원인으로서의 연은 이 경우 세상의 모든 사람들을 가리키고 있다고 볼 수가 있어서, 이 사람들이 부처의 깨달음의 씨를 갖추고 있는 것이 된다. 말하자면 부처의 본성(佛性)이라는 것을 생각하여 이것을 길러 가는 행위를 씨라고 치고 있는 것이라고 볼 수가 있겠다.

그러나 여기서 또 하나 이 비유에서 말하는 고원의 건조한 땅이 무엇을 뜻하는지 생각해 두어야 하겠다. 이것을 경전에서는 '무위(無爲)를 보고 정위(正位)에 들어가는 사람'이라고 해서, 그 뜻하는 바는 생멸 변화를 초월한 영원 절대의 진실(무위)에 부딪혀 깨달음의 경계(정위)에 들어가 거기에 주저앉아 버린 사람을 말하는 것이어서, 이른바 이승(二乘)[129]을 가리키는 것이다. 따라서 여기서는 이승의 깨달음 속에 안주(安住)하는 한, 자기 속에 갖추어져 있는 부처로서의 본성을 성장시킬 수가 없다는 것을 뜻하는 셈이 된다. 그러기에 이런 것을 요약하여,

"영원 절대의 진실에 부딪혀서 깨달음의 경지에 들어간 버린 사람은 마침내 다시 부처님의 가르침을 일으키지는 못한다. 번뇌의 진흙에 빠져 있는 사람이 부처님의 가르침을 일으키게 된다."

라고 경전은 말하는 것이다.

그러나 번뇌가 깨달음의 씨라고 한다면, 이승의 사람들은 이미 얼마쯤 깨달음의 경계에 들어가 번뇌를 떨어 버렸으므로 도리어 깨달음의 씨가 없는 것이 된다. 그래서 이승은 '근패(根敗)'의 성자라고 『유마경』은 말하는 것이다. 경전은 이런 성자의

---

129) 성문(聲聞)과 연각(緣覺)의 두 소승.

한 사람인 가섭(迦葉)의 입을 빌려서 스스로 '근패'의 무리라고 말하게 하고 있는데, 딴 데서는 '패종(敗種)'이라고도 표현하고 있다. 여기서 근(根)이라 한 것은 눈·귀 따위의 다섯 감각 기관을 가리킨 것으로, 그것들이 썩어서 오욕(五慾)[130]을 받아들일 능력조차 없어졌다는 뜻에서 근패라 한 것이며, 패종은 씨가 썩어 버려 이미 부처로서의 깨달음을 추구하는 마음이 없어졌다는 것을 말하는 것이다.

이미 밝혀졌듯이 『유마경』은 이승을 다루되, 번뇌에 허덕이는 사람만도 못하다는 일선을 조금도 양보하려 들지 않는다. 대승 경전에 공통하는 입장을 견지하면서 소승의 성자를 소경에 비유하여,

"누가 소경 앞에서 색채가 찬란한 그림을 그린다 해도 그에게는 조금도 보이지 않듯이, 자기만의 깨달음에 열중하고 있는 성자는 모두 이 불가사의한 깨달음의 경지에 대해 들어도 이해하지 못한다."

라고 말하고 있는 것은 그 한 보기이다. 또 대승을 구하는 사람에게 소승의 가르침을 설하는 것을

"썩은 음식을 보배 그릇에 담아서는 안 된다. 이 비구들이 마

---

[130] 오근의 대상이 되는 것. 색(色)·성(聲)·향(香)·미(味)·촉(觸).

음에 생각하고 있는 것을 알 필요가 있으며, 유리를 수정과 같이 보면 안 된다.

……넓은 길을 가려는 사람에게 작은 길을 가르쳐서는 안 되며, 대해의 물을 소 발자국에 담으려는 것도, 햇빛을 반딧불과 동일시하는 것도 잘못이다."

라고 한 것도 소승을 경멸하는 한 보기가 될 것이다.

사리불이 피에로 같은 구실을 연출하고 있는 것도 이를 말하는 것이거니와, 여기서 또 주목되는 것은 세상의 어리석은 사람은 부처님의 가르침을 듣고 그 은혜에 보답할 수가 있는 데 비해, 소승의 성자에게는 그것도 없다고 되어 있는 점이다. 그리고 소승의 성자에게 그것이 없는 이유에 대해, 어리석은 사람들은 번뇌를 부처의 씨로 하여 오히려 깨달음을 구하는 마음을 일으키기에 부처님의 은혜에도 보답하는 것이 되지만, 소승의 성자는 깨달음을 구하는 마음을 일으키는 일도 없으므로 부처님의 은혜에 보답할 수도 없는 것이라 했다. 그러고 보면 번뇌야말로 깨달음을 구하는 마음을 일으켜 부처님의 은혜에 보답케 하는 것이라 할 수 있다.

앞서 보살은 일체의 악 속에 들어가 그것에 물듦으로써 깨달음에 도달할 수 있다고 했거니와, 세상의 어리석은 사람도 또한 일체의 악에 묻혀서 그것에 의해 부처로서의 깨달음을 구하는 마음을 일으켜 깨달음의 씨를 길러 갈 수 있는 것이어서 보살의 경우와 같다고 할 수 있다. 진실을 구하는 이는 도리어 진흙투성이인 악 속에서 자기를 정화시켜 갈 수 있는 것이다.

## 보살의 어머니

앞에서 말했듯이 가섭은 유마와 문수의 대화를 찬미하는 동시에 소승의 성자를 근패(根敗)한 이라고 한탄했던 것이거니와, 그 직후 청중 속에서 일어난 사람이 있었다. 보현색신(普現色身)이라는 이름의 보살이었다. 그는 유마에게 그의 부모와 처자와 친척은 누구이며, 하인이나 동복(僮僕)은 어디에 있느냐고 물었다. 유마는 이에 대해 시를 읊어 대답했는데, 구마라습이 번역한 것은 1구 5언, 42절에 미치는 긴 것이었다. 교묘한 비유를 자유롭게 구사하여 참으로 멋지며, 서두에서부터 이렇게 노래하고 있다.

지혜야말로 보살의 어머니요
방편을 가져 아버지 삼았거니
이 세상 사람 인도하는 스승[131]들도
아 모두가 이로부터 나셨네.

법(法)의 즐거움 이는 곧 나의 아내
자비의 마음 귀여운 딸이기에

---

131) 導師. 부처나 보살.

성실은 또 내 아들 되며
더 없는 공(空)은 내가 거처하는 집.


번뇌는 곧 내 제자이기에
나의 뜻대로 이를 부리며
도품(道品)[132]은 바로 선지식(善知識)[133]이라
이를 따라서 깨달음 얻고


나의 친구는 여섯 바라밀
사섭(四攝)[134]은 기생, 함께 노니네.
귀한 가르침 노래에 얹어
읊조리면서 즐기네, 오늘.[135]


 이 시를 읽고 맨 먼저 머리에 떠오르는 것은 유마의 개인적인
부모 처자와 권속에 대해 물었음에도 불구하고, 유마는 보살 일
반의 일로서 대답했다는 사실이다. 하기는 이런 일은 여기에 한
정된 것은 아니었다. 특별히 언급하지는 않았으나 앞서 문수가
유마의 병에 대해 물었을 때도, 처음에는 '내 병'이라는 말로 대

---

132) 열반에 도달하기 위한 여러 수도의 방법.
133) Kalyāṇamitra. 부처님의 가르침을 일러 바른 길로 나아가게 하는 사람.
134) 중생을 불도에 끌어들이는 네 가지 방법. 보시·애어(愛語)·이행(利行)·동사(同事).
135) 원시 : 智度菩薩母 方便以爲父 一切衆導師 無不由是生
 弟子衆塵勞 隨意之所轉 道品善知識 由是成正覺
 諸度法等侶 四攝爲妓女 歌詠誦法言 以此爲音樂.

답하다가 어느 사이엔가 '보살의 병'이라는 일반적인 문제로 주제를 바꾸어 이야기를 진행시켰던 것도 이것과 같은 보기라 할 것이다.

이 사실은 문제를 개인적인 것에 한정하지 않고 널리 일반적인 것으로 바꾸어 누구에게나 공통하는 문제로서 생각하려는 태도이다. 그러므로 그만큼 개인의 체험에서 보이는 것 같은 절실함이 없어지고, 초점이 흐려질 우려가 없지 않다. 그러나 개인의 문제는 어디까지나 개인의 문제이므로 이것을 일반적인 것으로 전화시키지 않는다면, 널리 공감을 불러일으킬 수는 없다고도 할 수 있다. 만일 개인적인 문제이면서 그것이 만인에게 공감을 준다면, 그것은 그 체험이 어지간히 공통성을 지니고 풍부한 내용을 갖고 있기 때문일 터이다. 모놀로그(monologue)나 일기가 남을 감동시키는 것은 그런 경우이다. 그러나 이것이 다이알로그(dialogue)로 옮겨질 때에는 개인의 것에서 일반의 것으로 전화되지 않을 수가 없게 된다. 대화에 임해서 개인의 입장에서 이야기할 수 있는 것도, 그것이 그대로 일반적인 성격을 띠고 있다는 것을 전제로 하고 있는 것이다.

따라서 유마가 '나의' 병이라고 말할 때 그것은 문수의 병과도 공통하는 성질을 지니고 있었던 것이겠다. 그런데도 그것을 구태여 '보살' 일반으로 바꾼 것은 이런 '내가' 빠지기 쉬운 그릇된 생각을 의식적으로 회피하려 한 것임에 틀림없다. 자아를 버리고 무아에 서려는 불교 본래의 태도가 여기에 뜻하지 않게 모습을 나타냈다 할 수 있다. 그리고 그와 동시에 더욱 주의해야 될 일은 그 보살이 유마라는 보살 개인이 아니라, 진실로 보살 일반으로서 포착되어 있다는 점이다. 내용적으로도 그것이 빈틈없이 들어맞는다는 것은 시의 몇 절을 드는 것만으로도 이미 명료하다 하겠다.

그런데 이 시의 처음 일절에서 지혜를 어머니로 하고 방편을 아버지로 삼는다는 말이 나오거니와, 이 지혜와 방편에 대해서는 이미 앞에서 말한 그대로라고 할 수 있다. 지혜와 방편은 그 결합에서 지혜가 기반이 되어 방편이 움직일 때도 사실은 지혜가 방편을 작용시키는 것이라고 생각되었다. 그러기에 '지혜의 방편'이라는 표현도 생겼던 것인데, 여기서 한 가지 주의할 점이 있다. 이제 다만 '지혜'라고 번역해 둔 것은 한역에서 확인되듯이 '지도(智道)' 즉 지혜바라밀(반야바라밀)이었다는 사실이다. 따라서 여기서는 지혜가 방편과 대응하는 관계를 넘어서 바라밀로서 방편을 포용하고 있다고 보는 것이 타당할지도 모른다. 그러나 우선 양자를 부모의 관계에서 파악하여, 이것을 양친으로 해서 '세상 사람들을 인도하는 스승'은 태어난다고 표현했던 것이다. 여기에서 말하는 '인도하는 스승'이 부처와 보살을 가리키고 있음은 당연하지만, 또 하나 왜 지혜바라밀이 어머니로서 다루어졌나 하는 문제에 대해서 약간 추가해 둘 필요가 있을 것 같다.

이에 대해서는 역자인 구마라습이 이미 언급하여 산스크리트 원어에 어머니의 뜻이 있다고 했거니와, 그것은 이 말이 여성 명사임을 말한 것이겠다. 그러나 그와 동시에 지혜바라밀이 사실

은 '불모반야(佛母般若)'라고도 불렸음을 생각할 필요가 있을 터이다.『대품반야경』불모품에

"심(深)반야바라밀은 능히 부처들을 낳는다."

라고 했고, 이 경의 주석서인 나가르주나(龍樹)의『대지도론』34권에서도

"반야바라밀은 여러 부처의 어머니이다. 부모 중 어머니의 공이 더욱 크기에 부처는 반야를 어머니로 하고 방편을 아버지로 삼는다."

라고 한 것이 그것이다. 그리고 인도에서는 아버지보다 어머니를 존중하는 경향이 있었던 것도 여기서 유의해 둘 필요가 있겠다. 이 사실은 이를테면 앞에 나온 오역의 죄에서도 살모(殺母)를 살부(殺父) 앞에 내세운 것이라든지, 오역에 대한 다른 해석에서는 살부를 빼고 살모만을 들고 있다든지 하는 사실에서도 이해할 수 있는 일이다. 또 석가 당시의 역사적 사실로서 유명한, 부왕을 죽인 아자세왕이 어머니를 해하는 데는 주저했던 사실 같은 것도 사정을 말해 주는 것이라 할 것이다.

또 방편은 다른 사람을 향해 움직이는 지혜의 실현으로서의 자비이며, 실천에 임해서는 대상의 차별을 넘어 집착하는 마음을 버리는 것과 함께 스스로의 공에 투철하여 적극적 능동적으

로 작용하는 힘을 갖추고 있지 않으면 안 된다. 그러기에 여기에는 남성의 능동적인 적극성이 요청되어 이를 아버지로 비유하게 된 것이다. 그리고 방편은 산스크리트로서는 우파야(Upāya)라 해서 남성 명사라는 점도 이 사실과 관계가 있을 것이다.

그런데 보살이 지혜바라밀과 방편을 부모로 하여 태어났다는 것은, 보살이 지혜바라밀과 방편을 실천 속에 살리고 있다는 뜻이 된다. 지혜바라밀과 방편이 피가 되고 살이 되어 한 순간이라도 멈추는 일 없이 맥을 치며 움직이고 있는 동시에 아낌 없이 보시되고 있는 모습이 여기에 나타나 있다. 따라서 이 두 가지에 의해 보살의 모든 것이 남김 없이 표현되었다 해도 과언이 아니다. 요점만을 말하자면 보살이라는 존재의 전모는 이것으로 다 했다고 할 수 있는 까닭이다. 아미타불이 보살 적에 세운 광명과 수명의 영원성을 얻고자 한 서원이 사실은 이 지혜와 자비(방편)를 말한 것이며, 그것이 이 부처의 모든 것을 상징하고 있는 것과 같다.

그러나 지혜바라밀과 방편을 이미 부모에 비유한데다가 질문은 처자와 권속에까지 미치고 있으므로, 유마는 이 두 가지 작용을 설명할 필요도 있어서 차례로 처나 딸이나 아들 따위에 대해서도 설해 가게 되었다. 이제 시가 말하려는 것에 대해 약간 설명을 가해 두자.

먼저 보살이 생애의 반려로서 '법'에 대한 즐거움을 지녀 간다는 일은 참으로 뜻 깊은 바가 있다. 이 경우 법은 진리를 말하는 것이겠지만, 보살 속에서 작용하는 지혜가 있고서야 비로소 영원의 진리를 구하는 즐거움이 생길 수 있다. 보살은 이 즐거움에 격려되어 이를 사랑하면서 이상을 위해 활동해 가는 것이다.

아내인 클라라와의 사랑에 의해 『여인의 사랑과 생애』나 『시인의 사랑』 같은 걸작을 쓴 슈만처럼, 또 아내 베라가 마르크 샤갈에게 언제까지나 '나의 연인'인 것처럼, '법의 즐거움'이야말로 보살의 반려요, 마음의 등불인 것이다.

그런데 다음의 딸로서의 '자비'는 자(慈)와 비(悲)의 둘을 말한 것으로 마음씨 착한 두 명의 딸에 비겼다. 아들로 되어 있는 '성실'은 현장(玄奘) 역에 의하면, '진실 제법(眞實諦法)'이라 번역되어 있는 그것으로서, 티벳 역에서는 '법과 두 가지 진리'라고 표현되어 거의 현장 역과 일치한다. 티벳 역이 이해하기 쉬우므로 이를 참조한다면, 법과 두 가지 진리가 보살의 두 아들이라는 것이 되나, 이 경우의 법은 앞에 나온 진리의 뜻이 아니라, 아마도 부처님의 가르침을 말하는 것일 터이다. 또 두 가지 진리란 이른바 이제(二諦)를 가리킨 것이어서, 세속적 진리와 세속을 초월한 절대적 진리를 뜻한다. 『대품반야경』 조명품에

"훌륭한 보살은 두 진리를 지니고 있어서, 세상 사람들을 위해 세속의 진리와 최고 진실의 진리를 설한다. 이 두 가지의 어느 것에서도 사람은 존재하지 않지만, 훌륭한 보살은 반야바라밀을 행할 때 방편의 힘을 사용하므로 세상 사람들을 위해 설하는 것이다."

라고 한 것이 그것이다. 두 진리의 어느 것에도 기우는 일 없이, 두 가지를 서로 적절히 써 가면서 세상 사람들을 이끌어 가야 하는 필요성이 잘 이해된다. 다만 이것은 구마라습 역과는 전혀 일치하지 않는다. 구마라습의 설명에 의하면 '성실의 마음'에서 사물을 잘 처리할 수 있으나, 그것은 마치 성실한 아들이 살림을 잘 꾸려 가는 것과 비슷하다고 되어 있어서, 이제의 뜻은 조금도 나타나 있지 않다. 원본부터가 전혀 달랐는지도 모른다.

그것은 어쨌든 보살이 공을 집으로 삼는다고 되어 있는 이 절의 끝 부분은, 보살이 딛고 서 있는 곳이 집착 없는 자유의 경지임을 나타내어 보살에 대한 설명이 일단 끝난 것으로 되어 있음을 알 수 있다. 따라서 다음 부분은 보살에 대한 보충 설명이라고 받아들여도 되겠다.

### 구원의 모습

보살이 수행하는 모습은 앞의 시에 이어 이렇게 노래되고 있다. 그 몇 절을 들어 이해에 도움이 되게 하고자 한다.

총지(總持)라는 이름의 그 동산에는
무루(無漏)[136]의 법의 나무 잘도 자라서

---

136) 번뇌가 모두 끊어짐.

활짝 핀 칠각(七覺)의 꽃이 고웁고
깨달음과 지혜의 열매 열렸네.

드넓으니 여덟 가지 해탈의 못에
시원한 삼매의 물결 넘치며
땅 위에 깔린 것은 일곱 개 정화(淨華)
목욕하는 그것은 때 없는 사람!

다섯 가지 신통(神通)은 말과 코끼리
대승의 법의 수레 이에 끌리고
일심(一心)의 채찍으로 이를 몰아서
팔정(八正)의 큰길에 노니신다네.[137]

여기에서 '총지'라 함은 이른바 다라니(陀羅尼)를 말한 것이어서 일종의 기억술이다. 사람들에게 가르침을 설하기 위해서는 보살이 이런 능력을 갖추고 있어야 할 것은 당연한 일이며, 이것을 얻고 있어야만 남을 이끌 수 있기 때문이다.

'칠각'은 깨달음을 얻기 위한 서른 일곱 가지의 수행 방법 속에 드는 것으로, 깨달음의 지혜를 돕는 구실을 한다. 이를테면 선(禪)에 의해 마음을 고요하게 하든지 마음의 평형을 유지하든

---

137) 원시 : 總持之園苑 無漏法林樹 覺意淨妙華 解脫智慧果
八解之浴池 定水湛然滿 布以七淨華 浴此無垢入
象馬五通馳 大乘以爲車 調御以一心 遊於入正路.

지 하는 따위이다.

또 '팔해탈'이라 함은 고요한 명상으로 탐심이 없는 경지에 들어가는 것을 말하고, 이것에 여덟 가지의 방법을 설정해서 점차 고도한 것으로 나아가 마지막에는 마음의 작용이 모두 없어진 무심의 경지(滅盡定)에 도달한다는 것이다.

'삼매(三昧)'는 마음을 한 대상에 집중하여 흩어지지 않게 하는 일이어서, 염불 삼매라 하면 염불에 전념하는 것을 말한다. 아쿠다가와 류노스케(芥川龍之介)의 소설에 『희작(戱作) 삼매』라는 것이 있거니와, 창작에 대한 전념을 뜻하는 그의 조어일 것이다.

또 '일곱 개의 정화'라 한 것은 청정한 행위를 꽃에 비유한 것이어서 '칠정(七情)'이라고 하며, 일상 생활을 청정하게 하는 '계정'이라든지 청정한 정신 통일인 '심정(心情)' 같은 일곱 가지를 가리킨다.

'신통'은 이른바 신통력이란 말이어서 초인적인 능력이다.

또 '일심'은 구마라습의 설명에 의하면 산스크리트 원본에서는 '화합(和合)'이라 되어 있다 하며, 말을 몰아 갈 때의 적당한 조화를 가리킨다고 본 듯하지만, 현장 역이나 티벳 역은 깨달음을 구하는 마음(보리심)이라 번역하고 있어서 이쪽이 이해하기는 쉽다.

'팔정의 길'은 이른바 '팔정도(八正道)'이다. 바른 사상·바른 사유·바른 말 따위 여덟 가지를 뜻한다.

이리 보면 보살의 수행이 얼마나 다기한 것인지 알 수 있다.

앞서 '바라밀은 법의 반려'라고 했고 또 '사섭이야말로 기생'이라고 했듯이, 보살로서의 대승의 수도가 일상 생활인 교우나 오락·유흥 같은 것을 통해 행해진다는 것을 알 수 있으나, 그뿐 아니라 일반적으로 소승의 성자가 행하는 일로 되어 있는 그런 것까지도 수도 속에 끌어넣고 있음을 짐작하게 된다.

그것은 대승 보살의 마음속에 자리를 차지한 수도가 어떤 것이라도 순화시켜서 보살의 혈육을 만드는 까닭이어서, 보살이 세상에서 미덕이라고 여기는 모든 덕목(德目)을 흡수하는 데 주저하지 않는 것은 모든 사람과 손을 잡고 이들을 구하겠다는 생각이 오로지 그 마음에 불타고 있기 때문이라 하겠다. 그리고 여기에서 노래된 시도 그런 사실을 계속하여 읊조리고 있다.

말을 바꾼다면 보살은 어떤 사람 곁에라도 있는 것이다. 다만 사람들은 겉모양에 얽매여서 그 속 모습을 눈치채지 못하기 때문에, 보살을 못 보는 것뿐이다. 이것을 더 철저히 하면 길가의 일초 일목에도 보살의 모습이 보이는데도 불구하고 사람들은 그것을 모르고 있을 뿐이라 할 수 있다.

이 시에

> 혹은 또 해가 되고 밤이면 달과
> 천상 세계 그곳의 임금도 되고
> 어떤 때는 땅과 물이 되기도 하고
> 어떤 때는 바람과 불이 되기도 하여[138]

라고 되어 있는 것이라든지, 약이 되어 병든 사람을 구하고, 음식이 되어 기갈을 면하게 한다고 노래하고 있는 것은 이런 사실을 말하는 것이리라.

그러므로 보살이 때로는 유흥가에 모습을 나타내어 창부의 몸이 되어 호색의 사나이들을 유혹하여 욕정의 갈고랑이를 끌어잡아당기는 수도 있으며, 교만한 마음을 지닌 사람에게는 어마어마한 장사가 되어 나타남으로써 그 마음을 꺾어 버리는 일이 있다 해도 아무 이상할 것이 없다. 사람들은 그것을 단순히 천한 창녀라 생각하고, 또는 함부로 주먹을 휘두르는 깡패쯤으로밖에 생각하지 않을지도 모르나 사실은 그것이 보살의 변신한 모습인 것이다. 스스로 돌아보아 깊이 부끄러워해야 하리라.

경은 이런 보살의 모습을 찬양하여

> 그 마음속의 바라는 것 살펴어
> 부처님 길로 이끌어 들인 다음
> 갖가지 방편 슬기를 다해
> 모든 사람의 마음을 채워 주네.
>
> 이리도 그 길 헤아림 없고
> 이리도 그 행(行) 가이 없으며
> 지혜는 또 끝난 데 모르기에

---

138) 원시 : 或作日月天 梵王世界主 或時作地水 或復作風火

한정도 없이 사람 구하네.[139]

라고 읊고 있거니와, 세상 사람들도 이를 듣고 깨달음을 구하는 마음을 일으켜 자신에 대해 깨닫는 바가 있어야 한다. 그러기에 다시 이렇게 노래하여 이 시를 끝내고 있다.

이 세상 있는 그 모든 부처들이
억겁에 다시 억겁을 지나면서
보살의 공덕 기린다 하기로니
마침내 그것 다하지는 못하리.

이 법 들은 이 그 누구 감히
깨달음 위해 발심(發心)[140] 안 하리.
불초한 사람, 그리고 어리석고
무지한 사람, 그 밖의 사람이면……[141]

---

139) 원시 : 隨彼之所須 得入於佛道 以善方便力 皆能給足之
如是道無量 所行無有涯 智慧無邊際 度脫無數衆.
140) 보리심을 일으킴.
141) 원시 : 假令一切佛 于無數億劫 讚歎其功德 猶尙不能盡
誰聞如是法 不發菩提心 除彼不肖人 痴冥無智者

# 침묵

## 대립

 보살을 찬미하는 유마의 시도 끝났다. 사람들은 보살이 세상 사람을 구하기 위해 생각도 미치지 못할 일까지 하고 있다는 것을 알았다. 자기 주위의 어딘가에 보살이 있을지도 모른다는 것을 이해하게 되어, 아마도 『법화경』에 나오는 상불경(常不輕) 보살의 심경을 맛보는 듯한 생각에 잠겼으리라. 그리고 자기도 또 그와 같이 되고 싶다는 서원을 세웠을 것이 틀림없다. 유마가 깨달음을 구하는 마음을 일으키도록 권하는 말을 솔직히 받아들였을 것으로 생각한다. 그렇다면 유마의 시는 일단 목적을 다한 셈이 된다 할 것이다.
 그래서 유마는 이에 화제를 돌려서 깨달음의 내용을 어떤 것이라 생각하는지, 그런 문제에 대해 그 자리에 있는 많은 보살들의 의견을 듣자고 제안했다. 이리하여 보살들이 각자의 입장에서 생각하는 바를 피력하는 장면이 펼쳐지게 되었다.

그러나 여기서 깨달음의 내용이라는 것을 다만 막연히 문제삼아 가지고는 의견이 여러 갈래로 갈라져서 혼란을 일으킬 우려가 있다. 그래서 경전 편집자는 이것을 '불이(不二)'라는 표현으로 제한하여 사고를 정리하려 든 것 같다. 이는 참으로 교묘한 문제의 설정이라 하겠다. 왜냐하면 불이는 절대 평등을 나타내고 있어서 진여(眞如)니 법성(法性)이니 또는 법신(法身)이니 하는 사물의 있는 그대로의 진실한 모습을 나타내려는 표현과 같은 것인 동시에, '이(二)'라는 대립하는 것을 발판으로 하여 진실 그것에 육박하고자 하는 표현이기 때문이다. 말하자면 '불이'의 이를 어떻게 파악하는가 하는 단서가 여기에서 발견될 것이기 때문이다.

하기는 여기서 다루어지는 '이'가 반드시 대립하는 것만을 뜻하고 있는 것은 아니다. 흰 빛과 붉은 빛, 또는 붉은 빛·푸른 빛·노란 빛 따위 삼원색 같은 것은 병립하는 관계에 있다고 생각되지만, 그런 점이 여기서도 인정되는 까닭이다. 그러나 '이'가 거의 대립을 나타내는 말로서 쓰이고 있다는 것은 의심할 여지가 없다.

그런데 대립은 우리가 접하는 현실의 모습 그것이라 한다면 과언이라 할 것인가? 우리가 접하게 되는 모든 것은 이 대립 속에 있는 듯이 보인다. 작은 가정 안을 둘러보기만 해도 남편과 아내, 부모와 자식, 형과 아우라는 따위의 대립이 발견되며, 이 것이 사회로 펼쳐지면 신구 사상의 대립이라든지, 보수·혁신의 대립, 또는 노자(勞資)의 대립, 끝에 가서는 동서 양진영의 대립 같은 것이 되어 버린다. 오른쪽이라 하면 왼쪽이라는 대립을 피할 수가 없는 것이 우리 현실이다. 그러나 생각해 보면 사실은 이 대립은 통일 위에서 유지되어 있는 것이다. 대립하고 있다는 것은 대립하는 것이 서로 반발을 일으키고 다투면서 거기에 하나의 통일을 만들어 내고 있음을 말한다. 따라서 대립 없는 곳에는 통일도 있을 수 없다. 그리고 대립이 있음으로써 진보도 있고 발전도 기대할 수 있는 것이겠다.

그런데 대립은 균형이라는 조화 위에 통일되기를 바라고 있다. 만약 그 대립이, 한쪽이 다른 쪽을 타도하고 제압하는 방향으로 움직여 가는 형태에서 통일되고자 한다면, 그 통일은 새로운 대립을 불러일으키지 않고는 가만히 있지 않게 된다. 그것은 새로운 통일을 바라는 새 세력에 의해 낡은 통일로서 배격될 것이다. 이는 변증법의 기본 성격이어서 대립은 언제까지나 전개되어 그치는 일이 없다. 그리고 이것이 역사적 현실의 모습인 것이다.

그러나 그와 같다면 이상은 어찌 되는가. 이상은 일시적인 통일이 아니며, 그런 대립의 영원한 해소에서 오는 균형을 뜻하는 것이 아닌가? 좌우가 오르내림이 없는 저울대에서 보는 것 같은, 세 발로 안정을 유지하는 솥에서 보는 것 같은, 대립이 있으면서 통일을 얻고 있는 상황이 이상의 모습은 아닌가? 그리고 그런 상태는 없는 걸까? 만약 그것이 있을 수 있다 하면, 종교야말로 그것을 모색하고 있음에 틀림없고, 깨달음이야말로 그런 대립 위에 세워진 통일이라고 생각할 수는 없을 것인가?

불이(不二)란 절대 평등의 통일이다.

그것은 대립으로서의 '이'를 초월하고 있으나, '이'가 없어져 있는 것은 아니다. '이'를 초월하는 동시에 '이'를 내포하고 있다. 아니 '이'를 초월하는 동시에 '이'에 돌아와 있다. '이'에 돌아와 '이' 속에서 활동하고 있는 것이며, '이'가 바로 불이(不二)가 되는 것이다. 앞에 나온 '비도(非道)를 행한다.'는 것도 이런 것의 일단이라고 할 수 있을 터이다. 부처의 깨달음을 상대성을 넘은 절대적 허무에까지 밀어 올리려는 듯이 보이는 것은 소승의 가르침이거니와, 대립을 넘으면서 대립 속에 작용하는 것으로서 포착되는 것이 대승의 가르침인 것이다.

## 불이(不二)

'불이'는 산스크리트로는 아두바야(a-dvaya)라 하며, 중성 명사로 쓰일 때는 통일성(unity)이라든지 동일성(identity), 또는 궁극의 진리(ultimate truth)라는 뜻이 된다. 따라서 불교에서도 이를 깨달음의 뜻으로 하여 절대적인 평등을 나타내는 개념으로 사용한다.

『대품반야경』의 보기에서 말한다면, 실제품(實際品)에 어떤 것도 '이'로 보지 않고 그릇된 이해를 하는 일이 없으면, 그것이야말로 지상 완전한 깨달음이어서 '깨달음(보리)은 곧 불이(不二)의 모습'이라고 했다. 그러나 또 불이(不二)를 절대적 평등이라 보면서, 이 불이의 '상(相)'에 얽매이는 것은 공을 깨달은 사람의 태도는 아니라 하여, 그것이 훌륭한 깨달음의 수행을 나타내는 가르침인 경우에도 그런 것에 대해

"이(二)라는 상(相)을 생각하면 안 되고, 불이(不二)라는 상을 생각해도 안 된다. 왜냐하면 그 법성(法性)은 모두 공(空)이어서, 그 성공(性空)은 이(二)라는 상에 의해 생각할 것도 아니요, 불이(不二)라는 상에 의해 생각할 것도 아닌 까닭이다."

라고 설한다.

여기서는 상대적인 차별에 얽매이는 것을 '이(二)라는 상(相)'이라 하고, 절대적인 무차별한 평등에 집착하는 것을 '불이(不二)의 상(相)'이라 말한 것이어서, 이 두 가지 집착은 다 공의 뜻을 모르는 태도이므로 함께 버려야 한다는 사실을 나타내려 한 것이겠다. 그러나 지금 유마가 '불이'라고 한 것은 상대적인 차별과 상대 관계를 맺는 절대적 무차별인 것이 아니라, 오히려 그 상대 관계를 넘어선 절대 무차별의 평등을 말한다. 대립을 떠난 '불이'이다.

따라서 서로 대립하는 양자가 생각되는 한 어디까지나 부정을 계속하는 '불이'이지만, 그런 대립을 끊어 버릴 수 있을 때에는 거기에서 종결을 볼 수 있는 '불이'이다. 전자의 '불이'는 깨달

음을 구하는 과정에서 나타나는 '불이'이리라. 그러나 후자의 그것은 궁극의 깨달음 자체를 가리키는 것이다. 유마는 이제 그런 절대 평등한 경지에 대해, 어떻게 대립을 떠나야 그것을 얻을 수 있겠는지 질문을 던졌던 것이다.

그런데 여기에 동석했던 보살 중에서 이에 대해 소견을 말한 사람은 서른 두 명이나 된다. 경전은 그 사람들의 주장을 하나하나 들고 있어서 조금 지리한 느낌이 없지 않다. 이를테면 먼저 법자재(法自在)라고 불리는 보살은

"생하는 일과 멸하는 일은 서로 대립(二)하고 있으나, 모든 존재(法)는 본래 생하는 일이 없으니 따라서 멸하는 일도 없다. 그러므로 이 이치를 깨달아 편안함을 얻는 것이 곧 절대 평등의 경지(不二法門)에 들어가는 일이라 생각한다."

라고 말했으며, 그 다음에 덕수(德守) 보살은

"인간이라는 개체 그것(我)과 그것에 소속하는 것(我所)은 서로 대립하고 있으나, 이 개체 그것이 있기에 그것에 소속하는 것도 있게 되는 것이어서, 만약 이 개체 그것이 없다면 그것에 소속하는 것도 없어지게 된다. 이 이치를 깨닫는 것이 절대 평등의 경지에 들어가는 일이라 생각한다."

라고 말했다. 더욱 차례차례 같은 식으로 의견을 말해 가기 때문

에 약간 골치 아픈 생각을 갖게 한다. 다시 거기에다가 삼십 명이 넘는다고 하여 가지고는 어딘가에서 끊어 버리고 싶은 생각을 일으키는 것이 당연하다. 그리고 사실 삼십 명이 아니라 이십 명이나 열 사람이었다고 해도 별 관계는 없었을 것으로 보인다. 왜냐하면 생(生)과 멸(滅)이라는 두 대립에서도 상상되는 바와 같이, 이런 대립은 얼마든지 생각해 낼 수 있을 것이기 때문이다.

이제 그 대립을 어떤 모양으로 나타내고 있는지, 얼마쯤 열거해 보면 이런 식이다. 감수(感受)하는 것과 감수하지 않는 것, 더러움과 깨끗함, 마음이 움직이는 것(動)과 대상을 구하여 그 모습을 포착하는 것(念), 하나의 외형적인 모습을 지닌 것(一相)과 아무 모습도 없는 것(無相), 세상 사람들을 구하고자 하는 보살의 마음과 자기만의 깨달음을 생각하는 성자(聲聞)의 마음, 선과 악, 죄악과 복덕, 번뇌가 있는 것과 없는 것, 직접 간접의 여러 조건에 의해 만들어진 생멸 변화하는 것(有爲)과 만들어진 것이 아닌 생멸 변화를 초월한 영원 절대의 것(無爲), 속세와 그것을 떠난 청정한 세계, 생사와 궁극적인 깨달음(열반) 등 대체로 이러한 대립들이다.

또 이런 대립도 보인다. 공인 것과 차별상을 떠난 것과 바라는 생각이 없는 것, 부처와 그 가르침과 이를 받드는 교단, 신체와 입과 마음의 행위들, 일반적인 선행과 악행과 이런 것들을 초월한 행위.

그러나 물론 단순히 나열로 끝나고 있는 것은 아니다. 이런 둘이나 또는 세 가지 개념이 어째서 대립하는 것으로서 포착되었는가를 설명하고 나서, 그 다음에 절대 평등의 경지를 나타내려 하고 있다는 것은 어느 것에서나 일단 이해된다. 그러므로 여기서 말하는 것처럼 무미 건조하지는 않다. 다만 전후하여 서술되는 의견에는 별로 연락이 지어져 있지 않으므로 하나하나가 당돌한 느낌을 주는 것은 어쩔 길 없다. 하기는 그것도 생각하기에 따라서는 하나하나가 신선미를 갖고 있다고도 할 수 있을지 모르나, 이른바 클라이맥스를 향한 진행이 결여되어 있다. 평탄하지 않은 울퉁불퉁한 길의 연속이어서 다소 지치게 만든다. 그래서 지금은 23의 보기를 들어서 설명에 대신하고자 한다.

이를테면 희견(喜見) 보살은 이렇게 말하고 있다.

"물질적 현상(色)과 그 현상이 공인 것(色空)은 서로 대립하고 있으나, 물질적 현상은 그대로가 공이어서 물질적 현상이 없어졌기 때문에 공인 것은 아니다. 물질적 현상의 본성이 원래 공인 것이다. 이와 같이 감각도 표상도 의지도 그대로가 공이다. 마음과 마음이 공한 것과도 대립하고 있지만, 마음이 그대로가 공이지 마음이 없어졌기 때문에 공이 되는 것은 아니다. 마음의 본성이 원래 공인 것이다. 이렇게 체득하는 것이 절대 평등의 경지에 들어가는 일이라 생각한다."

이를 읽고 어쩌면 『반야심경』의 문장을 생각하는 독자도 있을는지 모른다. 특히

"색은 공과 다르지 않으며, 공은 색과 다르지 않다. 색은 그대로 공, 공은 그대로 색이다. 수(受)[142] · 상(想)[143] · 행(行)[144] · 식(識)[145]도 또한 이와 같다."

라는 부분이 머리에 떠오를 것이다. 『반야심경』은 이 뒤에 가서 공 속에는 색도 수 · 상 · 행 · 식도 없으며 이를 인식할 수도 없다 하고, 그것은 '무소득(無所得)' 때문이라 하여 과거 · 현재 · 미래의 모든 부처도 이 반야바라밀에 의해 최고 완전한 깨달음을 얻었고 또 얻을 것이라고 설하나, 취지는 거의 일치함을 짐작할 수 있다. 여기서는 얽매임이 없는 상태(無所得)가 강조되어 있는 것 같은데, 이런 얽매임 없는 상태를 『유마경』에서 문제삼은 이는 보인(寶印) 보살이다.

"궁극의 깨달음(열반)을 원하는 일과 미혹의 속세를 싫어하는 일은 대립하고 있으나, 만약 이 깨달음을 원하는 일도 속세를 싫어하는 일도 없을 때에는 이 대립은 없다. 왜냐하면 번뇌의 속박이 있으니까 깨달음의 해방도 있을 수 있지만, 만일 원래 속박이 없었다면 해방을 구하는 사람은 아무도 없을 것이기 때문이다. 속박도 없고 해방도 없으면, 그 때에는 원하는 것도 싫어하는 것도 없을 것이다. 이것이 절대 평등의 경지에 들어

---

142) vedanā. 감각.
143) saṃjña. 생각하는 작용.
144) caryā. 행동.
145) vijñāna. 인식 작용.

가는 일이라 생각한다."

여기서는 번뇌를 버리고 깨달음에 이르려는 소원도 대립의 하나라 하여 버려지고, 이런 대립에 대한 집착을 떠나는 것이 진실한 깨달음에 들어가는 일이라고 친 것이다.

이상과 같이 어쨌든 대립 관념에 대한 집착을 버릴 것이 한결같이 설해진다. 그리하여 의견 있는 사람은 거의 의견 진술을 마치게 되고 마지막으로 문수만이 남았다. 그래서 많은 보살들은 당신은 어떻게 생각하느냐고 문수의 견해를 묻게 되었다.『화엄경』의 입법계품(入法界品)에, 선재 동자(善財童子)가 문수의 가르침을 듣고 나서 수많은 선지식을 찾아 도를 묻고 다시 문수에게 돌아왔다가 마지막으로 보현(普賢) 보살의 서원을 들은 다음 서방의 극락 정토에 태어날 것을 기원했다는 사실이 설해져 있거니와, 그 구성을 떠올리게 하는 것이 있다. 여기서도 문수가 보살들의 의견에 결론을 내림으로써, 의견의 교환을 끝맺게 된다.

## 침묵

마침내 문수가 입을 열었다.

"내 생각 같아서는 모든 것에 대해서 말할 것도 없고 설할 것도 없고 나타낼 것도 인식할 것도 없어서, 일체의 문답을 떠나는 것이 절대 평등의 경지에 들어가는 일이라 여겨진다."

잘 쓰이는 말에 언어 도단(言語道斷)이라는 표현이 있다. 말도 안 되는 소리라는 뜻으로 쓰이는 것이 보통이나, 사실은 글자 그대로 설명할 길이 끊어졌다는 뜻이어서, 불교 용어로서는 심행 소멸(心行所滅)이라는 말을 그 뒤에 붙여서 사용하는 것이 관례가 되어 있다. 깨달음의 경지는 말로도 생각으로도 포착할 수 없다는 것을 나타내는 문구여서, 언망 여절(言亡慮絶) 같은 말과 통한다. '마음도 말도 끊어진' 경지라는 것이다.

문수가 대답한 뜻도 이것이어서, 절대 평등의 불이(不二)가 이것도 저것도 아니라고 설해 보아도 그것이 설해지지 않는다는 것을 말하고자 한 것이다. 이것도 아니라는 것은 이것을 설함으로써 이것을 매개로 하고야 비로소 설할 수 있게 되는 것이며, 저것도 아니라는 것도 똑같이 말할 수가 있으니까, 결국 대립(二)을 설한 다음에 이를 부정하지 않으면 안 되게 되어 우선 대립이 설해질 것을 전제로 하고 있는 것이 되기 때문이다. 그러므로 문수는 이 대립(二)을 세우고 그 차별에 의해 사유하든지 설하든지 하는 과오를 버리라 하여, 그것은 벌써 언어나 사유로 미칠 것이 아니라고 말한 것이다. 설하려 들면 일(一)을 설하는 대신 이(二)를 설할 수밖에 길이 없는 것이다.

그러나 생각해 보면 그것이 사유나 언어를 초월한 것이어서 무엇이라 말할 수 없다고 하는 것은, 역시 그렇게 말한 것이 되고, 말할 수 없다고 생각한 것이 된다. 그렇다면 말할 수 없다고는 말할 수 없게 된다. 말할 수 없는 것을 말하려 든 잘못이 여기서는 의문으로서 남게 된다. 말할 수 없는 것을 말하려고 한 말에 대한 집착이 아직 여기에 느껴진다.

 그런데 문수는 이렇게 말하고 나서, 당신은 어떻게 생각하느냐고 유마에게 물었다. 유마가 최초로 제기했던 질문이 자기에게 되돌아온 셈이다. 그러나 이 장면에 대해 언급한 경전의 말은 참으로 간결해서,

"유마는 오직 침묵하여 한 마디도 입을 열지 않았다."

라고 되어 있을 뿐이다. 문수가 말할 수 없다고 한 것을 몸으로써 나타내는 듯한 느낌이다.

 그러나 이것은 문수의 말꼬리를 잡아서 말할 수 없다고 하면서 말할 수 없는 것을 말해 버린 문수의 모순을 찌르기 위해 다만 그것을 몸으로써 나타내려 한 것뿐이었을까? 결코 그렇지는 않을 것이다. 한결 적극적인 뜻을 지닌 침묵임에 틀림없다. 예로부터 이 침묵을 가리켜서 '유마의 일묵(一默)은 만뢰(萬雷)와 같다.'고 한 것은 그런 사정을 말한 것으로 보인다. 그것은 침묵을 통해, 밖으로 작용해 가는 적극성이 그로부터 용솟음쳐 나오고 있음을 가리킨 말이리라.

 말하자면 그 침묵이 모든 행동이나 언어 표현의 원천이며, 그로부터 아무것에도 구애되지 않는 자유 자재한 작용이 끊임 없이 흘러나온다는 그런 것임에 틀림없다. 아니 그것은 가능성으로서 그런 것이 아니라, 현실에 작용하고 있다는 것을 말한 것으로 생각된다. 침묵은 절대 평등의 경지를 나타내는 방법으로서

존재하는 것이 아니라, 그런 경지에 들어가 있는 모습이 될 것이다. 말하자면 깨달음의 경지 자체의 나타남이며 그 이외의 아무것도 아닌 셈이다. 그것은 침묵과 언어의 대립을 넘어선 불이(不二)의 침묵으로서 부처의 사자후(獅子吼)[146]에도 대응하는 성질의 것이며, 가장 단적인 자비의 모습이라고도 할 수 있으리라. 여기에 유마 그 사람의 전체가 유감 없이 발휘되어 있는 것이다. 그러기에 문수도 그 묵연히 앉아 있는 모습 속에서 유마가 체득한 깨달음의 전모를 직감하여

"훌륭하다, 아 훌륭하다!"

라고 탄성을 발할 수밖에는 없었던 것이다. 『유마경』 3권은 오직 이것을 나타내기 위해 씌어진 것이라 한다면 지나친 말이 될까?

앞에서 보살들은 언어를 써서 여러 가지 모양으로 진실을 나타내려 했다. 그들이 설한 내용이 잘못이었다고는 할 수 없다. 그러나 그것은 어디까지나 진실의 핵심에 육박한 것이라고는 할 수 없었다. 한 부분을 들어 전부를 나타내려 한 데가 있었던 것이다. 문수는 그 과오를 눈치채고 진실을 단적으로 말하려 하였다. 그리고 그것은 확실히 두각을 나타내어 자못 훌륭한 것이었다. 그러나 말로 나타내려 한 것에 그가 진실에 육박하고자 하면서 마침내 이루어 낼 수 없었던 한계가 있었다. 이른바 신 위에

---

146) 부처님의 설법을 사자의 울부짖음에 비긴 것.

서 가려운 데를 긁는(隔靴搔痒) 느낌을 면할 수 없었던 것이다. 그러나 유마는 진실 자체에 단적으로 육박하여 그것을 파악하고 말았다. 거기에는 이미 모든 매개체가 버려지고, 바로 진실 자체가 전모를 보였다고 해도 좋은 것이다.

이미 다언은 불필요하다. 유마를 따라 붓을 놓자.

# 정토(淨土)와 예토(穢土)

## 향기의 나라

노(能)[147]나 무악(舞樂)에는 서(序)·파(破)·급(急)[148]이라는 것이 있는데, 문수의 질문에서 시작해 유마의 침묵으로 끝난 이 장면은 바로 이 서·파·급의 구성을 보는 듯한 느낌이 든다. 문수의 결론적인 말에서 유마의 침묵으로 옮아가는 부분은 파에서 급으로 넘어가는 대목이어서, 숨 막힐 듯 급박한 템포로 급변하는 바람에 마음이 얼떨떨해지는 생각이 없지 않다. '만뢰(萬雷)와 같다.'는 뜻의 일단은 여기에 있다고 여겨진다. 이리하여 그

---

147) 일본 특유의 무악.
148) 일본 아악의 절도를 나타내는 칭호. 서는 악곡의 최초 부분으로 악기의 반주가 없다. 파는 중간 부분으로 반주가 차차 많아지는 것. 급은 최종 부분으로 반주의 박자가 급박해지는 것.

자리에 있던 사람들도 유마의 침묵이 있은 다음, 잠깐 동안 그를 흉내내어 침묵을 지키게 된다. 깨달음이란 이런 것이었던가 하고 고요히 마음속에서 되새겨 본 것이리라.

이윽고 유마가 사리불 쪽을 향해 고요히 말을 걸었다. 왜냐하면 사리불은 엉뚱하게도 속으로 점심 걱정을 하기 시작했기 때문이다. 앞에서도 언급했듯이 출가는 낮이 지나면 비시식(非時食)이라 하여서 밥을 먹지 못하는 규칙이 있으므로, 출가를 포함하여 이 많은 사람들이 점심을 어떻게 할 것인지 사리불은 그것이 마음에 걸렸던 것이다.

유마에게는 그 마음의 움직임이 눈으로 보는 듯이 똑똑히 느껴졌다. 그래서 유마는 사리불에게 수도할 본분을 잊고 어째서 밥 걱정 같은 것을 하느냐고 탓했지만, 곧 생각을 돌려 그렇다면 아직 한 번도 맛본 적이 없을 굉장한 음식을 여러분에게 제공하겠노라고 나왔다.

이윽고 명상에 들어간 유마는 초인적인 능력을 발휘하여 대중 앞에 한 정토를 출현시켰다. 그것은 지상에서 위쪽을 향해 갠지스 강의 모래 만한 수효의 42배나 되는 많은 나라를 지난 곳에 있는 중향(衆香)이라는 정토인바, 나라 전체가 온갖 향기로 가득 차 있는 고장이었다. 그곳에는 향적(香積)이라는 부처를 중심으로 보살들만이 살고 있어서, 언제나 설법이 행해지고 있는 이상 국가였다. 마침 이 정토에는 향적불을 비롯하여 보살들이 모여 밥을 들고 있는 중이었다.

그래서 유마는 한 사람의 화신(化身)[149] 보살을 만들어 냈다.

그리고 그 정토에 가서 부처님을 만나 남은 밥을 얻어 오도록 일렀다. 명령을 받은 화신의 보살은 멀리 그 나라를 향해 떠나갔다. 그리하여 그 부처님을 예배하고 나서, 유마가 시킨 대로 부처님의 덕을 저 지상에 사는 사람들에게도 베풀어 주십소서 하고 청했다. 그 자리에 있던 중향국 보살들은 이 보살이 어디 사람인지 몰라 부처님에게 물은즉, 부처님은 이 보살은 석가모니의 나라에서 온 사람으로 마침 지금 유마는 보살이 불가사의한 깨달음을 나타내어 가르침을 설하고 있는 중이기 때문에 이 화신의 보살을 보내 온 것이라고 설명하였다. 그리고 부처님이 발우 가득 향기 높은 밥을 담아 내어 주자, 그 나라의 보살들은 입을 모아 석가모니불에게 공양을 드리고 또 유마를 비롯한 그 나라의 보살들도 만나고 싶다고 부처님에게 청원하기에 이르렀다. 부처님은 이를 허락하며 갈 때에는 몸의 향내를 지우고 가도록 분부하고, 그 나라 사람들에게 비굴감을 일으키게 해서는 안 된다고 주의를 주었다.

이런 상황이 지상 사람들에게는 하나하나 눈앞에 있는 듯 보였다. 마치 파노라마를 보는 듯한 정경이거니와, 지상의 보살과 중향국의 부처나 보살의 연결도 마르크 샤갈의 그림을 보는 듯한 환상적인 분위기를 띠고 있다 하겠다.

이윽고 화신의 보살은 밥을 얻어 가지고 중향국의 보살들과 함께 돌아왔다. 유마는 그 향기로운 밥을 여러 사람 앞에 내놓으

---

149) 부처나 보살이 중생 구제를 위해 몸을 나타내는 것.

면서, 부처님이 자비로 베푸신 이 밥을 소화 못 시키는 일이 있어서는 안 되겠다고 말했는데, 그 자리에 있던 석가의 제자들은 의아한 표정을 지었다. 이 얼마 안 되는 밥을 가지고 어떻게 이 엄청난 사람들에게 나누어 줄 수 있으며, 도대체 소화니 무어니 하는 말이 우스꽝스럽다고 생각한 것이다. 그랬더니 이를 눈치 챈 화신의 보살이 이런 생각을 탓했다. 헤아릴 수 없는 복덕과 지혜를 갖춘 부처님의 음식은 아무리 많은 사람이 아무리 오랫동안 먹더라도 다하는 법이 없다. 어리석은 마음으로 부처님의 지혜를 헤아려서는 안 된다. 이렇게 나무랐다. 그리고 사실 그 몇 만이나 되는 사람들이 배부르게 먹었는데도 음식은 조금도 줄어들지 않았다. 더욱 마음은 편안하고 즐거웠으며, 몸에서는 비유할 길 없는 아름다운 향기가 풍겨 나오는 것이 아닌가.

## 정토

그런데 이와 같은 일에서 주목을 끄는 것은 여기에 나타난 정토에 대한 견해이다. 여기서는 앞에 나온 '마음이 청정하면 그 부처님의 나라도 청정하다.'는 식의 사고 방식과는 다른 것이 느껴지며, 정토를 특정한 부처님의 나라라고 보고 있는 점이 눈길을 끈다. 이것은 이 지상 세계는 고통에 가득 찬 곳이기에 이를 참을 수밖에 없는 세상이라 하여 사바(娑婆, sahā)라 부르고, 석가모니불을 다섯 가지 더러움(五濁)[150]에 충만한 악세·말세에 나타나신 것이라 보아 이 중향 정토와 대조시키고 있는 것으로도 짐작이 간다.

그러나 여기에서 또 하나 지적할 수 있는 것은 이미 밝혀졌듯이 이 정토가 갔다가 돌아올 수 있는 곳으로 묘사되어 있다는 점이다.

이 경전에는 아미타불이니 아촉불이니 하는 이름이 보이고, 특히 뒤에서는 유마가 아촉불의 묘희국(妙喜國)으로부터 왔다는 것을 밝히고 있는 것도 이를 말하는 것으로 여겨진다. 그리고 이것은 아미타불의 정토도 지금의 이 시점(時點)에서 갔다가 돌아올 수 있는 정토로서 파악되고 있음을 말하는 것이 아니겠는가.

대승의 경전은 부처는 수없이 많고 따라서 정토도 한없이 있다고 보았으나, 그런 정토와 이 사바를 동시적(同時的)으로 포착하여 왕래를 생각하는 것은 일반적인 경향이어서, 이 경도 그 점에서는 거의 보조를 같이 한다고 생각해도 되겠다. 『대품반야경』 왕생품에도 부처님의 나라에 왕래하는 사실이 설해져 있다. 그러나 이것이 아미타불의 정토가 되면 사후의 세계라고 보는 것이 정토교 일반의 사상이 되어 있거니와, 그것이 여기서는 다른 부처들과 똑같이 다루어지고 있는 듯한 인상을 준다. 앞에 나온 사리불과의 대화에서 천녀는 유마의 방에는 여덟 가지 불가사의가 있다 하여, 유마가 원하면 이 방에 석가모니불 · 아미타

---

150) 나쁜 세상에 있는 다섯 가지 더러움. ① 겁탁(劫濁) - 전쟁 · 기근 등의 재앙. ② 견탁(見濁) - 타락한 사상. ③ 번뇌탁 - 사람의 마음이 번뇌로 흐려짐. ④ 중생탁 - 사람들이 악행을 짓는 것. ⑤ 명탁 - 수명이 차차 짧아지는 것.

불·아촉불 같은 시방(十方)의 부처님들이 나타나 깨달음을 설하는 것도 그 하나로 들고 있는데, 이렇게 부처들을 나란히 늘어 세우고 있는 일은 어쩌면 그런 사실을 말하는 것이 아닐까? 다만 딴 대목에서는 사후 다른 정토에 태어나는 여덟 가지 법에 대해 설하고 있음은 주목되는 사실이라 하겠다.

이상은 여러 부처들과의 관련에서 아미타불의 정토에 대해 언급한 것이거니와, 그런 정토는 보살이 부처가 되는 과정에서 어떻게 하여 건설되는가 하는 문제가 되면 『유마경』에서는 설명을 들을 수가 없다. 이제 이것을 『대품반야경』에서 찾는다면, 그 도수품(道樹品)에서 보살을 가리켜 '여불(如佛)'이라고 부르고 있음이 먼저 눈에 띈다.

여불이란 산스크리트로는 타다타붓다(tathatābuddha)이다. 따라서 여(如)는 진여(眞如)의 여이어서 진여를 말한다. 그것은 사물의 있는 그대로의 모습 즉 본성이며, 영원 불변의 진실 그것이다. 말하자면 일체의 차별상을 초월해서 절대 불이(不二)의 일(一)이며, 부처로 말한다면 법신(法身)이다. 『반야경』에서는 법성이니 실제(實際)니 하는 따위 여러 가지 말로 표현되고 있으나, 모든 존재의 본체(本體)를 가리킨다는 점에서는 차이가 없다.

그런데 왜 보살을 여불(如佛)이라고 할까? 그 이유로서 모든 세상 사람들에게 이익을 준다는 점이 지적되지만, 또 모든 것에 대해 설할 때 '여(如)를 가지고 설하며' 이 '여(如)를 배우는' 까닭이라고 한다. 그리고 이를 설명하여 다음과 같이 말했다. 뜻을

취하여 말하면,

"보살은 여(如)의 반야바라밀을 배워야 한다. 이를 배울 때 모든 것의 여(如)가 배워진다.
모든 것의 여(如)를 배울 때 모든 것의 여(如)가 몸에 갖추어지며, 모든 것의 여(如)에 자유 자재일 수 있게 된다.
그리 되면 어떤 사람의 능력이나 진실한 모습이나 그 소원과 지혜 같은 것도 알게 되어서 모든 사람에게 이익을 주고, 이익을 줌으로써 부처님의 나라를 청정하게 하고, 부처님의 나라를 청정케 하는 것에 의해 부처의 지혜(一切種智)를 얻게 된다."

라는 것이다. 말하자면 보살이 진여의 바라밀을 실천함에 의해 모든 사람의 상태를 정확히 파악하여 이들에게 이익을 끼쳐 주는 것이 부처님의 나라 곧 정토의 건설이며 성불하는 길이 된다는 것으로, 단적으로 말하면 진여의 바라밀을 실천하는 자체가 정토의 건설이라는 것이다.

이렇게 보아 오면서 여기서 생각나는 것은 앞서 유마가 '지혜야말로 보살의 어머니'라고 노래한 시의 일절이다. 거기에는 또

여러 부처의 나라와 사람들이
모두 공인 줄 알기는 아네마는
정토를 세울 수도를 오로지 해
모든 사람을 가르쳐 인도하네.

라는 것이 보인다. 보살은 부처님의 나라도 세상 모든 중생도 일체가 모두 공인 줄 알면서도, 그 공인 정토를 여기에 건설하여 세상 사람들을 구제하려 한다는 것이어서, 정토를 건설하는 일 자체가 그대로 구제가 됨을 말하고 있다. 따라서 그 정토는 정토로서 고정된 정토가 아니며, 정토를 공이라고 관찰하고 난 다음의 정토, 말하자면 공의 실천으로서의 정토임을 알게 된다.

그것은 진여의 반야바라밀의 실천과 말은 다르지만 별개의 것이 아니다. 또 그 정토는 이 더러운 땅 그대로의 정토여서 이 밖의 어딘가에 다른 정토가 있다는 주장과는 근본이 다르다는 것을 알아야 한다.

## 악과 선

점심이 끝나고, 방 안을 메운 향기에 마음 포근한 한때가 흘렀으리라.

그때 유마는 중향 정토에서는 부처님께서 어떤 모양으로 가르침을 설하시느냐고 물었다. 그랬더니 거기서 온 보살들은 자기 나라의 부처님은 말로 설법하시지 않고 다만 갖가지 향기를 풍김으로써 가르침을 드리우며, 보살들도 이 향기를 맡는 것으로 명상에 들어가 일체의 공덕을 얻는 것이라 대답했다.

이름이 중향 정토이니 그것은 어쩌면 당연한 일인지도 모른다. 그리고 사실 그런 일은 가능하기도 할 것이다. 사람들은 아무리 설명을 들어도 모르다가 어떤 조건이 주어지면 바로 이해하는 일이 있는데, 그렇듯 언어는 만능이 아니다. 사물의 주변에서 핵심에 다가가는 기능은 있으나 핵심 자체는 잡지 못한다. 조건만 갖추어져 있고 보면, 한 번 꽃을 따 보이는 것만으로도 그 뜻을 이해하는 수가 있다. 석가는 언젠가 한 송이의 꽃을 따서 보이며 눈을 깜짝인 적이 있었다. 그 자리에서 이를 본 사람들은 그 뜻을 알지 못해 어리둥절했지만, 가섭(迦葉) 혼자 그 마음을 알아차려 미소를 지었다고 한다. 염화미소(拈華微笑)라 하여 선(禪)에서는 많이 오르내리는 말이거니와, 그것에 준하는 것으로서 향기를 생각하면 되리라.

이에 대해 유마는, 석가의 설법은 강한 표현을 써서 이 세상 사람들의 완고한 마음을 억누르고 조정한다고 말하고, 이렇게 하면 이런 과보(果報)가 있다는 식이어서 도에서 벗어난 모든 행위를 금지한다고 설명했다. 하기는 이런 금지(律) 밖에도 여러 가지가 설해지고 있으나, 전체로서는 행해서 안 될 가지가지를 들어 사람들의 마음을 조정한다고 보는 것이 정당할 터이다.

그런 중에서 이제 우리의 주의를 끄는 것은, 이른바 십악(十惡)과 십선(十善)이다. 십악의 내용은

1) 산 것을 죽이는 것
2) 훔치는 것
3) 간음하는 것
4) 망령된 말을 하는 것
5) 거짓말을 하는 것

6) 욕을 하는 것
7) 말을 꾸미는 것
8) 탐심을 내는 것
9) 성내는 것
10) 나쁜 생각(邪見)을 품는 것

들이며, 이것을 범하지 않도록 노력하는 것이 십선이다. 이 두 가지를 십업도(十業道)라 하여 이런 행위가 통로가 되어서 고(苦)나 낙(樂)의 과보를 얻게 된다고 한다. 어쨌든 이 십악·십선은 대승과 소승에서 공통적으로 강조하는 것으로, 그런 뜻에서는 『유마경』이 지니는 특이성은 인정되지 않는다.

그러나 여기에서 이 통상적인 십선과는 다른 십선의 파악이 있음을 주의하고 싶다. 그 내용은

1)~6) 여섯 바라밀을 행해 사람들을 인도하는 것
7) 불도 수행의 장애를 제거하는 방법을 가르쳐 여덟 가지 장애(八難)[151]로부터 구해 내는 것
8) 대승을 설하여 소승에 속하는 이를 구하는 것
9) 복덕이 없는 이를 여러 가지 선행의 씨로 구제하는 것
10) 세상 사람을 깨달음으로 이끄는 네 가지 방법(四攝)을 써

---

151) 불법을 닦기 어려운 여덟 가지 장애. ① 지옥 ② 축생 ③ 아귀에 태어나면 고통이 심해 닦기 어렵고, ④ 장수천 ⑤ 울단월에 태어나면 향락이 많아 닦기 어렵고, ⑥ 귀머거리·소경·벙어리가 되면 닦기 어렵고, ⑦ 세속적인 일에 너무 총명하면 닦기 어렵고 ⑧ 부처님 출생 전이나 후에 태어나면 닦기 어렵다는 것.

서 사람들을 구하는 것

들이다. 이런 십선은 특수한 것이어서 달리 비교할 데가 없으나, 만약 이것을 다른 통상적인 십선과 같이 보살이 행하는 것으로 친다면 그야말로 대승의 계율로서 주목거리가 되지 않을 수 없을 것이다. 여기에서는 스스로 삼가는 것(戒)보다 다른 사람에게 이익을 주는 일이 전체를 일관하는 근본 이념이 되어 있으므로, 보살의 계율로서 흔히 일컬어지는 '삼취 정계(三聚淨戒)' 중의 섭중생계(攝衆生戒)에 해당하는 것이라고 할 수 있지 않을까 한다.

이것을 조금 보충하여 설명한다면 이렇게 된다.

지금 말한 '삼취 정계'는 대승의 계율 중 가장 대표적인 것으로 여겨지고 있다. 계율을 대승과 소승으로 나누어 말한다면, 소승 계율은 지금도 남방 불교 국가에서 시행되고 있는 융통성이 없고 딱딱하며 형식적이어서 겉모양을 중시하고 금지 항목으로 꽉 묶여서 무엇보다도 자기 자신의 구제를 목표로 하는 것이거니와, 대승의 그것은 이해 방식에 폭이 있고 형식적이기보다는 정신적이어서 마음의 문제를 중요시하며 특히 그 행위가 지킬 것으로 요구되고 있는 규율에 합치하는 동시에 세상 사람들의 구제를 염두에 두고 행해졌는지 어떤지를 중시한다. 따라서 각기 깨달음에 연결되는, 계율을 지킨다는 자리(自利)의 행위가, 남을 구제하는 이타(利他)의 행위와 일치해야 한다고 여기는 것이다. 그리고 그것을 나타내는 것이 이 삼취 정계의 이념이다.

삼취 정계는 섭률의계(攝律儀戒) · 섭선법계(攝善法戒) · 섭중생계(攝衆生戒)의 셋으로 이루어져 있다. 섭률의계는 부처님이 정하신 계율을 지킴으로써 악을 범하지 않도록 하는 것을 목표로 한 것이며, 내용으로서는 앞에서 말한 재가의 오계라든지 팔계와 출가의 십계 · 구족계 같은 것을 포함한다고 보인다.

이에 대해 자진하여 선을 행하려 하는 것이 섭선법계이며, 섭률의계와는 마치 등을 맞댄 것 같은 관계에 있어서 십악에 대한 십선 같은 것이라 하겠으나, 반드시 십선에만 한정되지 않고 착한 일 · 바른 일 일체가 여기에 포함되므로 부처님의 가르침에 따른 선이란 선 모두를 행하는 것이라 하겠다.

그런데 셋째의 섭중생계가 세상 사람들의 구제를 위해 노력하는 것을 주안(主眼)으로 삼고 있음은 앞에서 말한 바와 같다. 따라서 앞의 두 가지가 자기의 구제를 중심으로 한 자리(自利)의 규율임에 대해, 셋째의 섭중생계는 이타의 계율이라 하겠다.

이런 '삼취 정계'는 물론 초기 대승 경전이 성립했을 때에는 전혀 나타난 바 없다. 적어도 공의 사상을 체계 세운 나가르주나 이후의 것이라 할 수 있다. 그러므로 지금 갑자기 『유마경』의 이 특수한 십선을 가지고 섭중생계에 해당한다고 보는 것은 온당한 일이 아닐지도 모른다. 그러나 계율은 십선이 십악과 손을 잡아 수레바퀴처럼 평행하여 나가는 그런 점이 있으며, 또 '칠불통계게(七佛通戒偈)'라는 것에

    어떤 악도 짓지 말고(諸惡莫作)

선은 모두 행하거라.(衆善奉行)

라고 한 데서도 알 수 있듯이, 반드시 선악의 두 가지 위에 서서 타율적인 소극성과 자율적인 적극성을 가지고 있는 바이므로, 이런 십선을 계율이라고 볼 소지는 이미 마련되어 있다 하겠다.

그것은 어떻든 여기서 말하고 싶은 것은 『유마경』이 이런 이타행(利他行)을 십선이라 하여 강조하였다는 점이니, 이런 사고방식이 근본이 되어서 삼취 정계 같은 보살의 계율이 성립하게 되지 않았나 생각되는 바이다. 인도에서 성립된 것인지 의심을 받고 있는 대승 경전이긴 하지만, 『보살영락본업경(菩薩瓔珞本業經)』에 보살을 위한 계율을 정리하면 삼수문(三受門 : 삼취 정계)이 된다 하고, 그 중 섭중생계는 이른바 자·비·희·사의 넷이라 하고 있다. 자·비·희·사는 곧 '사섭(四攝)'을 말함이며, 이것은 앞에 나온 십선의 열째 것에 해당하는 것이다.

앞서 계율에 제일인자라는 우바리가 유마에게 모든 것은 꿈이나 환상 같은 것이며 이 이치를 아는 것이 계율을 지키는 일이라고 말한 것을 알고 있다. 말하자면 그것은 여섯 바라밀 중 지계(持戒)바라밀에 해당한다 할 수 있는데, 이제 여기서는 그것까지도 아울러 십선 속에 포함시키고 다시 그 모두를 이타 구제라는 보살 본래의 사명 안에서 정리하고 있는 것이다. 이 사실은 특히 주목되어야 할 일이라고 생각한다.

그런데 이 특이한 십선이 설해진 다음, 유마는 중향 정토에서 온 보살들의 청에 의해 이 사바 세계의 보살들이 정토에 태어나기 위하여 어떤 수행을 하고 있는지에 대해서, 여덟 가지 방법을 제시했다. 그 방법이란 태어나고 싶은 나라의 부처님 이름을 부른다든지, 부처님 일을 여러 가지로 명상한다든지 하는 성질의 것은 아니며, 특히 문제삼을 만한 것도 없으므로 여기서는 언급치 않겠다. 한마디로 극히 소박한 '왕생(往生)'[152] 사상이라고나 하여 두자.

그리고 여기에서 제2막의 막이 내린다.

## 불사(佛事)

유마가 중향국의 보살들과 이야기하고 있을 무렵, 부처는 암라수 우거진 정원에서 설법을 하고 계셨다. 여기서 무대는 일변하여 다시 원래의 정원으로 옮겨 간다. 제3막이 시작된 것이다.

그런데 갑자기 이 정원이 몹시나 넓어지고 아름다워지는 한편, 그 자리에 있는 모든 사람의 얼굴이 금빛으로 빛나기 시작했다. 기적(불가사의)이 나타난 것이다.

부처님 곁에 있던 아난다는 의아한 생각을 금할 수가 없었다. 그래서 부처님에게 어째서 이런 기적이 나타나게 되었느냐고 물었더니, 그것은 유마와 문수가 많은 사람들과 함께 이리로 찾아오려 하고 있기 때문이라는 것이었다. 그리고 이윽고 유마를 비롯한 한 떼의 군중이 눈 앞에 나타났다. 더욱 놀랍게도 유마는

---

152) 죽어 정토에 가서 태어남.

그의 초인적인 능력을 발휘하여 그 많은 사람들을 각기 사자좌에 앉힌 채, 이를 오른 손바닥에 얹어 가지고 온 것이었다.

이리하여 형식대로 인사가 끝나자, 부처님은 사리불을 향해 유마의 자유 자재한 초인적인 힘이 어떤 것인지 알았을 것이라고 말씀하고, 아난다는 또 어디선지 풍겨 오는 이 향기는 대체 무엇이냐고 부처님에게 물었다. 이런 대화가 이어지다가, 이윽고 아난다는 이 향기는 언제 없어지느냐고 유마에게 다시 물었다. 유마는 각기 그 사람이 얻은 도에 따라 차이가 진다고 설명해 주었다. 사람에 따라 중향국의 음식을 소화하는 능력에 차이가 있기 때문이라는 것이다. 소승의 성자와 보살의 차이, 또 보살 중에서도 다음에 태어날 때 부처가 될 것이 약속되어 있는 이른바 '일생 보처(一生補處)'의 보살은 초심(初心)[153]의 보살과 다르다는 것이다.

아난다는 이 설명을 듣고, 부처님에 따라 그 덕을 나타내는 방식이 이렇게나 틀리는가 하고 놀라지 않을 수 없었다. 중향국의 향적불은 향기 높은 음식으로 중생을 제도하고 있는 것이니까.

여기서 부처님은 부처님의 나라에 따라 이 밖에도 중생을 인도하는 여러 가지 방식이 있음을 말씀했다. 그것을 하나하나 열거하는 것은 번잡스럽기도 하여 여기서는 자세히 옮길 필요를 느끼지 않으나, 이를테면 부처님에게서 나오는 빛에 의해 중생을 이끄는 나라가 있는가 하면, 부처님이 만들어 낸 환상적 인간

---

153) 초발심(初發心)의 준말. 처음 뜻을 일으킨 것.

에 의해 교도하는 고장도 있으며, 또는 허공을 보게 하여 인도하기도 하고, 또는 고요히 있으면서 말 소리 하나 내지 않고, 설하는 일을 나타내 보이는 일도 없고, 마음 하나 안 움직이고 아무 것도 하지 않는 가운데서 인도하기도 한다는 따위이다.

> "부처님의 행주좌와(行住坐臥)·일거수 일투족, 그 하는 일 모두가 중생을 인도하여 부처님의 덕을 나타내지 않는 것이 없다."

라고 설하는 것이다.

여기에서 '중생을 인도하여 부처님의 덕을 나타낸다.' 한 것은 불사(佛事)라는 말의 번역이거니와, 부처님은 그것을 모든 행위에서 성취할 수 있다는 것이다. 이 불사에 대해 『유마경』보다는 뒤에 성립한 것으로 보이는 『관무량수경(觀無量壽經)』이라는 정토종 계통의 경전에는 이런 말이 보인다. 극락 정토에서 보배로 장식된 나무들에 열매가 열리면, 그 열매는 빛을 발하여 당번(幢番)[154]이나 보개(寶蓋)로[155] 바뀌는바, 이 '보개 중에 삼천 대천 세계의 모든 불사를 비친다.' 했다. 또 극락의 못에 피는 연꽃에는 네 기둥으로 된 당번이 어느 사이엔가 나타나고, 그 당번에는 보배가 달려 있어서 온갖 빛을 발산하거니와 그 빛은 여러 가지 모양으로 모습을 나타내어 금강석의 대(臺)가 된다든지, 진주의

---

154) 법당을 장식하는 데 쓰이는 기.
155) 인도에서 해나 비를 가리는 데 쓰는 일산. 이것에 보석을 달아 꾸민 것.

그물이 된다든지, 온갖 빛깔의 꽃으로 장식된 구름이 된다든지 하는 식으로 '뜻대로 변화하여 불사를 베푼다.'고도 했다. 또는 아미타불의 협시(脇侍)[156] 보살인 세지 보살 정수리의 육계[157]에는 보배로 된 병이 있어서, 갖가지 빛을 내어 널리 불사를 나타내고 있다고도 했다. 여기서는 부처님이 다른 모습을 매개하여 불사를 나타내는 것이라고 본 것일 터이다. 부처님의 작용이 다른 사물의 모습 속에도 나타나서 불사가 베풀어진다고 치는 것이다.

따라서 이로부터 세상의 모든 사람도 경우에 따라서는 눈에 안 보이는 부처님의 힘에 의해 불사를 나타낼 수 있게 된다고 생각하게 되었다. 『야수경(野守鏡)』이라는 책에 음악의 덕을 찬미하여

"내전(內典)[158]에 나타난 음악의 덕을 본다면, 반야경에서는 일체 제법(모든 존재)은 소리가 된다고 설하고, 마하지관(摩訶止觀)[159]에서 소리는 법계(法界)[160]라 일체법을 갖춘다고 한 것을 비롯하여, 여러 경전에서 밝힌 바가 소리의 덕만한 것이 없다."

---

156) 협사(脇士)라고도 한다. 부처님 좌우에 모시고 있는 보살. 관음·세지가 아미타불의 협시요, 문수·보현이 석가모니불의 협시인 것 같은 따위.
157) 부처나 보살의 정수리에 상투 모양으로 솟은 살덩이.
158) 불교 경전. 그 밖의 경전을 외전(外典)이라 함.
159) 천태종의 지의가 지은 책. 법화경의 실천적인 면을 밝힌 것.
160) dharmadhātu. 진여.

라고 설했고,

"법도 화상(法道和尙)은 산 채 극락 세계에 가서 타카라이케(寶池)의 물결 소리를 길게 끄는 염불로 살려서 전했고, ······ 또 현장은 범망계품(梵網戒品)[161]을 사막의 처절한 소리로 불렀기에 출가는 이를 배우고 재가 신자는 이를 숭상하여 불사를 행하는 데는 이 길을 제일로 쳤다."

라고 한 것은 이런 것과 관련이 있을 터이다. 이는 염불을 부르고, 참회하는 법문(法文)을 읊고, 범망경 경문을 읽는 것이 불사라고 생각된 것을 말하는 것이다.

후세에서 불사를 법요(法要)[162]와 연결해서 법회(法會)[163]나 추선(追善)[164]을 가리키기에 이르렀거니와, 이는 이런 사고 방식의 연장이라 말할 수 있을 것 같으며, 또 백거이(白居易)[165]의 말에

"금생에서 세속적인 문자를 사용하여 광언 기어(狂言綺語)를 일삼는 업을 가지고, 앞으로 올 세세(世世)에서는 불승(佛乘)[166]을 찬미할 인(因), 법륜(法輪)[167]을 미는 연(緣)으로 삼고

---

161) 『범망경』의 한 대목. 대승의 계율을 설한 것.
162) 죄나 죽은 사람을 위해 기도하는 의식.
163) 설법하는 집회.
164) 죽은 사람의 명복을 비는 것.
165) 당(唐)의 대시인. 자를 낙천(樂天)이라 함.

자 한다."

라고 한 것도 이런 이해와 관계되는 것이리라. 말을 다시 첨가한다면 백거이의 이 글은 『화한낭영집(和漢朗詠集)』에 실려 있어서 사람들의 입에 오르내림으로써 와카(和歌)[168]나 가요가 불도 수행의 하나라는 생각을 일으키게 했는데, 소리는 불사를 이룬다는 사고 방식인 것으로 보인다.

그런데 부처님은 앞서, 부처의 하는 일 모두가 세상 사람들을 인도하여 그 덕을 나타내는 불사라고 설했던 것인데, 여기서 부처님은 다시 세상 사람들을 괴롭히는 번뇌를 통해서 불사를 행한다고도 말씀하였다.

"이 세상에는 네 가지 마(四魔)[169]와 그로부터 나온 8만 4천의 번뇌가 있어서, 세상 사람들은 그런 것 때문에 지쳐 있지만, 여러 부처님들은 그런 번뇌를 통하여 세상 사람들을 인도하며, 부처님의 덕을 나타낸다."

이 말도 참으로 인상 깊은 데가 있다. 말하자면 명의가 독을 사용하여 병자의 독을 제거하는 것 같은 종류의 말이 여기에 설

---

166) 부처님의 가르침.
167) 부처님의 가르침.
168) 일본 특유의 정형시. 31자로 자수가 제한되어 있음.
169) 네 가지 방해물. 번뇌, 오음, 죽음, 자재천. 자재천을 마라 하는 것은 그것이 선행을 방해하기 때문.

해진 것이니까. 그러나 구체적으로는 번뇌를 있는 대로 일어나게 함으로써 그 사람에게 깨달음의 기회를 만들어 준다는 뜻일 터이다.

이를테면 그리 적절한 보기라고 할 수 없을지 몰라도, 석가를 항상 모시고 있던 아난다를 전다라(旃陀羅)[170]의 딸이 사모하게 되어 그 처녀 어머니의 주력(呪力)[171]에 의해 넋이 빠져서 몽유병자처럼 여자 집을 찾아간 일 같은 것은 이에 해당하는지도 모른다. 부처님은 초인적인 힘을 작용시켜서 아난다의 슬픔의 소리를 듣고, 아난다가 사랑의 포로가 되었음을 알자, 불가사의한 힘을 나타내어 이를 구해 냈다. 그러나 아는 체한다면, 부처님은 이미 이리 될 줄을 알고 있으면서 일부러 아난다를 애욕의 포로가 되도록 내버려 두었다고도 생각할 수 있다.

그런데 이런 일을 보면서 생각나는 일은, 언제 어느 때에 번뇌에 허덕이는 이 몸이 깨달음으로 비약할 수 있을는지 어리석은 마음으로는 정확히 알 수 없거니와, 그 기회는 우리 신변에 늘 뒹굴고 있는 것이 아닌가 하는 점이다. 사람들은 이 사실을 무엇이 불사로서 작용할지 모른다는 일과 똑같이 명심해서 알아 두어야 한다. 그것은 부처님의 자비를 항시 몸 가까이 느낀다는 일이기도 하나, 그런 자비를 느끼게 하는 것이 마음을 어지럽게 하는 이 번뇌의 불꽃이라고 한다면, 번뇌야말로 무엇과도 바꿀 수 없는 부처와 중생을 맺어 주는 유대인 셈이 될 것이다. 번뇌가

---

170) candalā. 천업인 백정·옥리 따위가 되는 계급.
171) 주문의 힘.

있으니까 비로소 부처님도 그것을 통해 구원의 손길을 뻗칠 수 있게 되는 것이다.

## 부처

 이리하여 부처님의 손 하나 발 하나 놀리는 것이 중생을 인도하여 부처님의 덕을 나타내는 불사라고 친다면, 부처가 중생을 인도하기 위해 여러 가지 나라를 나타내는 것도 당연하다 하겠다. 얼른 보기에 더러움이 가득한 것처럼 보이는 경우에도 그것은 인도의 수단이어서, 중생의 더러운 마음을 고쳐 주고자 하기 때문이다. 앞서 사리불이 이 지상의 불국이 더러움에 충만되었다고 본 것은, 사리불의 마음의 상황이 그렇게 만들었을 뿐, 사실은 비길 데 없는 정토였다. 부처님은 그것을 눈으로 보게 해주었던 것이다. 그러고 보면 부처님의 나라는 어느 것이나 저 하늘에 차이가 없듯 차별이 없음이 틀림없다.

 그런데 이 사실은 또 부처의 지혜는 말할 것도 없고, 용모 그것에도 차이가 없음을 말하는 것이라고 이해하지 않으면 안 된다. 부처에게 구비되는 용모·형체와 빛깔, 뛰어난 육체적 특징인 32상, 또는 가문 같은 것을 비롯하여 부처에게 갖추어지는 다섯 가지 공덕(五分法身)[172]이나 자비로 집약되는 열 여덟 개의 특질(十八不共法) 같은 것, 또는 그 수명 따위에 이르기까지, 모든 것은 어느 부처에게나 구비되어 있는 것이다. 그러기에 부처를

"이름하여 삼먁삼불타(三藐三佛陀)라 하고, 이름하여 다타아가도(多陀阿伽度)라 하고, 이름하여 불타(佛陀)라 한다."

라고 경전은 기록하고 있다. 그리고 이 세 가지 말의 의의는 무한한 생명을 지닌 이라 해도 마침내 다 들을 수는 없다고 설하고 있는 것이다.

여기에 구태여 산스크리트의 원음을 그대로 음역하고 있는 사실에는 그 뜻에 끝이 없다고 하는 일종의 신비성을 부여하려 든 의도가 있겠거니와, 다른 지겸의 번역이나 현장 역에서는 의역을 채택하고 있다. 즉 삼먁삼불타는 사먁삼붓다(samyaksambuddha)의 음사여서 자세히는 다시 아누타라(anuttara)를 위에 붙여서 쓰며, 무상정등각(無上正等覺) 또는 등정각(等正覺)이라 번역한다. 말하자면 최고 완전한 깨달음을 얻은 사람이라는 뜻이다.

다타아가도는 타다가타(tathagāta)의 음사로, 흔히는 여래(如來)라 번역하고 때로는 여(如)라고도 한다. 이 말은 타다(tathā)에 주체가 있으며, 이것은 여(如)라 번역한다. 원어의 뜻은 '그와 같이'라는 것이어서, 법(法)과 같이 알고 법과 같이 설하므로 여라고 해석된다. 이 여를 진여(眞如)라 쳐서 앞에 나온 '여불(如佛)' 같이 봄으로써, '여로부터 온' 사람이라고 해석하는 것이 중국·일본에서는 통례가 되어 있다. 불타는 앞에서 언급한 그대로이다. 이런 원어를 그대로 내세워 부처라고 불리는 이의

---

172) 부처가 갖추고 있는 다섯 가지 공덕. 계신(戒身)·정신(定身)·혜신(慧身)·해탈신·해탈지견신.

포착하기 힘든 궁극의 모습을 말하려 한 것이었을까? 말하는 김에 이 세 가지 명칭은 여래의 별명으로서 일컬어지는 십호(十號)의 처음과 아홉째에 해당한다는 것을 덧붙여 두고자 한다.

그런데 이야기가 앞뒤로 바뀌기는 하지만, 부처의 문제가 나왔으므로 이에 대해 경이 뒤(견아초불품)에서 서술한 바를 살펴보자. 거기에서 석가는 유마에게 그대는 나를 만나러 왔거니와 대체 나를 어떻게 보고 있는가 하고 물었다. 이에 대한 유마의 대답은 다음과 같았다. 길기에 요점만 추려서 말한다면 이런 것이 된다.

"우선 부처님의 신체는 과거에 생긴 것도 아니요, 미래에 없어질 것도 아니며, 또 현재 여기에 있는 것도 아니라 여겨진다. 따라서 물질적 현상(色) 내지 마음(識)이라고 볼 수도 없으며, 네 가지 원소(四大)나 주관·객관의 대립에서 생각되는 일체의 존재에서도 포착되지 않는다.

또는 미혹의 세계(此岸)에 있는 것도, 깨달음이 세계(彼岸)에 있는 것도, 그 중간에 있는 것도 아니다. 명칭이나 형상도 없고, 깨끗함이나 더러움도 없으며, 인연에 의해 생긴 것도 아니요, 영원 절대의 것도 아니다. 나타내는 일도 설하는 일도 없고, 주는 일도 탐하는 일도 없으며, 또 지혜가 있는 것도 어리석은 것도 아니어서, '어떤 말로도 나타낼 수도 없는', 말하자면 진실 궁극의 깨달음 자체(眞際)와 같으며, 진실 그대로의 모습(法性)과 같으니까, 말로 나타낼 수도 없고 수량으로 헤아릴 수도 없어서, 무릇 경중 대소를 헤아리는 한도를 초월해 있는 것이다."

독자는 이런 말을 읽고 무엇이 머리에 떠오를 것인가? 아마도 양쪽의 대립을 넘어선 세계, 불이(不二)에 대해 문수가 대답한 말을 회상할 것이 틀림없다. 말로 나타내려 들면 이런 부정을 통하지 않고는 말할 수 없는 그 무엇이 여기에는 있다. 그리고 그것을 구태여 말하려 하면, '진제'니 '법성'이니 또는 '진여'니 하고 말할 수밖에는 없다. 그리고 유마는

"내 자신이 이 몸의 있는 그대로의 진실한 모습(實相)을 보는 것처럼 부처를 본다."

라고 단언하고 있듯이, 부처를 진여라 보고 법성이라 본 것이겠다. 그것은 문수가 처음으로 유마를 찾아갔을 때에 본 것같이 그런 식으로 본 것이라 할 수 있지 않을까 한다. 아무것에도 매이지 않는 마음, 말하자면 공의 마음을 지니고서야 부처도 정당하게 파악할 수 있는 것이다.

『대품반야경』의 주석인 『대지도론』에 부처를 보는 것과 부처를 어떻게 볼 것인가에 관해 언급한 대목이 있다. 이제 그 부분이 참고가 될 것 같다. 이를 참조하여 이 글의 보충을 삼고자 한다. 거기(제50권)에는 이런 것이 기록되어 있다.

부처의 있는 그대로의 신체를 본다 함은, 그것이 환상이나 화

현(化現) 같은 것이어서, 현실의 주관·객관을 구성하는 심신에 의해서는 이루어지지 않는다고 보는 일이다. 그러기에 이 경 속에서도 부처님은

> "법신(法身)을 보는 것이야말로 부처를 보는 일이다. 법신이란 불가득(不可得)의 공이다. 불가득의 법공(法空)은 갖가지 인연에 의해 생기지만, 법으로서의 독자적인 본성(自性)은 없다."

라고 말씀했던 것이다.

그러나 여기에서는 좀더 설명이 필요할 것 같다. 여기서 '법신'이라 한 것은 이른바 법신·보신(報身)[173]·응신(應身)[174] 중의 그것은 아니다. 보편적 진리로서 추상화된 것 같은 이체(理體)는 아닌 것이다. 그것은 도리어 그렇게 부처를 삼신(법·보·응신)으로 생각하기 이전의 것이다. 그것은 또 부모로부터 태어난 역사적이며 구체적인 부처 즉 부모소생신(父母所生身)은 아니지만, 그렇다고 그것을 떠나 있는 것도 아니다. 그 부처는 부처가 가지는 특질을 갖추고 헤아릴 수 없는 빛을 발하여 모든 중생들을 방편을 다하여 인도하고 있어서, 세속의 범부로서는 포착할 수 없는 부처이다. 그러면서도 구체적인 육신의 부처와 떨어져 있지 않은 불이(不二)의 부처인 것이다. 그러기에 유마도

---

173) 전생에서의 무한한 수도의 과보로 나타난 불신.
174) 중생을 구하기 위해 부처가 중생과 같은 몸을 나타내는 것.

'있는 그대로의 진실한 모습(實相)을 보듯이 부처를 본다.'고 한 것이겠다.『대지도론』에서는 법신이 진리로서의 이체(理體)에 그치지 않는 구체적이며 실천적인 부처임을 보이기 위해, 법성생신불(法性生身佛)이니 근본진불(根本眞佛)이니 하고 있다.

그러므로 여기에서 '법공'이라 한 것은 일체의 대립·차별로서 파악되는 것의 부정이어서, 공에 대해 공 아닌 것(不空)을 설정한다면 그 두 가지조차 취하지 않는 불이(不二)임을 알 수 있겠다. 유마가 부처에 대해 '인연에 의해 생긴 것도 아니다. 영원 절대의 것도 아니다.'라고 말한 사실을 아울러 생각함이 좋을 것이다.

## 보살의 실천

부처의 세 가지 명칭이 영원한 수명을 가진 이로서도 다 들을 수 없을 정도로 깊은 뜻을 지니고 있다고 들은 아난다는 여기서 완전히 겁을 집어먹게 되어, 그 후 나처럼 부처님의 가르침을 많이 들어 외고 있는 사람은 없다는 따위의 말은 결코 하지 않겠다고 말했다. 그래서 부처님은 그대가 소승으로서는 다문(多聞) 제일이라 한 것뿐이고, 대승의 보살까지 포함해서 한 말은 아니었으니 새삼스레 열등감을 안 가져도 된다. 이제 그대들이 보살들의 일을 이러니저러니 생각해 본대도 소용이 없다. 유마 같은 보살의 능력을 헤아리려 해도 그대들에게는 될 일이 아니다, 이런 줄거리로 말씀했다. 여기에는 부처와 보살의 친근함이 표현되어 있어서, 소승을 구하는 이의 무력함이 엿보이는 것 같다.

말하자면 보살도 또한 유마같이 초인적인 힘을 발휘하여 세상 사람들의 원을 채워 주고 구제하려고 반야바라밀을 행하고 있으므로, 부처가 가진 성격을 보살도 지닌다고 생각하는 것이 당연하다. 앞에서 부처에 대해 법성생신불(法性生身佛)의 명칭이 있음을 보았는데, 보살에 대해서도 『대지도론』에서는 문수 같은 보살을 '법신생신보살'이라 부르고 있는 것이다. 이것은 『대품반야경』초품에 세상의 모든 사람들의 소원을 채워 주기 위해 소경에게는 시력, 귀머거리에게는 청력, 굶주린 이에게는 배부름을 얻게 하고자 하면, 앞서 반야바라밀을 배우라고 말한 대목의 주석에 나타나 있다.

그런데 이런 부처님의 말씀을 듣고 있던 중향국 보살들은 이에 부처님의 방편의 교묘함과 이 나라의 훌륭함을 찬탄하고, 본국에 돌아온 후에도 부처님을 생각할 수 있게 가르침을 달라고 애원했다. 그래서 이로부터 잠시 동안 부처님의 설법이 이어지게 되었다. 그 가르침은

"다하는 것에나 다하지 않는 것에나 장애되지 않는 깨달음의 가르침(盡無盡解脫法門)이다."

라고 경전은 기록하고 있다.

우선 부처님은 이 말의 뜻을 설명하여, 다하는 것이란 인연의 결합에 의해 만들어진 것(有爲法)을 말함이며, 다하지 않는 것

이란 인연에 의해 만들어지는 것이 아닌 영원·절대의 깨달음
(無爲法)을 이름이거니와, 보살은 전자를 버리는 일이 없고 후
자에도 안주(安住)하는 일이 없다고 설했다. 그리고 이 두 입장
에 대해 자세한 부연을 하게 된다. 그러나 여기서는 한두 가지
보기를 보이는 것만으로도 충분하리라.

왜냐하면 독자는 지금까지 보아 온 것을 생각에서 불러일으
켜, 그것에 의해 다시 많은 것을 알아 낼 수 있을 것이니까.

앞서 전자에 대해

"그것은 큰 자애와 연민을 항상 품고, 깊이 일체를 인식하는
지혜(一切智)를 구하여 잠시라도 잊지 않으며, 또 중생을 교도
하여 싫증을 내는 일이 없고, 중생을 깨달음에 인도하는 네 가
지 방편(四攝法)에 대해 언제나 생각하여 그에 행동하는 일이
다."

라고 설명했다. 이에 의해 자리·이타 일체의 행동이 보살의 행
으로서 실천되어야 할 것임이 이해될 터이다. 따라서 또

"항상 진실 그대로의 모습을 파악하여 그런 마음조차 떠나는
(無念實狀) 지혜의 수행에 힘쓰고, 세속 일에는 조그마한 소망
이 이루어지는 것으로 만족하지만, 진실을 구하는 깨달음의 수
행(出世間)에서는 구하여 그치는 일이 없으며, 그러면서도 세
속을 버리는 일이 없다."

라고도 설해지는 것이다. 또 후자(無爲法)에 대해서는 먼저

"그것은 일체는 공이라고 보는 일을 수행해도 공이라고 보는 일을 가지고 깨달음이라고는 생각하지 않는 일이며, 공이니까 차별되는 모습도 없고(無相), 원하고 구할 것도 없다(無作)고 보는 것을 수행한다 해도, 이런 것을 가지고 깨달음이라고는 인정하지 않는 일이다."

라고 설명된다. 이로써 진리를 깨달았다 해도 그것에 침잠해 버려서는 안 된다는 것을 알 수 있다. 따라서 이로부터 사회에 대한 작용이 일어나게 될 것은 당연한 일이어서, 그러기에 또

"스스로 번뇌 없는 경지(無漏)를 알고 있건만 가지가지 번뇌를 끊어 버리지 않고, 행위의 대상이 없다는 것을 알고 있건만 행위에 의해 중생을 제도하며, 모든 것은 공이요 무라는 것을 알고 있건만 중생에 대해 광대한 자비를 베푸는 일을 그치지 않는다."

라고도 설해지는 것이겠다.

이와 같이 두 가지 면을 설명한 다음에, 그러면 '다하는 것에나 다하지 않는 것에나 장애되지 않는다.'는 것은 어떤 상태인가에 대해 말하고 있다. 즉 보살은 뛰어난 '복덕을 갖추고 있는' 동시에 '광대한 자비를 품고' 있어서 '중생을 구하기 위한 약을

입수할 필요가 있는' 것이며, 또 '중생의 번뇌의 병에 대해 잘 알고 있으므로 영원·절대의 깨달음에 안주하지 않는' 것이며, 또 '지혜를 갖추어 근본의 서원을 완수할 필요'가 있으며, 얻은 바 가르침의 '약을 주어서 중생의 병을 제거하기 위해 인연에 의해 생긴 것(有爲法)도 버리지 않는다.'고 했다. 이것이 부처님이 중향국 보살들에게 베푼 설법의 개략이다.

여기에는 앞에도 나온 지혜와 자비 또는 지혜와 방편을 생각게 하는 것이 있지만, 사실은 이런 대립에 얽매이지 않는 것이 반야바라밀의 실천임을 알 수 있을 터이다. 여기서는 공이라는 말은 나타나지 않았지만 모든 것은 이를 말하고 있는 것으로 보이며, 특히 '18공' 중에서 이를 구한다면 유위공·무위공·필경공의 셋을 생각할 수 있을 것 같다. 필경공은 일체의 존재(유위법·무위법을 포함하여)에서 궁극적으로 무엇 하나 고정된 것을 발견할 수 없다는 사실을 말한다. 그러나 이것을 경전에서는 '필경청정'이라고도 말하듯이, 여기에는 일체를 포용하고 받아들이는 적극적인 공의 실천이 있는 것이어서, 대립을 넘어서고 편벽됨이 없는 주체적 실천으로서 이타행(利他行)을 수반하고 있다는 사실을 잊어서는 안 될 것이다. 지금 『유마경』이 보살행으로서, 지혜를 갖추어 세상 사람들에게 구제의 자비를 베풀 것을 강조하고 있는 것도 이를 말하는 것으로 볼 수 있을 터이다. 다만 앞에서 '비도(非道)를 행한다.'는 표현에 의해 말해진 것 같은 중생의 고통을 대신 걸머지려고 드는 따위의 강렬한 인상은 여기에서는 별로 느껴지지 않는다.

어쨌든 떠날 사람들에게 베푼 석가의 설법은 끝났다. 이 가르침을 들은 중향국 보살들은 넘치는 기쁨에 싸여서 찬탄의 말을 아끼지 않는 동시에 여러 빛과 향기가 나는 꽃을 뿌려 공양을 마치자 홀연히 본국으로 떠나갔다.

## 부처님 나라의 건설

유마가 부처에 대해

"어떤 말로도 분별하고 나타내 보일 수 없다."

라고 말하고 나자, 사리불이 유마에게 이렇게 물었다.

"그러면 당신 자신은 어느 세계에서 자취를 감추어, 이 세계에 태어난 것인가?"

이 질문은 약간 당돌한 느낌이 있거니와, 아마도 앞서 유마가 '나 자신이 이 몸의 있는 그대로의 진실한 모습(實相)을 본다.'고 했음에도 불구하고, 이제 이렇게 삶을 받고 있는 그것을 문제삼은 것이겠다. 진실한 모습을 자기 속에서 볼 수 있다고 하면 이미 생사를 반복하는 일은 없지 않겠느냐고 생각했을 것이 틀림없다.

이에 대해 유마가 어떻게 대답했는지, 독자 중에는 어쩌면 벌써 추측이 가는 이도 있을지 모른다. 이 질문 자체가 사실은 지금까지 보아 온 견해에서 볼 때, 엉뚱하게 빗나가 있는 까닭이다. 그러나 빗나간 것인 줄 알고 있으면서도 사리불로서는 소박하게 이 일을 알고 싶었는지도 모른다. 어쩌면 저 중향국 같은 데로부터 온 보살이 아닐까 하고 짐작하는 바가 있었던 것인지도 알 수 없다.

그러나 유마는 이 질문에 직접 대답하는 대신, 예상대로

"그대가 얻은 진실은 모습이 사라졌다가 생겨났다가 하는가?"

라고 거꾸로 물었다.

이에 대해 사리불이 대답한다면, 사라졌다가 생겨났다가 하지는 않는다고 할 수밖에 없었을 것이다. 그렇다면 '어느 세계에서 자취를 감추어 여기에 태어났는가?'라고 묻는 것의 어리석음이 드러나게 될 뿐이다.

이리하여 사리불의 질문은 깨끗이 허탕을 치고 만 것이 되었다. 그래서 석가는 사리불에게 그가 알고 싶어하는 당면 문제에 대해 대신 말씀하게 되어, 유마는 동방의 아촉불이 묘희국(妙喜國)에서 온 보살이라고 알려 주었다.

이를 듣고 사리불은 어지간히 놀랐던 것일까? 또다시 참으로 천진난만한 질문을 내놓았다. 어째서 이렇게 더러움과 불행이 가득한 세계에 자진하여 태어난 것일까 하고. 이를 들은 유마는 햇빛과 어둠을 보기로 들어, 햇빛은 어둠을 없애기 위해 빛나지

만 어둠과 하나가 되는 것은 아니라 말하고, 보살은 세상 사람들의 번뇌를 제거하는 존재라고 설했다.

이리하여 모든 사람이 경탄의 눈초리로 지켜 보는 중에, 석가의 권고를 받은 유마는 눈앞에 묘희국의 아촉불과 그 나라의 아름답게 꾸며진 모양이며, 그 나라 보살들의 청정한 수행 따위를 보여 주었다. 여기서도 유마의 불가사의한 힘은 유감 없이 발휘되어서, 묘희국이 이 지상에 옮겨져 왔는데도 이 세계가 조금도 좁아진 것 같은 느낌이 들지 않고 원래 그대로였다고 경전은 말하고 있다. 앞에서 유마가 그 병실 안에 수미등왕불의 사자좌 몇만 개를 가져다 놓았을 때와 똑같은 기적이 나타났던 것이다.

그 자리에 있던 사람들은 모두 그 세계에 태어나고 싶다는 원을 일으켰으므로, 부처님은 여기에서

"그대들은 반드시 그 나라에 태어나리라."

라고 예언하고 그에 덧붙여

"이런 청정한 나라를 건설하고자 생각한다면, 아촉불이 행한 길을 배워야 한다."

라고 설했다.

그런데 여기에서 묘희국 모습을 보고 난 다음, 사리불이 부처님에게 드린 말 속에는 약간 주의를 끄는 것이 있다. 그것은 세

상의 모든 사람들이 묘희국 같은 정토에 살고 유마 같은 능력을 가질 수 있게 되었으면 하고 기원한 일과, 이 경전에 의해 큰 혜택을 받을 수 있게 되리라고 말한 점이다.

전자에 대해서는, 스스로의 깨달음만을 위해 수도하는 성자 즉 성문(聲聞)으로서의 사리불이 대승의 보살 같은 발원을 했다는 이질적인 인상이 이로부터 얻어진다. 이는 지금껏 이 경전이 사리불에게 과하고 있던 피에로적인 배역으로부터 그를 해방한 셈이 될 것인가? 또는 소승의 성자도 드디어 대승의 재가 신자를 사표로 우러르게 되어, 대승이야말로 가장 바람직한 가르침이라는 것을 고백케 하려 한 것이라고도 할 수 있겠는가? 아무래도 후자 쪽이 한결 결정적인 내용을 가지고 있다고 말할 수 있을 것이다. 이제 사리불의 말 중 한 부분을 인용하여 그것이 어떻게 생각되고 있는지를 보이고자 한다.

"만약 이 경을 입수한다면 그 사람은 이미 가르침의 보고(寶庫)를 입수한 것이며, 입으로 불러 그 뜻을 해석하든지 가르침 대로 수행한다면, 그때에는 많은 부처님들에 의해 지켜지리라. 또 이러한 사람을 공양할 때는 곧 부처님을 공양하고 있는 것이라 알아야 되며, 이 경을 베껴서 가지고 있을 때는 그 사람 방에 부처(如來)가 와 계시다는 것을 알아야 된다. 또 만약 이 경을 읽고 마음으로부터 기뻐할 수 있는 사람은 그야말로 일체를 아는 궁극적인 지혜를 얻은 것이 되며, 이 경의 짧은 시 한 절이라도 믿고 이해하여 사람들에게 설해 들려 줄 때에는 그 사람이야말로 최고 완전한 깨달음을 얻을 수 있다는 예언을 받을 사람이라고 알아야 한다."

마치 대승의 보살이 이야기하고 있는 듯한 말투를 여기에서 느낄 수 있다.

### 가르침의 공양

사리불의 이와 같은 기이한 느낌을 주는 발언이 있은 다음, 경전 편집자는 여기에 제석천을 등장시켜서 사리불의 말을 받아 이 경전을 찬탄케 했다. 그리고 이제부터 길이 이 경의 가르침을 기억하여, 입으로 부르고 또는 가르침을 따라 수행하는 이가 있으면 반드시 공양하고 시중들며, 이 가르침이 설해지는 곳이라면 어디라도 찾아가서 믿지 않는 사람이면 믿게 하고, 믿고 있는 사람이면 반드시 수호하겠다고 맹세하게 했다. 이런 사실은 이제 이 경전도 끝이 얼마 남지 않음을 말하는 것이거니와, 부처님도 또한 제석천의 서원을 듣고 이를 칭찬하는 것과 함께, 이 경전이 얼마나 훌륭한 것인가를 설했다.

그 말씀에 의하면 이 경전은 '과거·현재·미래의 모든 부처님의 불가사의하며 최고·완전한 깨달음에 대해 설한 것'이므로, 이 경전을 기억하든지 또는 공양하든지 하는 사람은 과거·현재·미래의 모든 부처님을 공양하는 것이 되며, 그 복덕은 어떤 복덕보다도 뛰어난 것이어서 비록 무한한 시간을 소비한대도

다 말할 수 없는 것이라고 한다. 그리고 가장 주목되는 것은 이 뛰어난 복덕은 오직 '부처님들의 깨달음이 모두 이 경전으로부터 나온 것인바, 그 깨달음은 헤아릴 수 없다.'는 사실에 말미암은 것이라는 것이다.

어느 대승 경전도 자기 경의 설하는 바가 다른 것들보다 뛰어난 것임을 말하지 않는 것은 드물다. 이를테면 『유마경』과 함께 쇼토쿠 태자가 주석했다고 전하는 『승만경』을 보기로 들어 말한다면, 거기에는

"무한한 시간에 걸쳐 깨달음을 얻기 위해 수행에 힘쓰고, 여섯 바라밀을 닦는다 해도, 이 경을 듣고 읽는다든지 또는 항상 잊지 않고 지니는 복덕은 그보다 훨씬 뛰어나다."

라고 기록되어 있다. 그러므로 『유마경』이 이상과 같이 자찬한다 해도 특별히 기이할 것은 없으리라. 다만 여기 나타난 마지막 말은 '부처의 깨달음'이란 무엇인가 하는 문제를 단적으로 파악하고 주장한 점에서 이 경전의 편집자가 품고 있는 긍지의 일면을 보여 주는 것이라 하겠다. 그것은 바로 여기에 모든 진실의 근원이 있다는 자랑일 터이다.

그런데 부처님은 이렇게 설한 다음, 다음과 같이 먼 과거의 이야기를 들려 주었다. 이런 이야기는 흔히 불교 술어로는 본생담(本生譚 ; jātaka)이라고 하는 것에 해당한다. 말하자면 석가의 전생 이야기이다.

"그것은 멀고 먼 무한의 과거, 약왕 여래(藥王如來)라는 부처님이 계시던 무렵의 일이었다.

그때 보개(寶蓋)라는 전륜성왕이 여러 나라를 통일하고 있었는데, 그는 항상 약왕 여래를 공양하여 그것이 오겁(五劫)이나 되는 긴 시일 동안 이어졌다. 왕은 천 명이나 되는 아들들에게도 자기처럼 여래를 공양하라고 명령하기에 이르러, 왕자들의 공양도 오겁이 계속되었다.

그런데 왕자 중에 월개(月蓋)라는 왕자가 있었다. 그는 속으로 부처님에 대한 이런 공양보다 더한 공양은 없을 것이라 생각하고 있었는데, 어느 날 부처님의 초인적인 힘에 의해 공중에 천(Deva ; 천상계의 왕)이 나타나 '가르침의 공양'이 최고의 공양이라고 말하는 것이었다. 그래서 왕자는 그것은 무엇을 말함이냐고 물었더니, 직접 약왕 여래에게 여쭈어 보라는 대답이었다. 이리하여 왕자는 그 뜻을 약왕 여래에게 여쭈어 보게 되었는데, 여래는 그 때 이렇게 말씀했다.

우선 '가르침의 공양이란, 부처님들이 설하신 깊은 뜻을 지닌 경전'이라 는 것이었다.

그 경전은 '보살을 위한 가르침을 수용한 곳집(藏)에 보관되어 다라니(dhāraṇī)[175]라는 기억의 인(印)으로 봉인되어 있어서, 얻은 바 공덕을 다시는 잃게 하는 일이 없다. 그러므로 보살은 여섯 바라밀이 수행을 완성하고, 바르게 이치를 분별하여 깨달

---

175) 陀羅尼. ① 지혜 또는 삼매. 진리를 잊지 않고 잘 분별하며, 이를 잘 보존하기 때문. ② 진언.

음이 진실을 따르게 되는' 것이다.

따라서 이런 경전이야말로 '일체의 경전 위에 있어서, 광대한 부처님의 자비로 이끌어 들이는 것'으로 부처님이나 성인·현인들은 모두가 칭찬해 마지않는 바이다. 또 이런 경전에 의해 보살은 가르침의 뜻을 중시하여 말에 얽매이지 않고, 진실의 지혜를 중히 알아 마음이 동요되지도 않으며, 대승 경전에 의지하여 소승 경전을 버려서 가르침 자체에 의지할 뿐 사람을 의지하지 않도록 노력하니까, 사물의 있는 그대로의 모습(法性)을 따르는 것이 된다. 이리하여 잘못을 일으키는 일이 없게 되므로 이를 최상의 가르침의 공양이라고 부르는 것이다.

약왕 여래는 이렇게 설하셨다. 이 이야기를 들은 월개 왕자는 부처님에게 반드시 가르침의 공양에 힘씀으로써 바른 가르침을 지켜 가겠다고 맹세하고 보살펴 주실 것을 청하자, 여래는 왕자에게 예언(記)을 주어 그대야말로 내 법성(法城)[176]의 수호자라고 하셨다."

그런데 석가는 이렇게 먼 과거의 부처님 일을 말씀하고 나서 이렇게 이야기를 맺었다.

"그런데 그 보개왕은 현재 부처가 되어 보염(寶焰) 여래라고 불리고 있는 분이며, 그 왕의 천 명이나 되는 왕자도 각기 부처

---

176) 진리를 성에 비긴 것.

가 되었거니와, 그때의 월개 왕자야말로 바로 지금의 나이다."

　석가의 본생담은 이것으로 끝나고, 마지막으로 '가르침의 공양이야말로 최상·제일이 공양이므로, 가르침의 공양은 곧 부처님에 대한 공양이 된다.'고 결론을 내렸다.
　그런데 여기에서 말하는 가르침의 공양이란 『유마경』의 그것일 것은 논할 것도 없는 일이다. 따라서 이 경을 기억하고 그 가르침을 수행하는 것이 가장 중요한 일이요, 또 복덕을 가져오는 일임이 여기에서 이야기된 셈이다.

# 끝맺음

## 위촉

여러 불가사의한 일에 싸였던 이 경전도 그럭저럭 끝날 때가 되었다. 대승 경전에서는 대체로 상투적인 것이 되어 있거니와, 이 끝맺음의 대목을 촉루품(囑累品)이라 불러, 여기에서 그 경전이 후세까지 유포되도록 위탁하는 것을 주제로 삼게 된다. 경전의 구성·조직을 연구하는 이른바 '삼분과경(三分科經)'[177]의 분류법으로 친다면 유통분(流通分)이 되겠으나, 이 경전의 조직에서 볼 때는 앞에서 경전의 이익과 공덕을 설한 부분에서부터

---

177) 경전의 구성을 셋으로 나누어 생각하는 것. ① 서분—그 경을 설하는 유래·인연을 말한 부분. ② 정종분(正宗分)—그 경전의 주제가 설해진 부분. ③ 유통분—그 경전을 널리 펴도록 당부한 부분.

이에 속하게 될 것이다.

아무튼 여기에 이르러 석가는 이 경을 미륵 보살에게 위촉했다. 미륵은 앞에서도 말했듯이 '일생 보처'의 보살이다. 석가가 돌아가신 다음 그 뒤를 이어 이 세상에 나타날 부처라 여겨지고, 또 앞에 나온 천 명의 왕자 중의 한 사람이기도 하다고 여겨지거니와, 그는 56억 70만 년이 지날 때까지 도솔천(兜率天)에 머물면서 가르침을 설한다고 되어 있다. 『양진비초』에

> 석가의 달은 이미 넘어갔으며
> 자씨(慈氏)의 해는 아직 까마득하매
> 이리도 어두운 긴긴 밤을랑
> 법화경 그 빛만이 비치시소서.

라고 노래된 자씨는 미륵을 말한다.

석가는 미륵에게 이런 종류의 경전이 오래도록 단절함이 없어서 많은 사람이 듣고 믿으며 기뻐하며 다대한 이익을 얻을 수 있도록 널리 설할 것을 당부했다. 그리고 이렇게 말했다.

이 세상에는 두 가지 형태의 보살이 있다. 하나는 심원한 사상에도 겁내는 일이 없이 그 핵심을 정확하게 파악하여, 이것에 의해 길이 깨달음을 얻고자 수행에 힘쓰는 보살이다. 그리고 다른 하나는 무의미한 언어의 수식을 즐기는 보살이다. 이렇게 언어의 수식을 즐기는 보살은 초심(初心)의 보살이어서, 심원한 경전에 접해도 두려움이나 의심을 품을 뿐이다. 그렇지 않은 사람

이라 해도 내용을 해설하는 사람을 만났을 때 이에 친근하려 하지 않고, 삼가고 공경하는 일도 없으며, 도리어 욕을 하기 일쑤이다.

그러나 초심이 아닌 보살이라 해도 이 사상의 심원함을 잘 이해하고 있으면서 초심의 보살을 경멸하여 가르쳐 주지 않음으로써 도리어 스스로를 욕되게 하고, 열반을 얻지 못하는 사람도 있다. 그러므로 이런 사리를 잘 알고 나서, 세상 사람들의 이익을 생각하여 거기에 따라 가르침을 설해야 한다. 이렇게 말한 석가는 스스로 '셀 수도 없고 헤아릴 수도 없는 무한한 시일을 소비하여 모아들인, 최고 완전한 깨달음의 가르침'을 미륵에게 위촉했다.

위촉을 받은 미륵은 반드시 이 가르침을 받들어 세상 사람들에게 설하여 가르치고, 기억력을 주어 외도록 하겠다고 서약했다. 그리고 말세 사람들이 이를 기억하든지, 입으로 부르든지, 남에게 설하고 있는 것을 보셨을 때는 미륵이 그렇게 하고 있는 것이라고 생각해 달라고 여쭈었다.

미륵의 이 말을 들은 다른 보살들도 부처님이 돌아간 다음 이 가르침을 펴기 위해 힘쓸 것을 맹세했다. 또 사천왕(四天王)[178]들도 이 가르침이 설해지는 곳이라면 반드시 나타나서, 가르침을 설하는 사람을 수호하겠다고 맹세했다.

이에 석가는 아난다에게 이 가르침의 요점을 잘 기억하도록

---

178) 욕계(欲界) 육천(六天)의 하나인 사왕천의 임금. ① 지국 천왕 ② 증장 천왕 ③ 광목 천왕 ④ 다문 천왕

하고, 또 이 경은 이제부터 『유마가 설한 경(維摩所說經)』 또는 『불가사의한 깨달음을 설하는 가르침(不可思議解脫法門)』이라고 부르기로 한다고 말씀하여, 여기에서 모든 사람들의 큰 기쁨 속에 이 경의 막이 내리게 되었다.

## 맺음말

막은 내렸다. 내가 이 책에서 『반야경』과 『유마경』을 텍스트로 하여 쓰고자 한 실천의 문제도 이제는 결말이 났다.

전자에서는 반야를 중심으로, 후자에서는 공을 다루어, 거기에 실천의 근본 이념이 있음을 보아 왔다.

다만 파악하는 방법과 다루는 방식이 통일되지 않은 점이 눈에 뜨이리라. 전자에서는 반야를 중심으로 반야경군 속으로부터 필요 적절한 취지를 빼내는 방법을 썼거니와, 후자에서는 경전 내용의 전개에 보조를 맞춤으로써 구태여 전철을 밟지 않으려고 애썼다.

그러나 이것은 주제를 『유마경』에 두어, 반야경 군은 거기에 이르는 전단계라고 보았던 까닭이다. 반야의 사상이 토대가 되어, 그로부터 유마의 공의 실천이 생겨났다고 생각했기 때문이다.

어쨌든간에 이런 경전들의 어느 것에나 반야의 공 사상이 일관하여 흐르고 있다는 것, 그리고 그 공이야말로 실천의 이념으로서 가장 적절한 것임을 알았다. 그리고 일체의 집착을 떠난 공의 체득이야말로 끝없는 실천의 원천이 되며, 그 실천이 사회에 구원과 기쁨을 가져오고 평화에의 소망을 무한히 간직하고 있다는 것을 알았다.

이제 덧붙일 말은 아무것도 없다. 오직 공의 뜻을 배워 이것을 자기 것으로 하기 위해 힘쓰는 일만 남았다. 안다는 것은 이룬다는 일이 아니겠는가.

마지막으로 한 마디만 일러 두겠다.

그것은 『유마경』이 특히 선종에서 중시되고 있음에도 불구하고 그것과의 연관 위에서 이를 바라보려고 하지는 않았다는 사실이다. 확실히 이 경에는 선종 사람이 좋아할 만한 대목이 많다. 그러나 나는 이를 다시 선종의 사상으로부터 떼 내어, 반야 사상의 발전으로서 포착하는 데까지 되돌리려고 했다.

구태여 말하자면 『유마경』에는 선종 사람들이 길러 낸 것 같은 발전적 사상은 없으며, 있다고 한다면 같은 사실이 다른 여러 종파의 사상에서도 발견될 것이라고 여겨질 따름이다.

■ 뒤에 붙이는 말

『반야경』에 비길 때 『유마경』의 난해함이란 각별하였다. 몇 번 사고의 공전을 맛보아야 했는지 모른다. 그러던 끝에, 나는 어쨌든 이 경전을 나의 언어를 가지고 고쳐 써 보는 일이 선결 문제라고 깨달았다. 그리고 그를 토대로 해서 이 경과 대결하기로 작정하고, 이와 평행시키면서 『유마경』을 생기게 한 기반인 『반야경』에 대해 먼저 붓을 대어 가기로 했다.

비교적 순조로이 집필이 진행되던 참에 나에게 뜻하지 않는 재앙이 덮쳐 왔다. 자동차 사고를 만나게 되어 나는 오른 팔을 다쳐서 붓을 잡을 수 없게 되었던 것이었다. 집필은 일체 중단했다. 몇 달이 지난 뒤에야 겨우 다시 이 일에 손댈 수 있었다.

그러나 다시 시작한 일은 잘 진행되지 않았다. 이미 써 놓았던 부분을 다시 읽어 보았더니 아무래도 마음에 안 들었다. 문장도 앞뒤가 맞지 않는 것 같아 성에 차지 않았다. 그러나 살릴 수 있는 것은 살려서, 겨우 지금 이렇게 후기를 쓰는 데까지 끌고 올 수 있었지만, 어쩌면 아직도 정비되지 못한 점이 남았을지도 모른다. 그렇다면 용서를 빌어야 하겠다.

내가 다루는 그것이 『반야경』과 『유마경』의 두 가지에 걸쳐 있다는 사실은 특히 나를 괴롭혔다. 양자의 성격의 차이가 있는 외에, 『반야경』은 여러 경전 군으로 이루어져 있다는, 특수한 조건을 지니고 있는 까닭이다. 그래서 생각을 거듭한 끝에, 하여간 『유마경』에 중점을 두고 『반야경』을 거기에 이르는 계단이라 보아, 이것에 서설(序說)적인 위치를 부여하기로 했다. 이것이 뜻대로 되었는지 어떤지, 그것은 독자들의 가르침에 기대하기로 한다.

이 글을 다 마칠 때까지 꽤 시일이 지났다. 붓을 놓은 오늘이 전후 20년의 8월 15일임을 나는 마음 지긋이 생각하고 있다. 갖가지 생각이 오가는 중에 특히 평화의 존귀함을 생각하는 마음 간절하다.